THINK TANK
智库论策

基本养老保险基金全国统筹研究

Research on National Level Pooling of the Basic Pension

肖严华 著

上海社会科学院出版社
SHANGHAI ACADEMY OF SOCIAL SCIENCES PRESS

序

2022年4月,习近平总书记在《求是》杂志发表重要文章《促进我国社会保障事业高质量发展、可持续发展》,指出"要加快实现基本养老保险全国统筹。这符合社会保险'大数法则',也是构建新发展格局的要求"。2022年3月,李克强总理在《政府工作报告》中提出"稳步实施企业职工基本养老保险全国统筹,适当提高退休人员基本养老金和城乡居民基础养老金标准,确保按时足额发放"。

根据人力资源和社会保障部养老保险司提供的信息,2020年底,全国各省份都实现了基金省级统收统支;从2022年1月开始启动实施养老保险全国统筹。实施基本养老保险全国统筹是中国养老保险制度改革的一个重要里程碑,也是一个涉及多方利益的复杂的政治过程,唯其如此,其进展比原来的预期更加慎重与缓慢。回望过去,2010年《社会保险法》提出"基本养老保险基金逐步实行全国统筹";其后党的十八大和"十二五""十三五"规划都明确要"实现基础养老金全国统筹";2017年党的十九大更要求"尽快实现养老保险全国统筹"。2022年1月开始启动实施的基本养老保险全国统筹制度仍然以基金调剂为基础,尚未实现全国统收统支与统一运行管理,参保人跨地区流动还存在养老金转移接续的问题,所以目前还是全国统筹的初级阶段。展望未来,基本养老保险全国统筹将是一个分阶段、循序渐进改革与完善的动态过程,是一个逐步向中央统收统支与统一运行管理过渡的动态过程。这不但是基本养老保险改革的需要,也是建设全国统一的劳动力大市场的需要。

本书作者肖严华博士长期跟踪研究国内外养老保险制度的改革与实践。本书致力于从基础养老保险基金和个人账户两个方面研究职工基本养老保险基金的全国统筹问题。书中相关历史时间数据是作者长期跟踪研究的积累,为作者以时间长轴来展示职工基本养老保险基金全国统筹的研究进程提供了数据支持。本书提出了基础养老保险基金全国统筹的主要原则、框架设计,以及个人账户结构改革、投资与监管等方面的建议,其中有些建议现已付诸实践,如降低基础养老保险的单位缴费率等。此外,本书为养老保险全国统筹制度改革研究所构建的数理模型也具有一定研究参考价值。本书是作者在养老保险领域的一项有意义的重要研究成果,期望本书的问世能为相关研究人员、高校相关专业的师生、政府相关部门的领导和实际工作者,以及对专题感兴趣的其他读者提供有益的参考。

左学金

上海社会科学院研究员、南通大学经管学院特聘教授

2022 年 6 月 18 日

目 录

导论 ·· 1
  第一节 研究背景与研究内容 ·· 1
    一、研究背景与选题意义 ·· 1
    二、主要研究内容 ··· 2
  第二节 国内外研究综述 ·· 2
    一、国外研究综述 ··· 2
    二、国内研究综述 ··· 3

上篇 基础养老金的全国统筹

第一章 21世纪全球养老保险制度改革趋势与目标 ·· 9
  第一节 21世纪养老保险制度改革的背景分析 ·· 10
    一、人口老龄化与养老金危机 ·· 10
    二、经济全球化的挑战 ·· 15
    三、各国迅速出现的财政压力 ·· 16
    四、政府承诺较多而付诸实施有限 ·· 17
  第二节 21世纪养老保险制度改革的趋势分析 ·· 17
    一、社会风险管理 ·· 17
    二、公共干预 ·· 18
    三、多支柱模式 ··· 20
    四、积累制的收益 ·· 20
    五、确定缴费 ·· 22
    六、提高退休年龄 ·· 22
  第三节 21世纪养老保险制度改革的目标 ·· 25

  一、充足性 ……………………………………………………… 25
  二、可负担性 …………………………………………………… 25
  三、稳健性 ……………………………………………………… 26
  四、可持续性 …………………………………………………… 26
  五、促进经济发展 ……………………………………………… 27

第二章　21世纪美国与欧盟养老保险制度改革的趋势 ………… **28**
 第一节　美国养老保险制度改革 …………………………………… 28
  一、美国养老保险计划的设计 ………………………………… 29
  二、美国养老保险计划的特征 ………………………………… 32
  三、美国养老保险制度改革的趋势 …………………………… 35
 第二节　欧盟发展型养老保险制度改革 …………………………… 40
  一、欧盟养老保险制度的历史发展 …………………………… 40
  二、欧盟发展型养老保险制度改革的趋势 …………………… 41
  三、欧盟发展型养老保险制度改革的影响 …………………… 42
  四、对当前中国养老保险制度改革的启示 …………………… 42

第三章　中国养老保险制度改革的问题分析 …………………… **44**
 第一节　中国养老保险制度改革的历史回顾 ……………………… 45
  一、现收现付制时期(1955—1990年) ………………………… 45
  二、过渡时期(1991—1996年) ………………………………… 46
  三、部分积累制时期(1997年至今) …………………………… 47
 第二节　中国养老保险制度存在的问题分析 ……………………… 49
  一、人口老龄化对养老基金的压力加大 ……………………… 49
  二、隐性债务问题 ……………………………………………… 52
  三、社会保险缴费率高的问题 ………………………………… 54

第四章　基础养老保险基金全国统筹的历程与制约因素 ……… **58**
 第一节　养老保险基金全国统筹的历程 …………………………… 58
  一、城镇职工基本养老保险制度的发展 ……………………… 58
  二、城镇职工基本养老保险统筹层次的提升进程 …………… 61
 第二节　基础养老保险基金全国统筹面临的阻碍因素 …………… 63

一、基础养老金的强制缴费率过高增加了实现全国统筹的
　　　　难度 ……………………………………………………… 63
　　二、协调央地、不同地方政府之间的利益格局难度较大 …… 64
　　三、区域间的公平性问题 ……………………………………… 66
　　四、资金缺口的弥补问题 ……………………………………… 67

第五章　降低缴费率与基金收入的关系分析 ………………………… **68**
　第一节　过高的社会保险缴费率导致较高的企业逃缴率 ………… 68
　第二节　降低社会保险缴费率的必要性 …………………………… 70
　第三节　降低社会保险缴费率的可行性 …………………………… 71
　　一、社会保险费率与社保基金收入的关系 …………………… 72
　　二、将过高的社会保险缴费率降低到最优费率 ……………… 74
　　三、缴费个体与社会整体的关系：参保率的大幅提高 ……… 75
　　四、缴费工资基数的纵向增长 ………………………………… 75
　　五、缴费工资基数的横向调整 ………………………………… 75
　　六、降低社会保险费率并不会导致个人退休收入的下降 …… 77
　第四节　降低缴费率的路径与提高基金收入的配套政策选择 …… 78
　　一、降低社会保险费率的路径选择 …………………………… 78
　　二、提高社保基金收入的配套政策选择 ……………………… 80

第六章　基础养老金全国统筹的路径与政策选择 …………………… **82**
　第一节　基础养老金全国统筹的主要原则 ………………………… 83
　第二节　基础养老金全国统筹的框架设计 ………………………… 84
　　一、国民基础养老金的缴费率和替代率 ……………………… 84
　　二、过渡期中央与地方责任的分担："中央保基数，地方
　　　　补差额" ………………………………………………………… 86
　　三、鼓励多缴多得，适当兼顾不同人群和不同地区的利益 … 87
　　四、非工资劳动者的折扣缴费率与折扣替代率 ……………… 88
　　五、个人账户管理改革和不同养老保险的个人账户整合 …… 90
　第三节　基础养老金全国统筹的过渡措施 ………………………… 90
　　一、对"老人"实行"老办法" ………………………………… 91
　　二、对"中人"实行"新办法" ………………………………… 91

三、对"新人"实行"新办法" …………………………………… 92
　　四、养老金"双轨制"的并轨及过渡措施 ……………………… 93
第四节　基础养老金全国统筹方案的简要评价 …………………… 94

第七章　中央调剂金制度的政策效应分析 ……………………………… **98**
　第一节　基础中央调剂金制度的模型构建 ………………………… 100
　　一、上解额 ………………………………………………………… 101
　　二、下拨额 ………………………………………………………… 102
　　三、净拨付额 ……………………………………………………… 103
　　四、调剂率 ………………………………………………………… 103
　　五、调剂后基本养老金当期净收入 ……………………………… 104
　　六、调剂后基本养老金累计结余 ………………………………… 104
　　七、基本养老金中央调剂的效果评估 …………………………… 105
　第二节　数据选取与模拟结果 ……………………………………… 105
　　一、数据选取 ……………………………………………………… 105
　　二、模拟结果 ……………………………………………………… 106
　第三节　中央调剂金制度的政策效应分析 ………………………… 111
　　一、调剂率的影响变量 …………………………………………… 111
　　二、政策变量的影响分析 ………………………………………… 112
　第四节　主要结论与建议 …………………………………………… 120

下篇　个人账户的改革与监管

第八章　养老保险个人账户改革的理论分析 …………………………… **125**
　第一节　国外有关养老保险个人账户的研究 ……………………… 125
　　一、关于养老保险制度模式的选择 ……………………………… 125
　　二、关于养老保险制度的转轨成本 ……………………………… 129
　　三、关于养老保险制度的多重分割 ……………………………… 130
　　四、关于养老保险制度的执行与激励机制 ……………………… 131
　　五、关于养老保险个人账户改革问题 …………………………… 132
　　六、关于养老保险个人账户投资与监管问题 …………………… 133
　　七、国外养老保险个人账户改革的趋势 ………………………… 133

第二节　国内有关养老保险个人账户的研究 …………………… 136
　　一、关于养老基金隐性债务与个人账户空账问题 ……………… 137
　　二、关于个人账户制问题 ………………………………………… 137
　　三、关于名义账户制问题 ………………………………………… 138
　　四、关于个人账户投资问题 ……………………………………… 138

第九章　中国养老保险个人账户制度改革的迫切性 …………… **140**

第一节　中国养老保险个人账户改革的历史回顾 ………………… 140
　　一、第一阶段 ……………………………………………………… 140
　　二、第二阶段 ……………………………………………………… 141
　　三、第三阶段 ……………………………………………………… 141

第二节　中国养老保险个人账户改革存在的问题 ………………… 142
　　一、个人账户空账问题 …………………………………………… 142
　　二、个人账户保值增值问题 ……………………………………… 143
　　三、个人账户基金与全国社保基金的关系问题 ………………… 144

第三节　中国养老保险个人账户改革的迫切性 …………………… 144
　　一、中国养老保险个人账户改革的迫切性 ……………………… 144
　　二、中国养老保险个人账户投资与监管的重要性 ……………… 145

第十章　以国有资本分红充实养老基金隐性债务 ……………… **147**

第一节　国有资本充实养老基金的必要性分析 …………………… 148
　　一、国有资本的部分积累来源于其对养老基金的历史欠账 …… 148
　　二、养老基金隐性债务与缺口的形成 …………………………… 150
　　三、养老基金缺口的预测分析 …………………………………… 152
　　四、解决养老基金缺口的方法 …………………………………… 153
　　五、用国有资本充实养老基金 …………………………………… 156

第二节　国有资本充实养老基金的可行性分析 …………………… 157
　　一、重启国有企业利润上缴制度 ………………………………… 157
　　二、国有企业分红状况分析 ……………………………………… 159
　　三、国有企业收益的预测分析 …………………………………… 162

第三节　国有资本充实养老基金的政策建议 ……………………… 163
　　一、逐步扩大国企分红的覆盖面 ………………………………… 163

二、逐步提高国企分红的比例 …………………………… 164
三、逐步提高国企分红用于民生的比例 …………………… 164
四、逐步提高国企分红用于养老基金的比例 ……………… 164
五、逐步提高养老基金的投资保值增值能力 ……………… 165
六、央企分红充实全国养老基金，地方国企分红充实地方养老基金 ……………………………………………………… 165

第十一章 中国养老保险个人账户的投资原则 …………… 166
第一节 个人账户安全性第一的 SFMM 模型 …………… 166
一、安全性第一的资产组合模型 …………………………… 167
二、马克威茨 M-V 资产组合最优化模型的适用前提分析 ……………………………………………………… 172
三、SFMM 模型的提出 …………………………………… 174
第二节 个人账户投资原则 ……………………………… 176
一、安全性原则 ……………………………………………… 176
二、收益性原则 ……………………………………………… 176
三、流动性原则 ……………………………………………… 177
四、分散化原则 ……………………………………………… 177
五、长期性原则 ……………………………………………… 177
第三节 个人账户投资工具与投资区域 ………………… 178
一、银行存款 ………………………………………………… 178
二、国债投资 ………………………………………………… 178
三、股票投资 ………………………………………………… 178
四、基础设施和不动产 ……………………………………… 178
五、开放式基金 ……………………………………………… 179
六、投资区域 ………………………………………………… 179

第十二章 中国养老保险个人账户的监管 …………………… 181
第一节 个人账户的风险分析 ……………………………… 181
一、经济周期波动风险 ……………………………………… 181
二、个人账户空账风险 ……………………………………… 182
三、个人账户管理风险 ……………………………………… 185

四、个人账户投资风险 …………………………………………… 187
第二节　个人账户的风险转移 ………………………………………… 190
　　一、从政府到养老保险缴款人 …………………………………… 190
　　二、从养老保险缴款人到养老基金经理 ………………………… 191
第三节　个人账户的管理 ……………………………………………… 195
　　一、个人账户基金的产权界定 …………………………………… 195
　　二、个人账户管理的主要问题 …………………………………… 197
　　三、个人账户管理体制的改革 …………………………………… 199
第四节　个人账户的监管 ……………………………………………… 200
　　一、限量监管 ……………………………………………………… 200
　　二、行政监管 ……………………………………………………… 201
　　三、社会监管 ……………………………………………………… 203
　　四、内部监管 ……………………………………………………… 203
　　五、外部监管 ……………………………………………………… 203

第十三章　中国养老保险个人账户改革的政策选择 ……………… 205
第一节　中国养老保险个人账户的改革 ……………………………… 205
　　一、个人账户的结构改革 ………………………………………… 205
　　二、个人账户采用FDC而非NDC ……………………………… 207
　　三、做大个人账户 ………………………………………………… 208
　　四、放开个人账户的市场投资 …………………………………… 211
第二节　中国养老保险个人账户的监管 ……………………………… 213
　　一、构建养老保险个人账户基金投资风险的转移模型 ………… 213
　　二、建议成立国家社会保障基金监督管理委员会 ……………… 214

参考文献 …………………………………………………………………… 215

后记 ………………………………………………………………………… 226

导　　论

第一节　研究背景与研究内容

一、研究背景与选题意义

2010年10月28日通过的《社会保险法》规定"基本养老保险基金逐步实行全国统筹",这是中国首次以立法的形式规定了基本养老保险基金全国统筹。《中共中央关于制定国民经济和社会发展第十二个五年规划的建议》提出"实现基础养老金全国统筹",为全国统筹提出了时间表。中共十八大报告明确指出"逐步做实养老保险个人账户,实现基础养老金全国统筹",明确了实现基础养老金全国统筹和做实个人账户两者的配套改革关系。然而,有关养老保险基金全国统筹的具体思路与政策措施,仍然处于研究摸索阶段[①]。

基本养老保险基金由基础养老保险基金和个人账户两个部分组成,因此基本养老保险基金全国统筹必然涉及对个人账户改革的研究。2011年末,围绕各地方基本养老保险基金是否进入资本市场,人保部与证监会、社保基金理事会之间展开了激烈的争论。实际上,中国各地方基本养老金由基础养老金和个人账户二块组成,而基础养老金实行的是现收现付制,是用来支付现有退休人员的养老金,不可能进入资本市场。因此,如果要求各地方基本养老金进入资本市场,实际上也就是要求各地方已经做实的个人账户进入资本市场。然而,中国养老保险制度在从传统的现收现付制转向现行的社会统筹和个人

---

① 注:作者长期跟踪研究国内外养老保险制度的改革与实践,并从"十二五"初期开始研究职工基本养老保险基金的全国统筹问题。本书中的相关历史时间数据是作者长期跟踪研究的阶段性结果,以便以时间长轴来展示职工基本养老保险基金全国统筹的研究进程与研究结果。

账户相结合的新制度过程中,形成了巨额养老金隐性债务;绝大部分地区个人账户空账;个人账户相对统筹账户的比例过小,忽视了个人账户的激励问题;由于地区分割而形成几千个相互独立的统筹单位,在当前通货膨胀重又抬头的情况下,其管理的个人账户由于只能存银行和购买国债而导致回报率太低,甚至负利率,企业和个人的逃缴动力加强。这些都不利于实行基本养老保险的全国统筹。

这些问题如不加以妥善解决,势必会加大未来风险,难以抵御未来人口老龄化高峰期到来的巨大压力。因此,如何对中国基本养老保险基金进行全国统筹,既提高其抗风险能力,又在全国范围内提高基本养老保险基金统筹互济的公平性,就显得非常重要、迫切和现实。本研究将以城镇职工基本养老保险为对象,探讨基础养老保险基金全国统筹和个人账户制度进一步改革的主要思路和对策,以期为中国未来实现基本养老保险基金全国统筹提供决策参考。

二、主要研究内容

本研究的范围为城镇职工基本养老保险制度,研究对象为基本养老保险基金全国统筹,包括基础养老金全国统筹与个人账户改革完善两个方面。

一是基础养老保险基金全国统筹。着重分析实现基础养老金全国统筹的必要性,实现基础养老金全国统筹的制约因素,实证分析基础养老金全国统筹对各地的福利影响,提出中国实现基础养老金全国统筹的政策选择。

二是个人账户制度改革。着重测算中国养老保险个人账户空账规模,对影响中国养老保险个人账户的主要因素和变量进行定量分析,对统筹账户与个人账户最优化比例进行实证研究;分析中国养老保险个人账户制度的改革路径,最后提出对中国养老保险个人账户进一步改革的政策建议。

第二节　国内外研究综述

一、国外研究综述

国外研究主要集中在以下三个方面:一是对于现收现付制转为个人账户

制。马丁·费尔德斯坦(2006)认为,社会保障私有化是从现收现付计划向强制性的基金积累的个人自由账户计划转变,其关键是个人是否掌握投资决策的主动权。莫迪格里尼认为每一位养老基金参加者都将拥有一个个人账户。斯蒂格利茨认为,应该用私人管理的养老金体制代替公共运营的养老金体制。然而,智利实行全新的以个人账户积累为基础的养老保险运行机制之后,养老金改革后的覆盖率始终比较低。二是对个人账户制进行改革,引入名义账户制。国外学者对此的看法不尽一致。世界银行养老金经济学家罗伯特·霍尔茨曼(2006)认为,名义账户制既能满足改革的财政、政治、社会及经济需要,又不会增加改革的财政负担。尼古拉斯·巴尔认为,名义账户制并不是一个最有影响的政策,名义账户制没有解决关键的筹资问题。三是个人账户的投资与监管。斯蒂格利茨认为应该用私人管理的养老金体制代替公共运营的养老金体制,基金积累资产用以支付将来的养老金,而且投资于各种资产而不仅是债券一种投资工具。在同样面临人口老龄化的挑战下,各国政治、经济、社会、文化制度都不一样,中国如何采用并创新最适应于本国国情的养老保险制度,这也本研究试图回答的问题。

二、国内研究综述

(一) 基本养老保险全国统筹的必要性

基本养老保险统筹层次问题的核心是对养老保险社会统筹部分资金的管理控制权,这实质上是各级政府的事权与财权的划分。较低的统筹层次不利于养老保险制度互助共济功能的发挥,也不利于实现社会保险的收入再分配功能,更可能抑制劳动力按市场规律的合理流动。郑功成(2010)从全国养老保险转移关系分析,认为中国基本养老保险区域分割的现状使不同地区养老保险缴费率有所差别,扭曲了中央与地方及地方间的关系,提高了劳动力流动的养老保险关系转移成本,不利于养老保险制度的自我平衡与发展,因此应尽快推进城镇基本养老保险全国统筹。郑秉文从全国各地养老保险收支分析,认为2012年在剔除财政补贴之后,全国仍有半数省份企业部门基本养老保险基金收不抵支。解决这个问题的根本出路在于实现全国统筹,因为在全国统筹条件下,14个省份的当期支付缺口将会被养老保险基金的快速增长和支付能力的空前提高所"内在化"。贾康从全国社保互济、共济方面分析,认为养老金全国统筹首先使基本养老体系的筹资能力、供给能力提高一个层次,从30

多个小蓄水池的省级统筹汇成1个大蓄水池的全国统筹,提高了全国社保互济、共济的能力,而且使得原来低层次统筹时形成的壁垒被消除,劳动力能跨区域自由流动。综上所述,学界对提高基本养老保险统筹层次的观点一致,都认为实现基本养老保险全国统筹是十分必要紧迫的。

(二)养老保险个人账户的改革方向

在养老保险个人账户改革方面,国内外学者存在严重分歧。易纲(2007)认为转型名义账户制将是中国养老保险制度改革的新思路;李剑阁认为完善养老金体制,实行记账式个人账户更好;龙朝阳(2011)认为名义账户制模式是中国养老金制度改革的目标归宿。但是,另一派的代表尼古拉斯·巴尔认为名义账户制并不是一个最有影响的政策,名义账户制没有解决关键的筹资问题。何平认为把个人账户引入中国养老保险制度是社会保障制度创新模式的核心;穆怀中(2012)认为名义个人账户制不能从根本上解决养老金隐性债务,褚福灵(2010)认为做实基本养老保险个人账户,形成个人缴费的完全积累,实现基本养老保险制度模式从"统账结合,并账管理"向"统账结合,分账管理"的实质性转变。综上所述,学界对于"做实个人账户"还是引入"名义账户制",存在激烈的争议。

(三)基本养老保险全国统筹的障碍因素

实现基本养老保险全国统筹必然会遇到各种现实阻碍,国内学界对各种可能存在的障碍因素进行了深入全面的分析。李珍(2005)从地方政府行为角度来分析,认为地方政府追求自身利益最大化导致省级统筹只是名义上的,因此在实行全国统筹过程中,省级政府同样具有地方政府追求自身利益最大化的倾向。王晓军(2006)从各省区基本养老保险历史债务、覆盖率、待遇水平、缴费率的定量角度分析,认为这些指标的地域差异是阻碍全国统筹进程的因素。李雪(2012)从各地收入差距角度分析,认为中国不同地区在经济水平、基本养老保险历史债务的巨大差距和业已形成的地方利己主义行为,严重阻碍了基本养老保险统筹层次的提高。王平(2012)从财政补贴的角度分析,认为财政补助开始成为基本养老保险社会统筹账户的重要资金来源,而且规模日渐庞大,但是欠规范的财政补助方式加大了基本养老保险社会统筹账户收不抵支的风险。鱼小辉从养老金投资和老龄化角度分析,认为大量存在银行中的养老金暗中缩水,老龄化浪潮的冲击,人口抚养比的攀升,这是中国养老统筹基金的真正"缺口"。郑秉文从风险角度分析,认为统筹层次提高到全国水平将存在普遍的道德风险和逆向选择问题,最终有可能致使养老保险制度陷入较大的财务风险之中,这就是截止到2015年仍以县、市统筹为主,只有四五个省份真正实现省级统筹的主要原因。综上所述,中国不同地区的经济发展水平、人口结构、养老保险制度存在的巨大差异,中央与地方、企业与个人不同的利益格局,严重制约着基本养老保险的全国统筹。

(四)基本养老保险全国统筹的方案设计

针对基本养老保险全国统筹的可行性与方案设计,国内学者给出了不同的建议,现将其主要归纳为如下几点。

一是实现基本养老保险全国统筹的时机与路径。马骏(2013)认为,2022年之前,中国城镇养老金收支处于宽松期,这是进行养老金改革(如提高退休年龄、划拨国有企业股份到社保)的最佳时机。2022—2035年成为中国城镇养老金收支的"渐紧期";2035年以后,中国城镇养老金的收支情况将急剧恶化。如果不在宽松期内未雨绸缪及时改革,养老金问题就可能在2035年后成为政府债务危机的导火索之一。艾慧(2012)认为,中国城镇职工养老保险统筹账户年度支付危机会在2018—2036年之间出现,2018年后统筹账户出现年度缺口,对绝大多数省份来说养老金支付成为"烫手山芋",此时是提升统筹层次的良机。张向达(2011)提出了通过三个步骤实现基本养老保险基金全国统筹的可行性方案。首先,以省级统筹为基础,强化省级政府管理基本养老保险基金的责任。其次,以区域统筹为过渡,按照东部、中部、西部的区域划分,把养老保险基金的管理分别集中到这三个区域。最后,实现全国统筹。

二是界定中央与地方的财权与事权。李雪(2011)认为,针对各区域间差距的情况,针对各主体利益行为,设计"统账全分,分开管理"的基本养老保险全国统筹模式,以划清中央与地方的权利与责任范围。于翰森(2011)认为,基本养老保险全国统筹必须要界定中央与地方职权,实行中央主导下的地方分责制,明确界定责任,划分职权。

三是适当降低地区间收入再分配的幅度。穆怀中认为,应充分考虑地区间物价水平差异,确保高收入地区养老金合理流向低收入地区,保证基础养老金分配的公平与养老金制度的可持续发展,促进全国统筹的尽快实现。陈元刚(2012)认为,实现基本养老保险全国统筹,必须在各地区职工工资差距较大的情况下,适当降低地区间收入再分配的幅度,需对在岗职工平均工资进行调节,以实现较小幅度的收入转移。

四是引入现收现付制或权益记账制。申曙光(2013)认为,中国城镇养老保险制度面对规模巨大的"空账"与无法做实的"实账",现阶段应建立缴费确定型的现收现付制。饶晶(2012)认为,全国统筹的现收现付制度是最适合中国国情的基本养老保险模式。雷晓康(2011)认为,基本养老保险权益记账制度是基本养老保险制度实现全国统筹重要一步。

五是适当降低单位缴费率。郑秉文认为,实现全国统筹的关键在于改革养老保险制度结构,将个人缴费8%和单位缴费20%全部划入个人账户,直接从2015年的县、市统筹提高到全国统筹水平。席恒(2011)认为,适当降低企业社会保障负担和个人缴费费率为基本养老保险全国统筹创造可持续发展的经济基础,建议以最低收入地区和最低收入行业的平均收入水平为基础,将企业缴费率降到12%—15%。刘昌平(2011)认为,社会统筹账户是一个精算盈余的制度安排,缴费率存在下降空间。

上篇　基础养老金的全国统筹

补私人养老金计划以及其他联邦计划的缺口,和7.5万亿美元一样,看起来都是巨额的数字。然而,除了异常的南非,美国的养老金净缺口其实是最小的,仅占CDP的50%。

法国、德国和日本这3个国家的资金缺口绝对比美国更大,尽管三者加起来仅有美国GDP水平的80%。不管使用什么标准,占GDP 300%或更高比重的净缺口都过于庞大了。

虽然在中国,净缺口占GDP的比重为134%,产生了9万多亿美元的养老金空账,但中国至少还有较快增长的CDP。日本每年的GDP达17.6万亿美元,它的适度增长可以承受这一负担。

马里达·伯托奇、桑德拉·施瓦茨、威廉·津巴也测算了各国和地区人均养老金负担,如表1-2所示。

表1-2 各国和地区人均养老金负担

国家和地区	净资金缺口占GDP(%)	调整后的净资金缺口占GDP(%)	10年GDP负担占比(%)	20年GDP负担占比(%)
法国	281	380	38	19
德国	317	460	46	23
爱尔兰	145	175	17	9
瑞士	148	197	20	10
荷兰	106	137	14	7
巴西	114	127	13	6
中国	134	151	15	8
智利	85	97	10	5
南非	6	−6	−1	−0
日本	293	450	45	23
加拿大	155	194	19	10
澳大利亚	161	201	20	10
英国	112	149	15	7
美国	49	61	6	3
14国	143	198	20	10

资料来源:Bertocchi, Schwartz, Ziemba(2010)。

表1-2显示了对在职人员与退休人员之比进行调整后的资金缺口,可以看到实际的负担以20%的速度在全球膨胀。日本的这个负担比可能高达

35%,且使用的只是当前的老年抚养比。假设使用2050年的老年抚养比,那么相应的负担比重将分别上升至45%和75%。从美国公民在接下来的20年里每年要缴纳3%的额外"税",一直到日本在未来20年中每个员工要缴纳23%的增量税收,可以看到这些负担是多么重。这样的负担水平显然是难以忍受的。因此,必须用其他办法承担这些负担。

显然,从全球范围为看,我们长时间地忽略了由婴儿潮一代造成的即将到来的养老金危机。荷兰、澳大利亚、智利以及挪威等国家已经看到了怪兽的来临,开始大刀阔斧地改革以应对未来的危机。不幸的是,世界上其他大多数国家都没有为此做好准备,陷入了困境。

有些地区的经济增长减缓与养老资金不足两大问题同时发生,它们所带来的严重影响使这些地区遭遇巨变。有些国家假装知道如何解决问题,抑或寻找经济增长的秘密配方让这些问题自动消失。但不幸的是,它们没办法避开人口结构问题,而人口结构是养老金危机的关键所在。

欧盟与日本的问题显然是最急迫的,也是最主要的。英语国家的情况尚可。当新兴市场国家正准备取得更大的经济发展成就时,已经被推到舞台中央,无论它们是否做好承担责任的准备。看到希腊危机的波动,希腊退出欧元区后带来的影响逐渐显现,以致波及其他世界市场时,有一件最重要的事一直在笔者脑中盘旋,那就是我们谁也无法把自己的防护墙筑得足够高,全球养老金危机将是所有人都必须面对的主要挑战。

养老金危机与以前的经济危机不同。在经济危机中,有些人会放弃,有些人(一般是富有的投资集团)会带着痛苦继续前进,或者国家被迫牺牲债券持有人的利益,出台政策消除经济危机的影响,但养老金危机却存在于世界的每一个角落,而且它直接面对的是马斯洛需求层次中的基本生存需要,关系到人们的温饱与住房,关系到老年人的晚年生活,关系到每个人以最科学的方式过上健康生活的权利。最重要的是,它还关系到我们留给子孙后代一个什么样的经济秩序。

二、经济全球化的挑战

经济全球化是指全球货物和劳务、生产要素和知识要素日益融合的一体化进程。它要求公共计划的运行方式进行改革,包括养老金制度的改革。对这些改革迫切性的需求不仅来自对全球化产生的利益的获取,也来自全球化本身所带来的挑战。这些挑战包括技术革新、货物和其他生产要素的供需变化所导致的深刻冲击,要求劳动力市场之间更加自由流动,资本市场进一步改善,终身学习更为普遍。

国家融入世界经济标志着其金融部门的发展与之紧密相连。发达的国内资本市场是实现资本账户自由兑换的一个必要因素,包括养老金资产国际多元化的能力。退休资产的国际多元化可以产生福利效应,因为退休资产(股票除外)的收益率在国际和国内之间具有很低的相关性,这对国内资本市场提出了一个起码要求。强制规定个人必须持有非流动性的现收现付制的大部分或全部养老金资产,并不是应对个人风险多元化的最佳策略,自然也不会提高福利水平。如果养老金改革引入或完善了一个积累制支柱,那么这种改革便会使风险多元化,有助于国内资本市场的发展。一个发展良好的国内资本市场动员了国民储蓄,配置了价格风险,消化了外部金融冲击,完善了市场激励,培育了良好的治理机制,促进经济增长。

三、各国迅速出现的财政压力

随着全球老龄化趋势的加剧、退休年龄的提前以及更慷慨的福利待遇,各国退休金的支出迅猛增长。预测到2050年,多数发达国家的公共退休金支出将从2002年占国内生产总值的9%上升到16%。在某些国家,如意大利,养老金支出占GDP的比例将上升4.8个百分点,日本将上升9.6个百分点,法国将上升7.3个百分点(CSIS,2002)。

如果不改革养老金制度,那么工业国家的养老金赤字将在今后的50年内迅速增长。美国社会保障基金托管人理事会2001年曾预测,到2016年,美国社会保障基金从工资税获得的收入将不足以支付退休者的福利。据美国政府预测,支付对当前年轻员工承诺的全部社会保障福利可能需要将工资税增加50%—100%。即使经过通货膨胀调整,到2021年,美国社会保障年度赤字也将达到1000亿美元,2034年将达到3000亿美元。2015—2075年,累积的隐性债务按美元现值计算,预计将达到21.6万亿美元,是2000年美国国债的6倍多。

在现收现付制下,未来的纳税人将为未来的福利而付出。对社会保障的缴款是对劳动力使用的征税而不是投资。因此,员工们将不得不缴纳甚至比他们现在支付给社会保障机构更多的税费,否则,那些退休者只能得到比政府所承诺的更低的福利。如果不对现行养老金制度进行改革，那么政府福利和社会保障体制将面临崩溃。

四、政府承诺较多而付诸实施有限

公共政策目标引入养老金制度后，就有了特别重要的目标：为老年人减困，通过公共养老金计划实现收入再分配，即通过富人向穷人的收入转移支付来实现更为公平的收入分配。然而，现有养老金制度安排的一个根本缺陷在于它们在不同职业之间的不一致性和不公平性。对处于不同发展水平的所有国家而言，退休收入制度的建立基本上是按某种秩序进行的，着眼于政治上的可及性和财务上的短期可行性，在多数情况下没有完全考虑到与总体目标的一致性问题。

对现行养老保险，政府承诺过多，兑现太少。在发展中国家，许多强制性养老金计划承诺退休时的收入替代率很高（经常是 60%—80% 或更高）。在现有条件下，如此之高的收入替代率是无法持续下去的，更不用说未来平均寿命提高的情况。进入制度没有门槛，获得全额退休津贴的资格规定太宽，提前退休的待遇过于慷慨，缴费的征收管理不善，基金余额管理不当，投资收益率很低或呈负数，管理成本过高等，所有这些导致支出方面的问题经常比收入方面的问题更为严重。一旦养老金制度进入成熟期，既定的缴费率将无法兑现相应的待遇水平。通货膨胀将导致待遇水平迅速下降，在待遇水平削减或欠款时间拖延几个月甚至几年之后，最终出现待遇骤减的现象。这些问题是养老金制度设计和执行不当、给付和缴费管理失误，甚至治理出现问题共同作用导致的结果。

针对制度设计的缺陷，许多国家的改革强调的是要密切加强缴费与待遇两者之间的联系，向积累制进行部分或完全过渡。

第二节 21世纪养老保险制度改革的趋势分析

一、社会风险管理

在信息不对称和市场功能失效或存在根本缺失的世界中，个人或家庭面临多重风险,社会风险的管理架构能为应对这些风险提供理论基础和基本原则。

养老金的制度设计不仅受到一般性的与年龄相关的残障、死亡和寿命风险的重大影响,还受到许多其他风险和环境能力的重大影响。由于贫困人口在其生命周期中将遇到许多风险,老年人收入保障制度不应是最优先考虑的。与诸如战争、旱灾、洪灾、失业、残障和疾病等短期风险相比,进入老年时缺乏足够养老资金来源的脆弱性和死亡时间的不确定性所导致的威胁就算不上什么了。因此,强制性地通过法律手段将极度贫困人口纳入工资收入关联型的公共养老金计划之中,就很可能使福利水平下降,并很难真正执行下去。年金需求理论的发展支持了这一点。如果市场不是完全的,完全年金化就不是最优的。市场的不完全性将导致零年金化,并导致人们仅仅持有传统的金融资产。

对于穷人而言,危害性最大的日常风险是那些阻碍他们工作以养家糊口的风险。工作的丧失和取得劳动收入能力的丧失(随着年龄的增长而日益增加的风险)是一种最可怕的威胁。对工作能力丧失之后长期生活问题的解决,非正规制度安排难以发挥作用,因为家庭所能提供的照顾与支持并不像许多人所认为的那样多。这意味着低收入国家应将残障及工伤保险放在养老保险之前的优先地位,即为丧失工作能力者建立一个普遍的残障人员养老金制度(即社会养老金或非缴费型养老金)。失业风险和老龄化风险不是完全正相关的。考虑到失业风险的道德风险问题,可以建立失业储蓄账户,并允许其自退休之日起转化为养老金储蓄账户。

任何缴费型养老金计划都面临着多重风险。其中,最重要的是经济、人口和政治方面的风险,它们对所有的养老金制度都将产生影响。不同的养老金计划或不同的支柱之间的收益率都不是完全正相关的,在不同的风险面前,养老金计划的稳健度也不同,尤其是对于多支柱的养老金制度。因为在多支柱结构中,储蓄可以放在不同的篮子中,并且得到基本的风险保障。

二、公共干预

由于市场失灵的存在和收入再分配的需要,以及市场型的退休金产品的缺乏或次优供给,存在着从富人向穷人进行再分配或至少是减困的要求。这些公共干预发生在一个不完全的世界中,所以对经济活动具有扭曲作用。平衡这些潜在的扭曲效应，以避免其偏离风险统筹管理和收入再分配的目标就显得十分必要。

理论上的公共干预来自供给不足或需求不足而导致的市场失灵。如果由于缺乏远见而导致需求不足，供给自然不会出现。即使产生需求，在没有相应管制的情况下，私人部门的供给也不一定能够得到保证。公共干预之所以是更理性的，是因为短视行为的存在、金融产品的供给不足、对市场监管和政府保护的需求、对收入分配公平性的要求以及对社会团结的要求。

作为个体，每个人都有自己的短期计划目标，但当他们完全依赖自己时，其退休储蓄通常显得不足。短视来自个人计划不足或较高的个人贴现率。较高的预期贴现率来自信用市场的限制和其他更为严峻的终生风险（如生病、残障、家庭破裂等）或自然风险与政治风险（如洪灾和旱灾、内战和通货膨胀等），也可能来自其他风险市场的不完全性。改进适当风险管理工具的提供方式，以应对个人所面对的广泛的风险，最关键的一点是要把过高的个人贴现率降下来，因此需要对退休收入进行公共干预。

即使个人打算为其年老时提供足够的收入，他们也需要足够的与其长期退休储蓄特征相一致的金融产品，如把资金向未来进行转移的储蓄产品（如银行存款、股票和债券等）和预防死亡日期不确定性风险的年金产品。如果没有年金产品或有效集合管理死亡风险的工具，人们就可能在年老时消费不足，从而很不情愿地留下大笔遗产；或因消费过度陷入贫困而终。即使存在这样的产品，对公共干预的需求也是存在的。为了创建一个运行有效和稳定发展的金融市场，必须有政府的监管。如果任由金融市场自由放任，它就不会全面发展成熟起来。为确保私人部门提供退休收入外部来源的政策目标得以实现，人们需要保护消费者。即使私人部门可以提供市场化的退休金产品，并且大众也需要这些产品，政府仍需要进行干预，以减少贫困，实现更公平的收入分配。为了穷人的利益所进行的第一次政府干预可能引发第二次干预，即强制性地参加退休收入计划，达成政府实现公平分配这个目标的愿望。

每个社会都有兴趣致力于减少所有年龄组的贫困，政府对此直接干预的方式可以是实际货币转移支付。社会通常倾向于支持老年贫困阶层，因为他们从事劳动的能力十分有限，但这种干预却有可能使人们不去参加自愿性的退休储蓄，从而产生道德风险。政府防止这种道德风险产生的办法可以是强制性规定劳动者参加养老金计划。为了实现更为公平的收入分配这个目标，需要那些终生富裕者向终生贫困者进行收入再分配。

三、多支柱模式

养老金制度从本质上讲是应对和管理老龄化风险的一个方式,目的是为无力或无意从事经济活动时的老年人口和社会整体创造一种消费的维持能力。作为一种风险管理工具,养老金制度的设计必须建立在对个人和集体相关风险的有效管理能力进行评估的基础之上。

多支柱养老金制度包括五个基本要素:一是提供最低保障水平的非缴费型的零支柱(国民养老金或社会养老金的形式);二是与不同工资收入水平相关联,旨在发挥某种收入替代水平的缴费型第一支柱;三是主要是个人储蓄账户式的强制性第二支柱;四是多种形式但本质上强调灵活性和自由支配的自愿性第三支柱;五是向老年人提供非正式的家庭内部或代际之间的资金或非资金的支持,包括医疗卫生和住房方面的支持。

这五个基本要素都应对特定类型的风险。零支柱应对的是终生贫困风险和流动性约束的风险,这就防范了必须参与正规经济部门、通过劳动工资来积累微薄的个人储蓄的风险。第一支柱应对的是个人短视的风险、低收入的风险、由寿命预期不确定性和金融市场导致的计划目标不当的风险,但这种典型的现收现付制容易受到老龄化和政治风险的影响。强制性的第二支柱应对的主要是短视风险,而且设计合理、运行有效的第二支柱可以使个人免受政治风险的影响。如果强制性地将之年金化,他们将面对金融市场波动和较高交易费用的风险。第三支柱可以补偿其他支柱设计的僵化缺陷,但它可能产生由私人管理资产所导致的财务风险和代理风险。

个人和每个国家的能力与偏好不同,但一个由尽可能多的要素组合而成的制度均可通过分散风险来提供一个卓有成效、高效率的退休收入。影响每个支柱的因素之间并不完全具有关联性。在某些情况下,其关联性是最小的,甚至是负相关的,这意味着任何给定水平的预期退休收入或收益都可在较低风险水平上通过将其分散到多支柱的方式予以获得。

四、积累制的收益

积累制和预筹积累制或资本化的制度在一定程度上具有优势。在某些国家,积累制在社会、经济及政治层面创造了净收益。尽管预筹积累制在原则上讲可能出现在任何支柱之中,但强制性或自愿性的第二支柱或第三支柱中的净收益可能是最高的。

虽然积累制在许多情况下会产生收益,但积累制也会导致出现新的成本或附加成本,尤其是来自附加风险的成本(如投资风险)、较高的交易成本(如某些管理费)和财政转移成本(在替代非积累制计划时产生的)。对于大多数改革国家来讲,积累制取向的改革中产生的转移成本在评价净收益时起着重要作用。

对于那些养老金制度覆盖面广泛和待遇水平较高的国家,它们具有完全积累制并且规模较大的第二支柱或第三支柱。这包括两类国家,一是澳大利亚、荷兰、新加坡等,有着规模较大的强制性积累制第二支柱;二是丹麦、巴西、新西兰、美国等,有着较大规模的自愿性积累制第三支柱。

从一个发达的覆盖面广泛的非积累制支柱占主导地位的制度,向部分积累制的多支柱体系转轨,这种情况存在于许多欧洲发达国家,如法国、德国、意大利,也存在于日本,以及中东欧和中亚的转轨国家和少数拉丁美洲国家如乌拉圭等。尽管在多支柱养老金计划中,部分积累制的潜在收益仍然有效,但在向积累制转轨过程中却产生了巨大的财务成本。在这种情况下,要通过成本收益分析来确定积累制的最优程度,在收益及其概率与预期成本之间进行权衡。

向积累制转轨的关键成本是隐性养老债务,它来自当前养老金制度对退休人员和就业人员所承担的义务。成熟的养老金制度的隐性债务总量可以达到公共养老金年度支出的 20 至 30 倍,而公共养老金支出占这些国家的 GDP 比例约为 5%—15%,也就是说,隐性债务相当于占 GDP 的 100%至 450%。

在实施非积累制或中央集中管理的积累制的国家,养老保险覆盖面较小,需要准备向具有积累制的第二支柱或第三支柱的多支柱结构转轨。这些国家的积累制支柱很有力,多支柱制度也很有潜力,收益也非常之高,很可能超过其他国家。这些国家迫切需要国民储蓄转化为投资和资本积累,但国内储蓄经常不足,获取外国储蓄又受到限制,自身也存在一些问题。这些国家的劳动力市场大部分属于非正规部门,设计良好的多支柱制度至少在中期内有利于促进劳动力市场的正式化程度。最重要的一点是,这些国家的资本市场不发达,不足以支持可持续的增长路径,因此,如果一国拥有发达的资本市场,那么积累制支柱将对促进金融市场的发展和产出作出重大贡献。

五、确定缴费

作为养老金改革的可选解决方案和途径,越来越多的国家开始逐步从确定福利的养老金计划转向确定缴费的计划。即使在那些确定福利计划占传统优势的国家,确定缴费计划也在不断增加。

促使越来越多的国家采取确定缴费制的原因包括三方面。一是工作的流动性和灵活性的增加。确定福利计划只能满足那些服务期限长的永久性全职员工的要求,而随着社会、文化的变迁,越来越多的员工喜欢较灵活的安排,以适应不断增长的个性化趋势;同时,随着半职、临时和合同就业方式的稳定增长,员工和工会都希望获得更公平的待遇,因此需要不同于确定福利计划的退休安排。二是防范未来的不测。随着人们终身就业的观念正在改变,员工要求得到相应的福利。为了让养老金计划应对劳动力市场的流动,使福利尽快兑现和便于携带,需要将确定福利计划转变为确定缴费制。三是在传统的确定福利制下,企业需要考虑员工加入养老金计划后的成本效益问题。面对投资风险和回报,企业承担着既要激励员工的责任心又要降低成本的双重压力,确定缴费制可以减轻企业的长期运营成本,同时将投资业绩风险和回报转移到参与者身上,而且使员工可以根据自己的需要,参与管理他们的资产。这些原因导致越来越多的国家采取确定缴费制计划。

六、提高退休年龄

(一)提前退休与失业率并非密切相关

在现代经济制度中,社会保障政策对劳动力市场的影响不可能是完全呈中性作用,它们必然或多或少产生一定的市场扭曲。但是,英国伦敦经济学院公共经济学教授尼古拉斯·巴尔(Nicholas Barr)、美国麻省理工学院教授诺贝尔经济学奖获得者彼得·戴蒙德(Peter Diamond)认为,工作岗位的数量是处于不断变化之中的,它受到就业人数的影响,就是说,寻求工作的人本身也在创造工作岗位(Barr and Diamond,2010)。提前退休并不意味着离开劳动力市场,这是两回事,因为相当一部分退休人口在领取养老金时还会滞留在劳动力市场继续工作。在一些发展中国家,城市失业率更多地取决于人口迁徙和工作的可获性。所以,提前退休为城市人口创造就业机会的结果,很可能被外来人口的迁徙抵消。"一般来说,那些通常认为提前退休可以缓解失业的看法是错误的。从长期历史视角来观察,发达国家的平均退休年龄已经大幅降低,但失业并未出现趋势性下降。因此,退休年龄和失业率之间并非密切相关"。"因此,通过准许或强制提前退休(属于长期问题)来应对失业问题(一般来说属于短期问题)只能是治标不治本,最好把精力放在鼓励长期增长而不是扭曲劳动力市场上,后者只能徒劳地希望退休能对失业产生较大影响。"

(二) 在全国范围内制定一个强制性退休年龄是不合理的

尼古拉斯·巴尔、彼得·戴蒙德认为,在全国范围内制定一个强制性的退休年龄是毫无道理的,因为老年就业人员的情况千差万别,在健康状况、工作兴趣、工作能力和就业机会等方面存在很大差异性,偏好也是不一样的,并且,雇主对老年就业人员的需求也不尽相同(Barr and Diamond,2010)。总之,巴尔和戴蒙德给出的结论是,在全国范围内制定一个强制性的退休年龄的规定是没有必要的,也是不可取的。"退休概念是多维的",对退休的概念应重新定义和理解,因此,美国既有领取养老金的最低年龄(62岁),也有领取全额养老金的年龄(67岁,以前是65岁),甚至,除了一些特例外,美国已把公司层面出现强制性退休视为非法,欧盟紧随其后也有类似规定。

马里达·伯托奇、桑德拉·施瓦茨、威廉·津巴认为,起初社会保障是在现收现付制的背景下进行的(Bertocchi,Schwartz,Ziemba,2010)。当时,在职工人的数量远远多于退休者,因此,该制度非常恰当。之后,随着人口老龄化,人口年龄的分布情况由在职人员比较大的比例转向退休者比例居多的情况,更多的退休者需要在职人员的资助,这就导致越来越多的养老金计划正在从有着稳定退休收入和福利的确定给付制(DB)计划转变为受到变幻莫测市场影响的确定缴费制(DC)计划。考虑到确定缴费制计划的性质,确定缴费制计划应该不再被称为养老金计划,而是应该被称作税收保护储蓄计划。这将有助于个人更好地为退休做准备,明确区别当前收入和递延收入,澄清计划中的所有权归属,有助于退休储蓄的改革。此外,不应该规定退休年龄,而是重新考虑退休阶段。这要根据工作能力逐步采用,并持续一段时间直到去世。这意味着回归长期生命周期理论。

(三) 提高女性的退休年龄是可行的

最近一百多年,单身女性和已婚女性的财产权、选举权、被选举权等妇女的政治权利和经济权利逐渐确立、扩大、延伸,同样,养老金制度设计中的"性别中性化"趋势也随之逐渐实现。在过去,许多国家女性的法定退休年龄低于男性(一般为 5 年)。这样的制度设计主要是基于以下两点考虑:一是反映出对男性与女性社会角色的认知差异,二是女性年龄通常小于其丈夫。但是,妇女实际退休年龄低于男性将损害妇女的利益,难以实现女性利益最大化,这是因为:女性获得收入的机会将会减少;女性的养老金水平也会降低;在诸如伤残津贴、第二支柱的企业年金待遇水平和获得税优政策优势等方面也处于不利地位。若是情况相反,女性以低于男性的退休年龄获取与男性相同的养老金水平,那么也不是性别中性,而是不利于男性而有利于女性的制度设计。

尼古拉斯·巴尔、彼得·戴蒙德认为,养老金规则的"性别中性化"趋势不仅涉及社会正义和性别公平等社会问题,而且还对养老金的成本产生重大影响,甚至对老金制度带来巨大和持久的影响,可激励女性劳动参与率日益提高,增加双职工家庭的收入,进而增加社会产出(Barr and Diamond,2010)。美国社会保障体系从 1961 年开始实行性别中性规则,目前这个规则在其他发达国家已普遍成为一个重要标准,尤其是在人口老龄化趋势咄咄逼人的趋势下,发达国家基本都摒弃了退休年龄性别歧视的做法,女性的退休年龄与男性完全一致。当然,一般来说,女性年薪收入要略少于男性,职业生涯也略短于男性,而寿命则比男性更长。

(四)提高退休年龄是需要技巧的

尼古拉斯·巴尔、彼得·戴蒙德认为,提高退休年龄要注意两个技术细节:一是作出退休年龄规定的应是出生日期,而不退休日期。否则,如果对退休日期作出规定,必将出现一波退休潮,这将破坏提高退休日程的设定和任何激励措施的实施。二是退休年龄要逐年上提,避免相近年龄群体的养老金待遇水平发生大幅度变化。调整幅度太大显然是不公平的,在政治上没有操作可行性。否则,相邻年份出生的人们有时只有几天之差,但养老金待遇可能有天壤之别(Barr and Diamond,2010)。英国提高女性退休年龄是一个成功的案例,其重要启示是,英国提高女性退休年龄的立法进程给大家预留了 19 年的心理准备时间。

第三节 21世纪养老保险制度改革的目标

一、充足性

充足性是指养老金制度所提供的退休收入的绝对水平（防止老年贫困）和相对水平（替代足够的终生收入）。任何养老金制度改革的目标都必须确保所有人，不管他们参与的是何种水平或何种形式的经济活动，都应能避免其在退休后遭受极度贫困的威胁。同时，该目标还必须保证养老金制度能够为那些寿命长于平均寿命的人提供长寿风险的保护。

强制性养老金的替代率水平取决于与改革实施条件有关的诸多因素，如受益人获得住房、卫生保健和其他基础性服务的机会，受益人的平均储蓄倾向，国家的经济发展水平和国内的收入水平。世界银行的经验表明，一个典型的全职职工强制性税后收入的替代率约为40%时，退休收入才能维持该职工退休后的生活水平。较低收入的职工需要提供较高的替代率，而较高收入的职工需要的替代也相应较低。退休年龄同样是影响养老金充裕的一个因素，因为越老退休的职工越不可能补充自己的养老金收入，故他们需要更高的替代率。但如果平均替代率水平高于60%，那么制度将不具有持续性，过高的缴费率必将成为制度不能承受的负担。国家是否提供零支柱，以及如何提供零支柱，在很大程度上取决于该国的具体情况。尽管为相对弱势的老年人提供收入上的资助应作为制度设计和改革的明确目标，但是很多国家的预算来源必须考虑其他用途，如用于资助最弱势的儿童和青少年。

二、可负担性

可负担性是指个人和社会的融资能力。更高的替代率更为理想，却需要很高的成本。一方面，直接成本会给个人造成更大的养老金缴费负担，从而影响一些当前更急需的消费需求（如抚养子女）和投资需求（如购买住房）。另一方面，大量雇员为了逃避高额缴费而涌入非正规部门导致了间接成本的产生，这不但影响了个人的求职机会，而且对国家预算的稳定性和经济增长也产生了宏观经济影响。世界银行的经验表明,如果强制性缴费率超过20%,就有可能对缴费型制度成熟的中等收入或高收入国家造成不利影响;对于低收入国家,这个门槛以不超过10%为宜。

三、稳健性

稳健性是指在未来无法预知的条件和环境下,养老金制度具有抵抗风险冲击,并保持制度可行性的能力。这主要是指养老金制度有能力长期维持收入替代率的目标。对制度产生的主要冲击可能源于经济风险、人口风险或政治风险。任何一个养老金制度都必须能够抵抗包括以上风险在内的所有压力,在设计时必须清楚地考虑到制度实施环境的预期稳健性。要实现这个目标,就必须对改革所需的资金来源进行可靠性分析,分析应涉及计划说明书包括的所有内容和制度成熟并达到长期稳定需要的所有时间。为了实现这个目标,各国都需要设计或改造一个复杂的模型工具来适应本国的情况。同时,还需要通过分析基本假设中的所有变化情况来证明改革的长期可行性。

四、可持续性

可持续性是指养老金计划所应具有的财务稳定性。只有建立起良好的养老金制度,才能保证财政的稳定运行,而不需要将来突然增加缴费或降低待遇,也无须从财政预算中进行突然的大规模转移支付。养老金制度在设计时,就必须决定和公布所有旨在维持财政稳定性的调整计划,如对缴费水平、待遇水平、退休年龄的调整,并将这些计划纳入改革方案。调整计划应包括对各种经济冲击的制度调整机制,以保证养老金制度的财务状况能够适应既定的宏观经济环境。由于所有在职人员和退休人员的生活都依赖于现有的经济总产出,因此,在不确定是否能够通过向外借贷的方式来维持国内高消费水平的情况下,国内可利用资源的总量就显得尤为重要。因此,从根本上讲,可持续性主要是同经济总产出相关,由总产出来决定养老金计划的所有约束条件,并确定改革是否有能力在未来资源总量发生变化的情况下,不用采取任何不当措施来为受益人提供预先承诺的待遇水平。

五、促进经济发展

强制性养老金制度及其改革的附属目标是对经济发展作出贡献。一方面是通过减少负面影响来实现,如减少由不稳定的养老金制度对劳动力市场或宏观经济的稳定性产生的负面影响;另一方面是通过产生正面影响来实现,主要手段是增加国民储蓄和促进金融市场的发展。养老金计划能极大地影响产出水平和产出增长,同时也能对可分配资源的水平及其增长产生同样的影响。因此,养老金制度的这个经济目标至关重要,因为所有退休收入本质上都是由国家的产出来筹资。

养老金制度的主要产出是它达到主要目标的能力。因此,对养老金制度的设计和实施的评估必须要依据其发展效应。越来越多的经验证明,养老金制度的特征,包括最重要的制度的设计、筹资机制和待遇的管理实施,对经济的发展产生了重要影响,从而也影响了经济的产出水平。

第二章　21世纪美国与欧盟养老保险制度改革的趋势

近二十年来,全球养老金制度所处背景发生了巨大的变化。实际上,所有发达国家的人口老龄化和劳动力变化,都要求改革退休计划。这种压力与全球金融市场一体化趋势一起改变了人们对待退休的方式。如西方许多国家已经从确定给付制养老金计划转向确定缴费制计划;在确定缴费制下,参保人的资产得以积累,并投资于资本市场。这种趋势在拉丁美洲十分明显,英国、德国以及日本最近也发生了类似的变化。美国养老金环境也发生了巨大变化,在职劳动力对退休积累账户、确定缴费制养老金越来越感兴趣,因为它们与20世纪末股票市场的巨大收益相连接。与其他国家一样,美国平均寿命的提高、工作时间的延长,也提高了几年前那些没有被覆盖进去的团体对养老金的兴趣,如某些妇女。与其他国家一样,美国的雇主越来越愿意,甚至极其渴望提供新形式的养老金,以响应产业和雇用职业相融合的变化,利用养老金来激励劳动力的行为。美国管理制度的发展也改变了养老金环境,例如放松对养老基金筹资水平、缴费额、福利支付的征税管理。总之,近二十年对美国养老金环境的发展十分有利,如其他国家一样。

第一节　美国养老保险制度改革

美国养老金领域所存在的历史遗留问题是确定给付制计划。这种计划对几百万在职劳动力及其雇主仍然十分重要。但是,那些提供确定缴费制计划的公司却不希望实施确定给付制计划,因为它改变了今后养老金计划设计的有关资格规则、福利给付和支付要求。

一、美国养老保险计划的设计

美国劳工部劳动统计局进行了一项"雇员福利调查",并在1980—1997年期间,公布了有关这些调查报告的表格式数据。美国劳工部劳动统计局的调查涵盖了确定给付制计划和确定缴费制计划。

(一) 确定给付制计划

确定给付制计划的三个值得强调的重要特征是:参保、资格和既得给付权规则;提取和福利计发;其他特别条款。

1. 参保、资格和既得给付权

美国确定给付制计划提出了参保人在完全享有养老福利之前必须满足的具体标准。这些要求符合雇主降低管理成本的需要,不遵照执行则会加剧对那些最为可能换工作的年轻劳动力的管理成本。

人们认为参保要求降低了流动性,因为它向劳动力提供了一种在公司继续工作的激励。根据雇员退休收入保障法,年龄在25岁或以上的全职劳动力在工作满一年以后,必须得到参保允许。1984年退休公平法案大幅地修改了参保规则,对大多数计划而言,该法案降低了参保年龄要求,即21岁以上即可参保。

当一名劳动力加入到确定给付制计划时,他必须满足该计划的服务年限要求,才能对其所积累的福利获得法律上的既得权利。但这些要求阻止了劳动力的流动,如果一名劳动力从一家企业跳到另一家企业工作,那么他可能遭受到养老金损失。1974年雇员退休收入保障法立法允许既得给付权利包括一项"十年期规则",即要求雇员在十年服务期之后享有100%的既得给付权利,从而第一次减轻了对雇员的养老金损失。在此之后,1986年税收改革法案进一步降低了既得给付规则,要求单一雇主计划如果使用既得给付的服务期限限制,将转为五年期(如果使用等级既得给付限制,则转为七年期限制);到1989年时,五年期限制被广为采用。

2. 缴费

多数私人部门的确定给付制计划参保人并没有被要求用其工资或收入向其养老计划缴费:只有3%—5%的确定给付制计划参保人被要求进行雇员缴费。这显然不同于公共养老计划参保人,公共养老计划中大多数雇员直接缴费。

3. 提前领取和福利计发

确定给付制计划参保人可能获得福利积累的条件变化很大。一般地讲，美国确定给付制计划要求福利以年金形式给付，而且通常设定一个最小年龄和最低服务期的门槛，劳动力在退休时领取福利必须满足这些门槛。

提前退休是指当一名劳动力可以退休，并立即获得基于其服务和收入的福利，但是由于其退休年龄还不到正常退休年龄，其福利将减少。对于"正常"退休要求，多数确定给付制计划要求劳动力满足一定的年龄要求或年龄加工龄要求，以便获得全额的、无折扣的养老福利。1980年不到一半的参保人的正常退休资格仅仅取决于年龄的限制，其比例在整个期间都保持相当稳定。在年龄作为正常退休标准的情况下，多数门槛是65岁（这符合传统社会保障的"正常"退休年龄）。很少有确定给付制计划参保人的正常退休资格仅仅取决于服务期的限制：1980年11%的参保人仅仅根据服务期就能获得正常退休福利（一般是30年服务期）；到1997年，这个比例下降到5%。年龄和服务期的要求是常见的正常退休资格限制条件。数据显示，越来越多的确定给付制计划在劳动力达到62岁且满足最低服务期要求时，提供正常退休福利。1981年17%的参保人能够在62岁时退休且获得全额福利；到1997年，这个数字上升到21%。也就是说，有一种趋势，即允许劳动力在65岁之前退休，而且获得全额养老福利。这些模式符合某些确定给付制计划的鼓励提前退休。

4. 确定给付制计划的特别规定

在私营部门，很少有养老金采用正式指数化规则来抵制通货膨胀的，因此作为一项规则，私人养老金福利通常采取名义固定年金形式。对于许多年长的劳动力和退休人员而言，在低通胀时期，这并不是一个主要问题。但是即使一个3%的通货膨胀率就可以仅仅在24年内将退休福利的真实价值削减一半。尽管如此，有证据表明确定给付制计划下的养老金福利很少与显性生活成本指数（COLA）挂钩。例如1995年，只有7%的参保人拥有显性生活成本指数，只有3%的参保人拥有一个自动调整规则。通常情况是，退休之后的福利根本没有增加，这可以从以下事实中看出：1995年只有4%的参保人可以选择增加福利的计划。在20世纪80年代和90年代期间许多计划强调公平市场表现的情况下，它是非常特别的，却表明了该时期的低通胀率。

除了其他福利给付之外，私人养老金常常对退休福利总额加以封顶限制。这种盛行的现象正趋下降：1984年，42%的参保人面临最大福利限制；到1997

年,只有33%的参保人面临最大福利限制。在这些限制福利的计划中,通过对服务年限封顶,来限制最大福利给付,而一般地讲,服务年限是与福利给付相关的。例如,在1997年,31%的确定给付制计划参保人面临着最大服务年限的限制。其最大数的选择是从1984年算起的最大服务年限,一般在30至39年之间。

(二)确定缴费制计划

确定缴费制养老计划的发展过程经历了401(k)计划的覆盖面和既得给付模式、缴费和提取、特别条款的变化。

1. 计划类别、覆盖面和既得给付权

在20世纪80年代期间,退休资本积累计划的覆盖面急剧下降,这是由于这套计划常常在变。虽然雇员福利调查报告包括货币购买和利润共享计划、储蓄节俭计划,但是这里关注的是现金和延期工薪减少计划,包括401(k)计划。覆盖面是指受雇于一家提供养老计划的公司,如果一些劳动力没有养老福利的既得给付权,或他们选择不对计划进行缴费,而且也没有最低的雇主缴费,那么他们可能不是事实上的参保人。不管如何,美国劳动统计局的数据表明,未参加养老计划的全职劳动力所占的百分比,从1985年的8%上升到1991年的21%;覆盖率下降最多的是确定给付制计划、货币购买计划、利润共享计划。对比之下,储蓄节俭计划的覆盖面大幅上升,该计划的劳动力覆盖率从1985年的18%急剧上升到1995年的66%以上。这种趋势进一步证明了来源于其他数据的结论,即美国劳动力越来越参加确定缴费制养老计划,而确定给付制养老计划的覆盖面趋于下降。

确定缴费制计划下的参保要求和既得给付要求相对较少,多达四分之一的401(k)计划参保人被允许即时参保。401(k)计划下的既得给付权模式表明,四分之一的参保人可以即时参保;对比之下,在确定给付制计划下,实际上没有雇员能够即时参保。缩短服务期的趋势,部分原因是由于1986年的税收改革法案要求多数计划将既得给付权限制转化为一个五年期安排。

2. 缴费和提前退休领取福利模式

在确定缴费制计划下,通常情况是雇员和雇主都缴费;相比之下,在确定给付制计划下,对于私人部门,通常情况是只有雇主缴费。

一个有趣的问题是,雇员是否可以在退休之前获得其账户福利。人们认为,确定缴费制计划倾向于允许从雇员账户里贷款;而且在困难的情况下,通常可以允许直接提取账户资金。1997年,401(k)计划中一半以上的参保人通过贷款形式从其计划中获得资金,这要高于1993年的43%的比例。

3. 投资选择

确定缴费制养老计划在近二十年里如此受到欢迎的一个原因是:确定缴费制计划向雇员提供一定程度的养老金投资控制权。来自雇员福利调查报告的数据表明,对于雇员缴费和雇主缴费,适用于不同的规定。因此,在401(k)计划下,87%的雇员能够对于他们自己的缴费作出投资选择,65%的雇员能够对雇主缴费作出投资选择。对于雇员缴费和雇主缴费,其投资种类选择的数量也在上升。

4. 养老金的支付趋势

当劳动力退休时,其养老金资产的支付可能采用不同的形式。一般来讲,一次性整付方式在确定缴费制计划中较为普遍,几乎所有参保人都能采取这种形式。对于那些关注退休收入充分性的人而言,有一个事实是少数确定缴费制计划的参保人采用年金形式,但其所占的百分比正趋于下降:1993年,34%的401(k)计划参保人以生存年金的形式领取退休福利,到1997年时这个数字下降到27%。因此,在确定缴费制计划下退休的劳动力不大可能采取传统的生存年金支付方式,而传统的生存年金支付方式一度被认为是用来保障退休人员抵御长寿风险的一个重要因素。

二、美国养老保险计划的特征

(一) 覆盖率

美国的社会养老保险计划是一个捆绑式的复合养老计划,即OASDI计划(老年、遗属、残疾保险)。它不仅包括了养老保险,而且还包括了基于养老保险的遗属保险和残疾保险,也即美国人的社会养老保险既包含了投保人自身的养老保险,又包含了投保人的配偶(甚至离异者)、未成年子女(含成年残疾子女)、父母(由投保人赡养的)、遗属(投保人死亡后留下的家属)等人群的连带养老保险。具体而言,OASDI覆盖人群包括私人企业雇员,联邦公务员,非营利性宗教、慈善和教育组织的雇员,州和地方政府的雇员,自雇者(即自由职业者或称个体户),农场主,农场工人,家庭工人,收取小费的雇员,牧师,现役军人,铁路工人,国外就业者等。据估计,美国参保人口达1.63亿,占劳动力人口的96%。

（二）统筹层次

美国 OASDI 是一项强制性的社会保险计划，它的统筹层次高，直接由联邦政府在全美范围内统筹。凡能获取工资收入者，均必须参加 OASDI 计划，并依法缴纳工薪税。

（三）缴费率

美国 OASDI 计划是以工薪税的形式——OASDI 税来筹资的，它由雇员及其雇主平均各缴付一半的税金。1990 年以来，OASDI 税率一直固定为 12.4%，雇员与雇主各缴付 6.2%。相应地，自雇者则由自雇者单方缴付 12.4% 的工薪税。OASDI 税的征缴是先于联邦所得税的，故而等同于免征联邦所得税，也有的州规定它还可以免征州所得税。

（四）激励机制

由于 OASDI 计划是采用纳税方式融资，因此，它的强制性有法律的高度保证，实施起来更为威严而有效。此外，OASDI 计划毕竟是一种福利性计划，为了防止在退休给付上的贫富悬殊，也为了防止高收入者借 OASDI 计划逃避联邦所得税，美国每年都制定并公布参与 OASDI 税缴付的最高年收入限额，超过部分不予缴付 OASDI 税。如 2005 年和 2006 年，OASDI 税的最大应税年度工资基数限制分别为 90 000 美元和 94 200 美元，即 2006 年雇员年度工薪超过 90 000 美元的，最多只按 90 000 美元缴付 OASDI 税，超过这个限额的工薪收入部分不得缴纳 OASDI 税。

（五）法定退休年龄

关于何时才能退休并开始领取养老金给付，美国规定了三个年龄界线：一是正常退休年龄；二是提前退休年龄；三是推迟退休年龄。正常退休年龄的标准是动态的，只有达到正常退休年龄的人才能获得完全的退休给付；提前退休年龄不得低于 62 岁，提前退休者只能获得低于正常退休年龄的退休给付；相反，鼓励推延退休，凡是推迟退休者，均能获得多于正常退休年龄的退休给付，但最大奖励退休年龄不能超过 70 岁。

（六）家庭成员的福利

从某种意义上讲，家庭的稳定是社会保障的有力支持。相反，如果家庭有残疾、离异、遗属、未成年小孩子,则该家庭收入就会受损,甚至经济无保障。因此,美国 OASDI 计划充分体现了对家庭亲情的照顾。OASDI 计划是一个复合式养老计划,一个家庭只要有一个主要成员(多为丈夫)参加了该计划,则他本人及其配偶(包括离异或是遗属)的退休福利,以及残疾子女和未成年孩子的抚养均由 OASDI 计划给付。

(七) 异地转移养老保险关系

美国人一出生就会有一个社会保障号,不存在转移养老保险移关系问题,到新城市只需做一下登记记录。

(八) 领取养老金的最低缴费年限

美国要求达到 40 个信誉积分,缴费达到 1 050 美元便可获得一个信誉积分,一年最多可获得 4 个信誉积分,则最低缴费年限为 10 年。

(九) 养老保险基金的投资与管理

美国 OASDI 计划是联邦统筹的,因此州及地方政府没有管理的义务和权利。OASDI 计划设有两个全国性的信托基金,即 OASI 信托基金和 DI 信托基金两个账户。在管理方面,两个信托基金是分账收付和核算。在投资方面,两个基金并不投资证券市场,而主要投资财政部专门为它们内部发行的特别债券,该债券不可以转让,只能由财政部赎回,而且利率设计是参照联邦政府在公开市场发行的可流通债券利率为基础。

401K 计划是指美国 1978 年《国内税收法》第 401 条 K 项的规定,该条款适用于私人公司,为雇主和雇员的养老金存款提供税收方面的优惠。按该计划,企业为员工设立专门的 401K 账户,员工每月从其工资中拿出一定比例的资金存入养老金账户,而企业一般也为员工缴纳一定比例的费用。员工自主选择证券组合进行投资,收益计入个人账户。员工退休时,可以选择一次性领取、分期领取和转为存款等方式使用。

(十) 养老保险财务预算模式

在财务预算模式上,1983 年以来,美国采用部分储备筹资模式,现行的 OASDI 计划在形式上仍为现收现付制,但实质上已具有一定程度的部分积累制特性。不过,它的"部分"积累不是通过"个人账户"来实现的,而主要体现在

OASDI 信托基金的"非充分性"储备原则中。它采用 10 年和 75 年的滚动精算,从动态意义上,借用现行的"部分"超额积累去抵补未来的可能缺口。正因如此,从克林顿政府到小布什政府,一直企图从 OASDI 中分解出一个独立的"个人账户"用作私有化运作,并以此体现真正意义上的"部分"积累。

目前,中国养老保险计划正在向真正意义上的统账结合的部分积累制过渡,最终目标也就是要将名义上的、空账运行的"个人账户"做实。它将主要通过做实的"个人账户"实现部分积累,而统筹账户则仍旧为现收现付方式。这次改革的成功必将有助于我们的社会养老保险顺利渡过人口老年化的难关。

三、美国养老保险制度改革的趋势

美国雇主发起的养老金传统上分为确定缴费制和确定给付制计划。在确定给付制养老计划下,劳动力获得一项承诺,即其最终退休福利取决于一个具体的发放公式。这里的退休给付一般是参保劳动力的年龄、工资、服务年限的函数。在多数情况下,这种退休福利是以生存年金形式给付的。相比之下,在确定缴费制养老计划下,劳动力倾向于选择是否参与该计划,如果参与该计划,应向其退休储蓄账户支付多少缴费。此外,确定缴费制计划的发起人常常向参保者提供配套缴费。然后,养老金的缴费投资于资本市场,一般来讲,确定缴费制计划的参加者对其所积累的资金(有时雇主所提供的资金)拥有投资选择。通常情况是缴费和投资收益必须保存至退休时期,但是有时在职劳动力可能因困难或某些其他目的如贷款,提取他的资金。一旦离开公司,离职的劳动力可以一次性提取他所积累的资金(如果不到 59.5 岁,那么一次性的提取资金可能会受到税收罚款)。离职劳动力获取其养老福利,可以选择定期额度的形式,或购买生存年金的形式。在某一给定日期,该计划所积累的养老金价值取决于整个工作期间内的缴费额和投资收益。

在有关资格、缴费、既得给付权利、福利、提取资金、退休给付及计发公式方面,这两种养老计划的发起人拥有充分的选择权。此外,对于退休后的福利增加、特别支出(如残疾或一次性地提取现金)和其他方面,这两种计划包含不同的条款。在本研究中,我们讨论了私营部门的大中型企业的养老计划是如何在近二十年里演变的,以判定未来养老方式的发展趋势。

明确养老条款和福利权利在近二十年里的发展历史,是很重要的,因为这些条款影响着养老承诺的性质,反过来,又影响着劳动和公司的行为。如果一名参加养老保险的雇员在参保一段时间后,被允许从其计划中获得贷款或一次性地提取资金,他就有可能在工作期间提取他的养老储蓄。有些人担心这种实践可能导致其保障不足。如果一名雇员在年轻时被禁止从其计划获得贷款或一次性地提取资金,他在工作期间不能获取他所积累的养老金,所以与前者相比,他退休时能获得较充分的退休收入。另一方面,有些计划发起人认为,未能在早期获得其账户资金的情况,可能会挫伤参保人。养老计划的这些和其他结构特征也影响了劳动力的流动模式。也就是说,既得给付和福利计发可能阻止年轻雇员的流动,如果该计划对持续工作提供巨大的奖励,那么劳动力待在原公司的时间会更长一些。在确定缴费制计划下,退休福利可能取决于缴费额,以及劳动力如何选择养老资产的投资方式。投资决策在很大程度上取决于雇主与雇员如何对养老计划的特征进行有效的沟通。

(一)参保时间和既得给付权

劳动力通常被禁止立即参加养老计划,因为许多养老计划限定参保人为那些至少在公司工作一年的劳动力,有时会限定参保人年龄在21岁以上。1974年修订的雇员退休收入保障法规定,养老计划的参保要求不能比这些更为严格。当然,参保养老计划的时间要求是很重要的,因为有些养老计划从劳动力成为养老计划参保人之日起,开始计算服务年数,以便于福利计发。养老计划的"既得给付权"是很重要的,因为它是指劳动力对其参保养老计划的最终福利享有法律要求权。许多企业没有即时地对新的劳动力提供退休福利的要求权,劳动力只有满足养老计划既得给付规则所规定的雇用标准时,才能获得退休福利的要求权。人们常用的一个标准是最低服务年限。1974年美国雇员退休收入保障法规定了几个可获得既得给付权的原则,这包括最常用的"十年服务期原则",它要求雇员至少工作十年。在1986年税收改革法案下,既得给付规则变得较为宽松,大多数养老计划采用"五年服务期原则"。

(二)退休资格要求

美国大多数养老计划要求一名参保雇员必须满足一定的服务期或达到一定的年龄,才能有权得到养老计划的给付福利。因此,一名劳动力可能在达到55岁且工作十年的情况下才能提前退休,而一般正常退休是指年龄达到65岁且至少工作十年以上。养老计划的这种年龄和服务期要求,在确定给付制计划下是最常见的,但是确定缴费制计划也有这种要求。这些原则规定了劳动力主张养老福利的条件。退休资格要求在确定给付制计划中起着非常重要的作用,因为年龄和服务期不仅影响到获得养老福利的权利,而且也影响到福利支付的水平。例如,一名提前退休者每年所获得的养老给付福利要少于一名正常退休者。养老计划的正常退休者获得较高的福利,因为这名劳动力服务期较长,且他的年龄较大,退休后领取福利的生存年数少于一名提前退休者。此外,确定给付制计划常常制定其福利计发规则,对提前退休者给予补贴。因此,退休资格要求非常重要。

多年来,美国养老计划的发起人被允许采用那些导致年长劳动力离职的养老福利计发公式,这主要是为了在劳动力达到一定年龄之后限制其养老福利的积累。但是,在1986年,为了降低年龄歧视的程度,一致协调法要求私人养老计划在劳动力达到正常退休年龄之后,必须持续积累养老福利,这项规定到1988年正式生效。因此,今后私人部门养老计划的退休资格原则将更为宽松,这也许是为了提高福利激励,以使劳动力工作时间更长。

(三) 退休缴费和福利给付

确定给付制计划和确定缴费制计划采用了大量定义,以确定缴费和福利。在确定给付制计划下,参保人的退休福利一般是根据计发公式进行支付的。有些福利计发公式对于每年服务期提供月均支付形式,而其他则将福利与雇员工资、年龄和服务期挂钩。当确定给付制计划福利计发公式取决于年收入时,雇主一般规定其占年收入的百分比。一个相关的问题是基于年收入的各种计划,对于收入的定义是不同的。例如,一个养老计划可能会在计发公式中考虑基础工资、加班工资、轮班工资或佣金。此外,基于工资的各种计划对于收入的计算期,定义也是不同的。如果采用工作期间的平均收入,则需要考虑整个雇用期间的工资;如果采用最终收入,则需要考虑退休之前的补偿。即使在福利计发公式中,最终收入一般高于最后一年工资,但是采用劳动力最高工资或最后五年平均工资作为最终平均工资,还不是常见的。

在其他情况下,确定给付制计划下的福利计发规则可能会并入社会保障规则。这一般有两种模式。"冲抵"福利计发规则一般降低了养老福利给付,达到劳动力主要社会保障额的某个百分比。"剩余"福利计发规则对于那些收入低于社会保障征税基础工资的劳动力而言,其养老福利积累降低;对于那些收入高于社会保障征税基础工资的劳动力而言,其养老福利积累增加。当将福利计发规则并入社会保障规则时,最终收入计划倾向于采用"冲抵"方法,而工作期间收入计划倾向于采用"剩余"方法。对于月均给付法,则很少将福利计发规则并入社会保障规则。

确定给付制养老计划还有适用于特殊情况下退休福利的各种其他福利原则。例如,福利"折扣因子"在决定劳动力提前退休时的福利给付折扣率时,是很重要的。如果这类折扣因子还不"足够大",那么它们实际上会鼓励提前退休。在其他情况下,劳动力因为特殊原因可以获得所积累的养老福利,这包括因残疾原因而提前获得既得的福利给付。这类情况引起了政策的关注,因为允许雇员获得其所积累的福利,将可能降低最终的退休积累。残疾养老金是另一种方式:劳动力可以在有资格获得养老金之前,就可以获得福利,因而它在劳动力经济保障福利方面起着重要的作用。

确定缴费制计划的制度结构也是多样的,正如确定给付制计划一样,只是差异程度不同。许多不同类型的确定缴费制计划相互共存,美国劳动统计局将其分为"退休计划"和"资本积累计划"。前者主要是禁止退休前提取福利积累,后者主要是能较容易地获得积累资产。但是,今后这种区别会更明显。美国劳动统计局指出,今天"多数确定缴费制计划可用来提供退休收入或积累金融资产"。此外,许多这类计划允许一次性地提取福利,而不是福利年金。有些新型的确定缴费制计划也出台了,有时根据不同的资金来源,或根据他们的资产是如何选择的。例如储蓄节俭计划、利润共享计划、货币购买养老金计划、雇员股票所有权或红利计划以及401(k)计划。在储蓄节俭计划下,劳动力以他们工资的某个百分比进行缴费,雇主一般提供配套缴费。雇员缴费的税收优惠取决于个人计划结构和总体税法限制。储蓄节俭计划通常允许劳动力在某些特别情况下(如教育或医疗费用),从其计划中借取资金或提取资金。提供延期收入的利润共享计划,倾向于将雇主缴费水平与公司利润挂钩,将雇主缴费水平划入公司利润,再根据劳动力工资或其他公式划入雇主缴费。在其他计划中,提取领取或贷款是很少见的。在货币购买养老金计划中,雇主缴费固定为收入的一个百分比。在雇员股票所有权或红利计划中,雇主缴费通常是以公司股票的形式。从20世纪80年代末开始,401(k)养老计划迅猛发展。

(四)从确定给付制计划转向确定缴费制计划

美国大中型公司传统上是最主要的雇用退休福利的提供者。有证据表明,在这些公司中,养老金环境却是不断变化着的。多数养老计划的特征和设计因素随着时间变化而变化,有时急剧变化。养老筹资安排、资格和福利计发公式、养老计划参保人在退休前后获得退休计划积累资金的程度,也是变化发展的。由于本研究所采用的雇员福利调查报告只评估了大中型公司的养老金,其所提供的一些表格在时间上不一致,因此时间序列数据在某种程度上是不完善的。但是,它提供了美国私人部门养老计划在近二十年里的信息,这些信息是十分有价值的,视角是独特的:明确的信息是美国养老金环境的变化是经常的。

关于确定给付制养老计划的一个发现是,在私人部门里,很少有确定给付制计划的参保人从其工资中向自己的养老金直接进行缴费,这个现象显然不同于公共部门的养老金。另一个发现是,确定给付制计划的发起人越来越向劳动力提供便利的提前退休,以及更便利的正常退休。养老福利计发公式也从工作期间平均收入转向最终收入,而且并入社会保障的福利也在变化,尤其是其所要求的并入类型。养老替代率也逐渐下降,取而代之的是福利封顶,残疾福利给付条件更为严格。关于确定给付制计划的其他一些重要变化如下:

(1) 确定给付制计划的参保规则越来越严格,而既得给付权规则却放宽了。

(2) 确定给付制计划的福利计发公式越来越将福利与最终收入挂钩,而不是基于激励因素的工资。退休之后,这些私人部门的确定给付制计划一般不将福利指数化来防御通货膨胀。

(3) 在确定给付制计划下,正常退休年龄在下降,同时参保人可以在不到65岁时获得无折扣的养老福利。提前退休也一般以精算优惠率给予补贴。

(4) 退休人员越来越可能以一次性整付方式获得他们的确定给付制养老福利,这降低了防御长寿风险的保障。

由于很少有美国公司从一开始就采用确定给付制计划,因此确定缴费制计划明显急剧增长。在确定缴费制计划下,雇员缴费通常是其收入的函数。雇主配套缴费也是通常的,一般为工资的 6%;但是雇主配套缴费似乎逐渐下降。关于确定缴费制计划特征的其他一些变化如下:

(1) 确定缴费制计划的参保人越来越能够将他们自己的缴费和雇主缴费进行投资选择。随着时间的发展,参保人可以进行多样化的股票和债券投资,但是很少有参保人被允许投资他们雇主的股票、共同股票基金、担保合约。

(2) 确定缴费制计划的参保人可以在退休之前通过贷款而获得他们确定

缴费制账户的资金;在退休之后,很少有参保人选择生存年金的支付形式。这也暗示其降低了对长寿风险的保障。

第二节　欧盟发展型养老保险制度改革

欧盟社会保障制度是长期工业化的结果,然而它目前正面对人口老龄化的巨大影响。中国正在经历欧盟已经走过的工业化阶段,也同样面临着人口老龄化的巨大压力。因此,考察欧盟社会保障制度的历史发展和改革趋势,对目前中国社会保障制度的改革与完善,具有启发意义。

长期以来,国内部分理论界、政策界人士往往认为,包括养老保险制度在内的社会保障是国家的财政负担,它甚至会严重威胁到经济增长。然而,欧盟的经验表明事实并非如此。欧盟委员会就业、社会事务和机会均等总司秘书长约格·费舍尔(Georg Fischer)认为,养老保险制度、就业、经济增长三者之间是相互依赖的关系。作为公共支出的重要部分,健全的公共养老保险制度是公共财政可持续的必要基础,它不仅不会威胁到经济增长,反而可以促进经济增长;同时,经济增长和生产率的改善又可为养老保险制度的可持续创造空间。这对中国在当前全球金融危机背景下,进一步改革完善中国的社会保障制度,以拉动内需,尤其是消费需求,促进经济增长,具有重大启示意义。

一、欧盟养老保险制度的历史发展

欧盟各成员国的养老保险制度最初关注的是从事工业的人群,它是迅速工业化的产物,是大量农村人口向城市迁移和劳动力流动性提高的结果。工业化的结果是工人在达到法定退休年龄之后可以获得退休收入,而传统的农村家庭保障面临瓦解。

第一次世界大战之后,欧盟各成员国的养老保险制度开始覆盖到大多数雇员。第二次世界大战之后,由于生产率的极大提高,欧盟各成员国的养老保险制度的覆盖率和福利水平得到了进一步提高。作为对经历战争痛苦和重建时期艰辛劳动的回报,各国纷纷引入提前退休计划。

鉴于20世纪70年代石油冲击所带来的高失业率和低经济增长率,许多欧盟各成员国采取提前退休政策,以降低失业率。提前退休政策开始仅限于诸如钢铁、煤矿之类的重工业部门,但后来迅速扩及到其他部门,人们希望退休老工人为大量婴儿潮人群提供就业机会。

二、欧盟发展型养老保险制度改革的趋势

在提前退休的情况下,随着人均寿命的不断提高,养老保险制度的两大决定性参数即人均寿命与退休年龄之差越来越大。人均寿命在1970—1995年期间提高了4年,而实际退休年龄减少了4年,导致养老保险制度面临巨大挑战。1970—1990年,在人口老龄化挑战到来之前,对在职人员的社会保障税率提高了10%。

2004年欧盟老年赡养率(指退休人员占在职人员的比例)不到40%,但是据人口预测,到2025年老年赡养率将急剧上升到几乎60%,到2050年将急剧上升到80%。同时,由于经济和社会的变迁,劳动力市场发生了重大变化,从事不稳定职业的人员数量上升,妇女的就业水平迅速提高,老年人就业不断下降。

21世纪欧盟养老保险制度所面临的挑战不仅是人口老龄化趋势,而且是社会变迁和劳动力市场变化的趋势。如果不进行养老保险制度改革,那么就不得不用公共支出填补养老金缺口,从而对预算和欧盟政治分裂构成巨大压力,威胁到欧盟共同的价值观,即确保老年人过上体面生活。

欧盟各成员国与欧盟委员会之间努力合作,已经进行了十多年的养老保险制度改革。多数成员国对法定养老保险制度进行了改革,改革的主要目标是发展型养老保险制度,即养老保险制度应促进经济增长、就业与社会和谐,使养老保险制度适应社会变迁和劳动力市场的变化,使人们获得充足的养老金,并保持可持续性,促进人们对养老保险制度改革的认识和政策对话,达成广泛的认识。

尽管欧盟各成员国养老保险制度的三个共同目标即可获得性、充足性和可持续性的程度由于历史传统的不同而有所差异,但是欧盟致力于确保发展型养老保险制度改革的目标。改革的具体措施是将缴费与福利挂钩,激励延长退休年龄,改革养老金参数,引入养老金的缴费期、养老金福利的积累、过去工资的重新估算、当前养老金的指数化调整。

这些养老保险制度改革经过几年的缴费实践,导致了福利下降。但是,改革的目的并不是简单地降低未来人群的养老金福利从而降低养老金支出,而

是延迟退休年龄。近十年来,欧盟老年人的就业率开始上升。欧盟老年人(55—64岁)的就业率从1995年的36%上升到2006年的45%,但还没有达到2010年实现老年人就业率50%的目标。针对那些不能获得充足养老金的65岁或以上人群,欧盟提供最低养老金福利,并独立于社会援助福利。

三、欧盟发展型养老保险制度改革的影响

一是改善了就业。由于多数人没有从事全日制、终生就业的职业生涯,跳槽、兼职工作、自我就业变得越来越普遍,这些趋势使得养老保险制度有必要作出调整,以适应新的工作模式,激励面向老年人的公开劳动力市场,改善补充养老保险的可携带性,打破劳动力流动的障碍,促进充分参保,确保在职人员的养老金权利。

二是关注了公平。尽管养老保险制度改革降低了养老金的平均水平,但是欧盟成员国关注于向所有人保证体面的最低收入。激励规则和指数化规则的设计,旨在确保那些领取最低养老金的人的福利。

三是促进了资本市场的发展。许多欧盟成员国认为私人养老金储蓄是未来退休收入的一项重要来源。私人养老金个人账户作为资本市场最大的机构投资者,对促进资本市场的稳定发展作出了巨大贡献。欧盟成员国致力于改善私人养老金的监管结构,尤其是有关未来收益的投资风险和谨慎规则,促进金融中介的透明度和市场竞争,及时公布有关未来养老金水平的信息,保障参保人的知情权。

四、对当前中国养老保险制度改革的启示

欧盟发展型养老保险制度改革给我们的启示,是养老保险制度改革、就业、经济增长三者之间是相互依赖的,社会保障不一定是加重财政负担的"社会福利"。社会保障体制的改革如果以"发展型"为导向,就可以提高包括老年人在内的所有人的就业机会,可以促进资本市场的发展,保持经济的持续增长,从而保持老龄化社会的较高福利保障水平,以避免未来养老金的制度危机。

中国社会保障制度不仅是构建和谐社会的一个重要举措,也是拉动内需和促进经济增长方式转变的一个制度保证。改革开放以来,中国经济增长方

式最大特征是外需依存度过高,这种脆弱性完全暴露在当前的全球金融危机之中,这种增长方式缺陷的解决方法只能是通过扩大内需来替代遭受重创的外需。中国经济内需不足的一个重要原因是中国社会保障制度不健全,教育、医疗、养老等预期支出较高,人们不敢花钱。因此,进一步改革完善中国社会保障制度,把以居民消费为主的潜在内需转化为现实购买力,具有促进经济增长的重大作用与意义。改革和完善社会保障制度,可促进经济发展方式的转变,提高居民的收入预期和消费信心,以扩大消费来取代过多地依赖投资驱动。

目前加强中国社会保障制度改革的重点在于以就业为重点和导向,尽快通过降低社会保障的门槛来扩大社会保障制度的覆盖范围,通过提高社会保障的统筹层次来解决社保关系转续问题,完善社保基金治理结构,进一步拓宽养老金投资范围(包括促进高科技发展的风险投资),提高其收益率,提高制度的透明度,让参保人有良好的收入预期。

第三章 中国养老保险制度改革的问题分析

中国养老保险制度是自中华人民共和国成立之初开始建立的,与当时的计划经济体制相适应,制度安排具有典型的国家负责、单位(集体)包办、板块结构、全面保障、封闭运行等特征,在经济极端落后、财力相当薄弱的条件下为亿万国民提供了相应的保障,对保障人民生活、激发群众社会主义建设积极性起到了巨大的作用。

改革开放后,随着农村土地承包责任制的推行和城镇国有企业改革的推进,原有的、基于计划经济体制的社会保障制度丧失了相应的组织基础与经济基础,越来越不适应中国经济社会的发展要求。经过40多年的改革,国民经济持续高速增长和国家财力日益雄厚为建设健全中国社会保障体系奠定了相应的物质基础,与社会主义市场经济体制相适应、具有中国特色的养老保险体系框架初步形成。作为一项国家帮助公民抵御社会风险、保证人民基本生活需要的制度安排,中国养老保险制度的改革与发展取得了重大成就,尤其是进入21世纪以来,中国社会保障体系不断完善,对保障基本生活、增进国民福利、维护社会公平稳定、促进经济发展发挥了重要作用。

当前,中国养老保险制度全面深化改革所面临的基本形势较以往已经发生一些变化:一是人口快速老龄化。未来一段时期中国人口老龄化程度将比以往更高,这将带来养老保险制度内缴费人数下降而待遇领取人数上升、继而带来严重的基金收支压力,最终会增加国家财政对社会保障制度的投入负担。二是经济社会发展进入新常态。当前中国经济增长速度从以前的高速增长状态放缓到中高速增长状态,未来一段时期中国经济将进入速度换挡、结构优化、动力转换的新常态,财政收入增势趋缓,总体上呈现中低速增长,有的地方甚至可能出现增长停滞。面对未来社会保障等社会事业支出刚性增长、待遇持续提高,财政收入增速放缓将给社会保障事业的发展带来压力。三是供给侧改革导致经济结构的重大调整。供给侧改革涉及大规模淘汰落后产能以及经济结构的重大调整,在这个过程中就业结构也会随之发生较大的调整,相当一部分原本就业的人群会随着产业结构调整而失业,相当一部分家庭抵御经济风险的能力会遭受削弱。这将导致包括社会保障在内的社会政策所要承担的兜底责任和压力较以往更大。在这种形势下,当前中国养老保险制度的进一步改革需要着力解决一些主要问题。

第一节 中国养老保险制度改革的历史回顾

一、现收现付制时期(1955—1990年)

(一)计划经济时期(1955—1977年)

中国的现代养老保险制度起步于20世纪50年代初期。这种制度是适应产品和经济高度统一的计划管理体制的要求,仿效苏联的"国家保险"模式形成的,是典型的计划经济的产物,具有显著的时代特征。

1955年2月26日,中华人民共和国政务院颁布了中国历史上第一部全国性社会法规《劳动保险条例(试行)》。这部条例的颁布,标志着中华人民共和国社会化养老保险制度的初步建立。该条例主要内容不仅规定了养老保险制度统一的支付条件、待遇标准和缴费比例,而且还规定了养老保险金的30%上缴全国总工会作为社会保障总基金,统一在各地各企业调剂,实际上实行了全国统筹。随后的《国家工作人员退休条例》,保障对象是城镇机关、事业单位和国有企业职工,以国有企业职工为主体。其主要特征是由国家规定统一的养老待遇,各类单位和企业支付养老费用,国有企业的经营由国家统负盈亏。这实际上是一种享受对象限定的、由国家统一管理并保证发放的现收现付型养老保险体制。

但是随着1966年"文革"的开始,中国的社会保险制度也遭受了灾难性的损失。在机构撤销、资料散失的情况下,1969年2月,财政部发布《关于国营企业财务工作中几项工作的改革意见(草案)》宣布"国营企业一律停止提取保险金",企业的退休职工、长期病号工资和其他劳保开支,改在营业外支出列支,从而取消了社会统筹的养老保险制度,使之变成了企业保险。

(二) 经济体制改革初期(1978—1990年)

改革开放促使中国由计划经济向市场经济转变,社会统筹的养老保险制度也随之重新建立起来。1978年5月,第五届全国人民代表大会常务委员会第二次会议批准了《国务院关于安置老弱病残干部的暂行办法》和《国务院关于工人退休、退职的暂行办法》。同年6月,国务院以国发〔1978〕104号文件发布实施上述两个办法。这个文件对国有企业职工和机关、事业单位工作人员退休条件、待遇水平作了统一规定。1983年针对城镇集体企业保障能力弱的问题,国务院在《关于城镇集体保险所有制经济若干政策问题的暂行办法规定》中提出:集体企业要根据自身的经济条件,提取数额的社会保险金,逐步建立社会保障制度,解决职工养老退休、丧失劳动能力的生活保障问题。1984年10月,中共中央十二届三中全会发布《中共中央关于经济体制改革的决定》,国家及有关部门(主要是劳动部门)根据"以支定收,略有盈余"的原则,在一些县、市进行养老保险费用的社会统筹试点,建立了养老保险基金。这次试点,使之前遭到破坏的社会养老保险体制开始逐步恢复,并为进一步发展和调整打下了基础。1985年起,各地纷纷重建养老保险社会统筹制度的试点。1986年建立了劳动合同制工人的养老金制度。

二、过渡时期(1991—1996年)

这段时期的中国和西方许多工业化国家一样逐渐进入老龄化社会,传统的现收现付制养老保险模式面临着严峻的挑战。在这样的背景下,中国政府以世界银行1994年倡导的三支柱养老保险体系为依据,开始了养老保险制度改革的艰难摸索。1991年6月26日颁布《国务院关于企业职工养老保险制度改革的决定》(国发〔1991〕33号),提出逐步建立国家、企业、个人三方缴费的"基本养老保险与企业补充养老保险和职工个人储蓄性养老保险相结合的制度",标志着中国的养老保险体制开始由现收现付型向部分个人积累制过渡。1993年中共十四届三中全会《关于建立社会主义市场经济体制若干问题的决定》明确提出了养老保险制度改革实行"社会统筹与个人账户相结合"的模式。1995年3月《国务院关于深化企业职工养老保险制度改革的通知》(国发〔1995〕6号)重申了"基本养老保险费用由企业和个人共同负担,实行社会统筹与个人账户相结合"的原则。

三、部分积累制时期(1997年至今)

(一) 名义部分积累制时期(1997—2000年)

在经过了几年的谨慎摸索之后,中国综合实际运行状况,进一步明确了向部分积累制改革的大方向,并在法律上予以了更为详尽的规定。1997年7月16日国务院发布26号文件《关于建立统一的企业职工基本养老保险制度的决定》,明确全国城镇职工基本养老保险实行统一方案。主要要点为:企业缴费的比例,一般不得超过企业工资总额的20%(包括划入个人账户的部分);个人缴费的比例,1997年不得低于本人缴费工资的4%,1998年起每两年提高1个百分点,最终达到本人缴费工资的8%。实行"新人新办法,中人中办法,老人老办法",对不同的对象采取不同的养老措施。同时,文件规定在以35年为平均缴费时期、养老基金的投资回报率与工资增长率一致的前提下,基础养老金即社会统筹部分的替代率应达到平均工资的20%,个人账户养老金在以10年为计发时间的前提下替代率应达到38.5%。自此中国正式确定了以"统账结合"为标志的混合型养老保险体制,开始了养老保险制度的转轨。但由于转制成本的分担方式并未予以明确,加之统筹账户与个人账户的混账管理,在基金支付压力下,各地纷纷动用个人账户基金弥补统筹基金,使得个人账户基金"空账"运行,部分积累制时期成为名义上的部分积累制。

(二) 实际部分积累制试点时期(2001年至今)

针对前期养老保险基金在实际运作过程中个人账户的"空账"运行,2000年国务院下发了《国务院关于印发完善城镇社会保障体系试点方案的通知》(国发〔2000〕42号)。从2001年起,在辽宁全省和其他省区市的部分地区进行完善城镇社会保障体系试点,在坚持实行社会统筹与个人账户相结合的基础上,对现行企业基本养老保险制度进行调整和完善。其主要内容:一是明确企业和个人的缴费比例。将个人缴费比例从当时的平均5%一步提高到8%,企业的缴费比例暂维持不变,但不再划入个人账户,全部进入社会统筹基金。二是缩小个人账户规模。把个人账户的规模从个人缴费工资的11%降为8%,个人账户基金完全由个人缴费形成。三是做实个人账户。实行社会统筹基金与个人账户基金分开管理,统筹基金不再透支个人账户基金。根据《国务院关于同意吉林省完善城镇社会保障体系试点实施方案的批复》(国函〔2004〕35

号)和《国务院关于同意黑龙江省完善城镇社会保障体系试点实施方案的批复》(国函〔2004〕36号),2004年至2005年,将完善城镇社会保障体系试点工作扩大到吉林和黑龙江两省。与辽宁试点相比,吉林、黑龙江两省试点方案具有以下特点:一是个人账户逐步做实,从2004年1月1日起,按个人缴费工资的5%起步做实个人账户。二是对基本养老金计发办法进行改革。参保人员达到法定退休年龄且缴费年限(含视同缴费年限)累计满15年的,基础养老金月标准以当地上年度职工月平均工资和本人指数化月平均缴费工资的平均值为基数,缴费每满1年发给1%,个人账户养老金月平均标准为个人账户储存额除以计发月数。计发月数按职工退休时城镇人口平均预期寿命、本人退休年龄、利息等因素确定。

2011年以来,特别是中共十八大以及十八届三中全会以来,中国养老保险事业进入全面深化改革的新阶段,围绕着"统筹推进城乡社会保障体系建设"以及"建立更加公平可持续的社会保障制度"的总体思路,养老保险制度建设取得了重大进展。围绕"增强公平性、适应流动性、保证可持续性",2014年将城镇居民社会养老保险与新型农村社会养老保险合并实施,建立全国统一的城乡居民基本养老保险制度。《城乡养老保险制度衔接暂行办法》解决了城镇职工基本养老保险与城乡居民基本养老保险两大制度体系之间的衔接问题。2015年国务院颁布《关于机关事业单位工作人员养老保险制度改革的决定》,正式建立机关事业单位工作人员基本养老保险制度,出台《机关事业单位职业年金办法》,规定从2014年10月1日起实施机关事业单位工作人员职业年金制度。至此,由机关事业单位基本养老保险制度、城镇职工基本养老保险制度和城乡居民基本养老保险制度三大制度共同组成的基本养老保险制度体系正式形成,制度碎片化与养老金"多轨制"的问题得到一定程度的缓解,尤其是保障水平持续稳步提高。2015年1月15日,人力资源和社会保障部宣布,从2015年1月1日起,企业退休人员基本养老金提高10%,近8000万退休人员受益。至此,中国企业退休人员基本养老金从2005年起实现"11连调",养老金标准由2004年的月均647元提高到2014年的2000多元。2015年,中国首次统一提高全国城乡居民基本养老保险基础养老金最低标准,提高幅度为27%。养老金标准的连续大幅上调,有效改善了企业退休人员的生活,缩小了企业与机关事业单位离退休人员的差距,促进了养老保险制度的公平。从2016年起,综合考虑物价上涨、在岗职工工资等因素,中国逐步建立养老金正常调整机制,使调整科学化、正规化、常态化。

第二节 中国养老保险制度存在的问题分析

中国社会保障制度从计划经济转向市场经济的历史负担相当沉重,隐性负债相当巨大;城镇单位缴费负担沉重,参保激励机制较差;各地区社会保障收支趋势十分严峻,个人账户空账问题仍然突出。统筹层次太低,社会保障资金的投资管理体制落后,养老基金的保值增值能力低,导致了中国养老保险制度的低效率。

一、人口老龄化对养老基金的压力加大

(一) 中国人口老龄化状况

全国老龄工作委员会发布的研究报告显示,中国于1999年进入老龄社会。第五次全国人口普查数据显示,2000年中国60岁及以上老龄人口为1.32亿,占总人口的10.40%;第六次全国人口普查数据显示,2010年中国60岁以上老龄人口为1.78亿,占总人口的13.26%。民政部发布的《社会服务发展统计公报》显示,2011—2015年各年份,中国60岁及以上人口分别为1.85亿(占总人口的13.7%)、1.94亿(占总人口的14.3%)、2.02亿(占总人口的14.8%)、2.12亿(占总人口的15.5%)和2.22亿(占总人口的16.1%)。

表3-1 2007—2016年中国人口年龄结构和人口抚养比

年份	年末总人口(万人)	65岁及以上人口数(万人)	比重(%)	总抚养比(%)	老龄人口抚养比(%)	少儿抚养比(%)
2007	132 129	10 636	8.1	37.9	11.1	26.8
2008	132 802	10 956	8.3	37.4	11.3	26
2009	133 450	11 307	8.5	36.9	11.6	25.3
2010	134 091	11 894	8.9	34.2	11.9	22.3
2011	134 735	12 288	9.1	34.4	12.3	22.1
2012	135 404	12 714	9.4	34.9	12.7	22.2
2013	136 072	13 161	9.7	35.3	13.1	22.2
2014	136 782	13 755	10.1	36.2	13.7	22.5
2015	137 462	14 386	10.5	37	14.3	22.6
2016	138 271	15 003	10.9	37.9	15	22.9

资料来源:2017年度民政部《社会服务发展统计公报》。

由表3-1可知,中国老龄人口抚养比在近十年来加速上升,与此同时,少儿抚养比在2012年以前却在持续下降。自2013年放开"单独"二胎政策,至2016年全面放开二胎政策,中国少儿抚养比虽有上升却非常缓慢。根据统计局数据,2017年中国出生人口为1723万,比2016年的1786万少了63万,下降了3.5%。另一方面,2017年出生人口中二孩占比超过一孩,随着未来生育政策调整效应的衰减,一孩的生育水平对总体生育水平的影响将发挥更为重要的作用。因此中国的出生人口或将在一定时期内持续下降。

2021年中国65岁人口占比超过14%,意味着2022年正式进入中度老龄化阶段,预计到2035年进入超级老龄化阶段。未来几十年,中国社会将面临巨大的老龄化以及劳动人口减少的压力。在这种形式下,本就失衡的养老保险基金收支问题或将进一步恶化,加速推进养老保险的全国统筹至关重要。

(二) 中国人口老龄化特征

中国人口展现出人口少子化与老龄化并存、未富先老等特征。第六次全国人口普查数据显示,14岁及以下人口数占总人口的16.60%,比第五次全国人口普查数据下降了6.29%;60岁及以上人口数占总人口的13.26%,比第五次全国人口普查数据上升2.86%。

从表3-1可知,2006年至2015年,中国老龄人口抚养比一直呈增长的趋势,从11.0%增长至14.3%;少儿抚养比则呈下降趋势,从27.3%下降至22.7%。人口抚养比主要反映劳动力人口的抚养负担,老龄人口抚养比直接地反映了劳动力人口的养老负担,由此可见,近年来中国人口红利正逐渐消失,人口少子化和老龄化并存。

世界银行曾给出人均国民收入的分类标准:人均国民收入大于等于12616美元为高水平,人均国民收入介于4086美元与12615美元之间为较高水平,人均国民收入介于1036美元与4085美元之间为较低水平,人均国民收入低于1036美元为最低水平。根据2017年世界各国人均收入排行榜,中国人均收入为8866美元,排在第69位。可见,尽管中国是世界第二大经济体,但人均收入的水平离世界前列尚且遥远,而中国面临的老龄化压力却不输于发达国家,未富先老的特征非常明显。

(三) 人口老龄化对养老基金的压力加大

根据2016年的数据,中国企业职工的养老保险收入为28519亿元,比上年增长7.4%,其中养老保险费收入为22 407亿元,比上年增长6.2%,财政补贴收入为4 291亿元,比上年增长10.2%,可见财政补贴收入的上涨幅度要大于保险费收入的上涨幅度,政府财政补贴的压力在逐步增大。从养老支出方面来说,2016年养老支出为25 782亿元,比上年增长11.6%。由此可见全国养老保险支出上涨的幅度要大于收入上涨的幅度。尽管2016年全国收支结余的基金还在不断增加,但随着社会老龄化加剧和人口年龄结构的失衡,养老保险基金收支在未来的状况不容乐观。2016年详细养老保险基金收支决算情况如表3-2所示。

表3-2　2016年全国养老保险基金收支决算情况总表(单位:万元)

项目	合计	企业职工基本养老保险基金
一、收入	501 124 710	285 185 382
1. 保险费收入	364 792 126	224 071 207
2. 财政补贴收入	110 886 033	42 908 663
二、支出	436 048 474	257 816 931
1. 社会保险待遇支出	425 382 267	254 453 112
三、本年收支结余	65 076 236	27 368 451
四、年末滚存结余	654 247 134	365 768 320

数据来源:人力资源和社会保障部《关于2016年全国社会保险基金决算的说明》。

截至2016年底,中国养老保险累计结余43 978亿元(包括城镇职工养老保险的38 580亿元和城乡居民养老保险的5 398亿元),大约可以支撑16个月的发放。尽管从全国看来收支正常,但省与省之间的收支并不平衡。

人社部发布的《中国社会保险发展年度报告2016》显示,2016年黑龙江省的养老保险基金累计结余已全部花光,赤字232亿元,成为全国首个养老金结余被花光的省份。不只是黑龙江面临严峻的形势,2016年养老金当期收不抵支的省份已增至7个,分别为黑龙江、辽宁、河北、吉林、内蒙古、湖北、青海。另一方面,广东及东部的少数省份盈余巨大,最高的广东达到了7 258亿元。因此,中共十九大报告中也提出,要尽快实现基本养老保险的全国统筹,并将在今年迈出第一步,先实行基本养老金中央调剂制度。

养老金收支为什么会产生如此大的地域差异?根本原因在于地区经济发达程度差异,以及随之而来的人口流动。

从区域经济差异的角度分析,按照中国现行的养老保险制度,企业需要缴纳月工资额的20%作为社会统筹账户的基金来源。因此企业缴纳的基金多少,由企业的规模和利润来决定。总体而言,发达地区的企业,如北京、上海、深圳、江浙等的企业规模大,利润通常较高,养老金有充足的来源。在经济欠发达的地区,如青海、新疆、甘肃等省份,企业规模较小,利润也偏低。各地区企业的效益不同,导致了地区间养老保险基金的收入、累计结余不同。

从人口迁移的角度分析,由于地区间的政策、资源、经济不平衡,年轻人口流入经济较为发达的地区。这造成了各地的人口年龄结构发生改变,其中一个表现就是老年抚养比的不同,因此经济欠发达地区的养老金支付压力大于经济发达地区。以黑龙江和广东为例,黑龙江的老年抚养比为1.3∶1,而广东则高至9∶1。由此,两省的养老金收支情况差距之大也就容易理解了。从公平性的角度分析,由年轻劳动力占比高的省份来承担老龄化程度高的省份的养老金是理所应当的。

针对巨大的养老金压力,相关部门也在不断出台措施。2015年国务院发布了《基本养老保险基金投资管理办法》,提出养老基金实行中央集中运营、市场化投资运作,由省级政府将各地可投资的养老基金归集到省级社会保障专户,统一委托给国务院授权的养老基金管理机构进行投资运营。这一方面要求中国加快实现养老保险的全国统筹,另一方面也对加强基金管理、完善基金投资政策以及拓宽投资渠道有了更高的要求。

2017年11月,国务院印发《划转部分国有资本充实社保基金实施方案》,全面落实中共十九大精神,进一步加强社会保障体系建设。在人口老龄化加剧的形势下,划转部分国有资本充实社保基金,有利于促进改革和完善基本养老保险制度,缓解养老基金支付的压力。

二、隐性债务问题

从资金的角度看,现收现付制计划实际上是一种靠后代养老的方式。因为在这种筹资模式下,当前在职职工缴纳的费用并没有作为他们的养老储备金被政府存储起来,而是在当期就作为养老金支付给了已经退休的老年人。等这些缴费的年轻职工退休以后,其养老金同样来源于未来缴费的年轻职工的缴费收入。如果人口增长和工资增长率都不发生变化,那么这种下一代负责上一代养老费的现收现付制的养老金计划就可以无限期运行下去。如果人口增长率和工资增长率不断下降,这种养老金运作方式就会出现问题,除非不断提高缴费率，否则，其在资金上就难以为继。经济学家亨利·艾隆提出了著名的艾隆条件，即只有当人口增长率和工资增长率之和大于市场实际利息率时，现收现付制计划才可行。因此，中国在20世纪90年代后半期进行了养老金制度的改革。在养老金制度由现收现付制向基金积累制转变过程中，由于已经工作退休的人员没有过去的积累，而他们又必须按新制度领取养老金，那么他们应得的、实际又没有的"积累"部分就被称作养老金隐性债务（implicit pension debt，IPD）或隐性养老金债务。所以，现收现付制下以隐性方式存在的养老金债务从现收现付制向基金积累制转变时，其积累的债务也转向积累制。

　　中国养老保险制度在1993年以前实行的是现收现付制。从20世纪80年代末期开始，国务院开始改革社会保障网。第一步是建立地方社会保障部门负责征收和统筹国企养老金缴费。然而，仅靠统筹并不足以解决日益恶化的养老金危机。在90年代中期，中央政府鼓励各省展开养老金改革试点。1997年中国在充分考察和借鉴外国经验的基础上，确立了建立一个由社会基本养老、企业补充养老保险和个人储蓄养老保险三个部分共同组成的、"统账结合"模式的多层次的养老金体系，即社会统筹与个人账户相结合的部分积累制。其中，基本养老保险部分中设立了个人账户基金。这标志着中国养老金制度向基金制转轨迈出了实质性的一步。这项新制度的缴费标准是工资的24%，但在不同地区存在着很大差别。缴费可以分成两大部分：13%的工资记入"社会统筹"部门，用来支付第一柱福利；其余的11%记入个人账户。另外，雇主设立一个自愿的雇主发起的企业年金，可以交纳不超过雇员工资的4%。当地社会保障部门管理社会统筹和个人账户以及企业年金。那些在1997年已经退休的"老人"，在改革过程中仍然享受改革前的福利，养老金相当于其工资的80%。那些1997年以后参加工作的"新人"，享有相当于其工资20%的现收现付福利及一个个人账户。"中人"是那些在1997年时仍向旧制度缴费的人，他们将从两个制度中各获得一部分福利。这项新制度首次明确提出要把私营部门的员工纳入基本养老保险。

　　这种选择是符合当时中国国情的，既发挥了社会统筹共济性强的优点，又发挥了个人账户激励作用强的优点。然而，在具体实施过程中出现了一些偏差。大部分私有企业拒绝加入这种养老体制，因为他们缴纳的大部分养老金被用来清偿国有企业的短期债务。而且，逃避缴费的现象绝不仅仅局限于私营部门。那些加入基本养老保险制度的国有企业经常少报或少缴费，而且情况还在恶化。

在中国计划经济下养老模式向新体制转轨的过程中,存在着巨大的养老保险基金缺口。在中国养老制度由现收现付制向统账制转轨的过程中,转轨成本未能得到合理的承认与消化。中国养老制度的转轨成本主要是指新的统账制度建立以前,已经退休的职工(老人)的退休金和在职职工(中人)在旧制度下已经积累起来的养老金权益。关于这部分转制成本的规模问题,很多学者从多个角度进行了估算,得出了不同的结论①。2005年3月中国劳动社会保障部长表示中国养老基金缺口即转制成本达2.5万亿元。2005年5月,世界银行公布了一份关于中国未来养老金收支缺口的研究报告。报告指出,在一定假设条件下,按照既有的制度模式,2001年到2075年间,中国基本养老保险的收支缺口将高达9.15万亿元。

三、社会保险缴费率高的问题

社会保险主要项目包括养老保险、医疗保险、失业保险、工伤保险和生育保险。社会保险费率是指雇主和雇员缴纳的各项社会保险费用总额占个人工资总额的比例。中国目前实行的是社会统筹与个人账户相结合的社会保障制度,社保基金由国家财政支付、企业缴费和个人缴费共同组成。中国各地的社会保险缴费率不尽相同,一般来讲,2017年雇主的缴费费率合计为32.5%(养老20%、医疗9.5%、失业0.5%、工伤1.5%、生育1%),雇员的缴费费率合计为10.5%(养老8%、医疗2%、失业0.5%),雇主和雇员的缴费合计超过了工资的40%以上。除了上述五险以外,不少企业还负担着7%—12%的住房公积金的缴纳费用,雇员负担7%的住房公积金的缴纳费用。

从世界各国来看,基本养老保险和医疗保险是社会保险制度的主要部分,也是雇主缴费费率相对较高的两项社会保险。另外,一些国家的失业保险缴费费率也不低,如美国的雇主承担的失业保险费率高达6.2%。因此,为了比较各国和地区雇主的实际保险缴费负担,根据国际劳工组织等机构发布的公开数据,对世界主要国家和地区的基本养老、医疗和失业这三项社会保险缴费费率进行整理,结果如表3-3所示:

---

① 李珍教授以1993年为例,估计出基于狭义与广义的转制成本总规模分别为1993年GDP的40%(13000亿元)和60%(19000亿元)。考虑到人口老龄与工资增长的动态趋势,可以推算出社会保障债务规模大约在15700亿至19000亿元。考虑到通胀因素,笔者将这个规模定为25000亿元。

表 3-3　　部分国家和地区的社会保险费率(%)比较

	养老		医疗		失业		三项合计	
	雇员	雇主	雇员	雇主	雇员	雇主	雇员	雇主
奥地利	10.25	12.55	3.95/3.75	3.55/3.75	3	3	17.2/17	19.1/19.3
比利时	7.5	8.86	3.55	3.8	0.87	1.46	11.92	14.12
保加利亚	8.8	13.2	2.1	3.9	0.4	0.6	11.3	17.7
捷克	6.5	21.5	4.4	9	0.4	1.2	11.3	31.7
芬兰	4.1	16.8	0.77a	2.06	0	0	5.17	18.86
法国	6.65	8.3	0.75	12.8	2.4	4	9.9	35.1
德国	9.95	9.95	7	7	1.65	1.65	20.6	21
希腊	6.67	13.3	2.17	4.3	1.33	2.67	10.15	20.3
匈牙利	9.5	24	4	11	1.5	3	22	38
冰岛	0	5.34	0	0	0	和养老一并缴费	0	5.34
爱尔兰	4	10.75	4	8.5/10.57	和养老一并缴费	和养老一并缴费	8	19.25/21.5
意大利	8.89	23.84	0	2.68/0.46		1.61	8.89	28.1/25.88
卢森堡	8	8	5.05	5.05	自由选择缴费	0	13.05	13.05
荷兰	17.9	5.65	6.5	0	3.5	1.02	27.9	6.67
挪威	7.8	14.1	和养老一并缴费	和养老一并缴费	和养老一并缴费	和养老一并缴费	7.8	14.1
葡萄牙	11	23.75	11	23.75	5.22	5.22	27.22	52.72
西班牙	4.7	23.6	4.7	23.6	1.55	5.5	10.95	52.7
俄罗斯	0	20—26	自由选择缴费	3.6	0	0	0	23.6—29.6
瑞典	7	10.21	0	8.86	0	承担全部费用	7	20.92
瑞士	4.2	4.2	自由选择缴费	0	1	1	5.2	5.2
英国	11	12.8	0	支付法定疾病现金	和养老一并缴费	和养老一并缴费	11	12.8
阿根廷	11	12.71	0	7.2	0	1.11	11	21.02
巴西	9	20	0	和养老一并缴费	0	0	9	20
智利	12.55	1.3	0	0.95—3.4	0.6	2.4	13.15	4.65—7.1
哥伦比亚	3.88	11.63	4	8	0	8.3	7.88	27.93
墨西哥	1.13	5.15	0	0.7	0	承担全部费用	1.13	6.9

续表

	养老		医疗		失业		三项合计	
	雇员	雇主	雇员	雇主	雇员	雇主	雇员	雇主
加拿大	4.95	4.95	0	1—4.5	1.8	2.52	6.75	8.47—11.9
美国	6.2	6.2	1.45	1.45	0	6.2	7.65	8.45
印度	12	3.67	1.75	4.75	和医疗一并缴费	和医疗一并缴费	13.75	8.42
日本	7.67	7.67	3.658	4.736	0.6	0.9	11.955	12.306
中国大陆	8	20	2	6	1	2	11	29
中国台湾	3.9	4.55	0	0.27	0.2	0.7	4.1	5.52
韩国	4.5	4.5	2.105	2.105	0.45	1.3	7.055	7.905
菲律宾	3.33	7.07	1.25	1.25	—	—	4.58	8.32
新加坡	20	14.5	3—4	3—4	—	—	23—24	17.5—18.5
泰国	3	3	1.5	1.5	0.5	0.5	5	5
越南	5	11	1	2	1	1	7	14
澳大利亚	自由选择缴费	9	1.5	0	0	0	1.5	9
埃及	10	15	1	4	0	2	11	21

注：有的国家有两个费率，是因为对体力/脑力劳动者或者因收入分区而实施差异化费率。

资料来源：主要基于2010年或2011年的统计数据。其中，养老保险费率、失业保险费率的数据来自华迎放编译的《世界社会保障报告（2010—2011）——危机期间和后危机时代的社会保障覆盖》（北京，中国劳动社会保障出版社，2011）；医疗保险费率的数据来自周弘主编的《125国（地区）社会保障资金流程图》（北京，中国劳动社会保障出版社，2011）及《30国（地区）社会保障制度报告》（北京，中国劳动社会保障出版社，2011）；由于个别国家缺少2010年或2011年数据，笔者参考了2005年或2006年的数据。

从表3-3中可以看出，无论是三项保险费率总和还是基本养老保险的单项费率，中国雇主承担的缴费水平是偏高的。在39个国家或地区中，中国雇主承担的三项保险合计费率排在第5位，基本养老保险费率排在第7位，都远远高于日本、韩国和东南亚各国。比中国高的国家主要是集中在欧洲，如捷克、法国、匈牙利、西班牙、葡萄牙等。但即使在欧洲，大部分国家的社保费率还是比中国低。因此，从国际比较来看，中国的社保费率确实是偏高了。白重恩（2010）指出，按照世界银行2009年测算的实际承受税率，中国的社会保险缴费在181个国家和地区中排名第一，约为"金砖四国"其他三国平均水平的2倍，是北欧五国的3倍，是G7国家的2.8倍，是东亚邻国和邻近地区的4.6倍。

需要指出的是，表3-3整理的各国和地区雇主承担的养老保险费率指的是社会基本养老保险的费率。社会基本养老保险是由国家强制实施的，其目的是保障离退休人员的基本生活需要。在中国，目前员工退休后的收入主要来自基本养老保险,因此无论雇主还是雇员,他们的缴费率相对较高。有很多其他国家的养老保险制度实施的是由社会基本养老保险、企业年金和个人储蓄共同组成的"三支柱养老方案"。以美国为例,社会保险基本养老金、企业年金和私人养老金大概各占雇员退休后收入的1/3左右。企业年金作为养老的第二支柱,在多数国家得到了广泛应用,这些国家的雇主需要在企业年金上为雇员缴纳一定比例的费用,因此,其综合养老缴费费率实际上要高于表3-3中列出的费率。但是,社会基本养老保险是强制缴纳的,而企业年金不是强制性的。因此,就强制性的社会养老保险缴费费率看,中国雇主的缴费费率确实是偏高的。

为了更准确而全面地衡量中国企业的缴费率在全世界所处水平,宋晓梧(2017)根据美国社会保障署发布的统计数据,对全球175个国家(地区)的企业缴费率进行对比分析,得出:中国企业的缴费率在全球175个国家(地区)中位列第14位,仅低于法国、乌克兰、白俄罗斯等欧洲国家。由此可见,从企业社会保险的整体缴费来看,中国企业的缴费率较高,负担较重。费尔德斯坦(Feldstein,2003)认为,从当前的缴费率来看,中国的社保基金收入不到应收收入的1/3,这正是由于社会保险的企业缴费率过高,超出了企业的承受能力范围,因而导致企业通过低报缴费基数或者逃费的方式来减少社会保险费用的支出。Qin Gao(2017)通过使用大型公司的财务数据发现,中国企业的缴费率过高,尤其对于私人企业和中部地区的企业来说缴费负担过于沉重。

刘长庚、张松彪(2014)通过国际比较发现,无论是与社会保险制度建立较早的一些高福利国家相比,还是与"亚洲四小龙"国家和地区相比,中国内地企业的养老保险缴费率都是显著偏高,有必要重新审视这个缴费比例。苏中兴(2016)搜集整理了国际劳工组织发布的相关数据,对世界上39个国家和地区企业的基本养老、医疗和失业这三项社会保险缴费率进行对比分析,认为无论是这三项社会保险缴费率之和还是仅养老保险单项缴费率,中国雇主承担的水平都是偏高的。王国辉、李荣彬(2016)运用多元Logistic模型以及交叉分析方法对中国企业的养老保险缴费负担进行了探究,发现企业用于支付养老保险的费用占企业总成本的比重较大,并且相较于技术密集型企业、资本密集型企业来说,利润率相对较低的劳动密集企业所承受的养老保险缴费压力最大。费尔德斯坦(Feldstein,2006)通过国际比较指出,从世界范围来看,中国养老保险缴费率远高于绝大多数国家,这将制约企业正常的生产运营,降低经济效益,并且阻碍社会保险体系的持续运作。

第四章 基础养老保险基金全国统筹的历程与制约因素

第一节 养老保险基金全国统筹的历程

一、城镇职工基本养老保险制度的发展

中华人民共和国成立以来,随着经济社会的发展,城镇职工基本养老保险制度的发展经历了制度建立阶段、社会统筹阶段、统账结合阶段和深化改革阶段。

(一) 制度建立阶段

这个阶段职工基本养老保险的主要特征是企业单位统筹。1951年中国政务院颁布了《中华人民共和国劳动保险条例》,中央劳动部会同中华全国总工会制定了《中华人民共和国劳动保险条例实施细则草案》,标志着中国初步建立起企业职工的养老保险制度。1953年政务院对条例进行了修改,劳动部同时颁布了《劳动保险条例实施细则修正草案》,中华人民共和国成立初期中国城镇企业的劳动保险制度基本确立。在1967—1977年期间,职工养老保险制度陷入困境,企业职工的养老保险制度由各企业自行负责其职员的养老保险,企业变成万能企业,"单位"成为赖以生存的唯一基础,职工的劳动保险变成了完全的企业保险。1978年《国务院关于工人退休、退职的暂行办法》的实施,标志着中国职工养老保险重新走上正轨。

职工养老保险制度的初创与确立,深得广大职工的拥护,职工们成为新中国社会主义经济建设的主要力量。这个阶段,企业养老保险采取现收现付的待遇确定型体系;由于当时人口比较年轻,养老金的替代率较高;保障与就业

高度重合,覆盖面窄,局限于国有企业和集体企业的正式职工,不包括城镇的个体劳动者和临时工;实行城乡分立制度,以体现"城乡差别";企业与机关事业单位实行分立制度,以体现"干企差别"。

(二) 社会统筹阶段

这个阶段职工基本养老保险的主要特征是从企业单位统筹到社会统筹。党的十一届三中全会以后,中国开始探索由计划经济体制转向市场经济体制,由此,企业改革全面展开,开始了基本养老保险的社会统筹试点改革。到1987年末,各省份基本实现了向社会统筹过渡。1991年国务院发布了《关于企业职工养老保险制度改革的决定》,确定社会统筹为养老保险制度改革的方向,从而使企业从各自负担退休人员的"自我保险"变为社会互济、共担风险的社会保险。这是中国养老保险制度从"单位保障"走向"社会保障"上的一个重要里程碑。但是,社会统筹仍延续现收现付制,由于个人不承担缴费义务,养老保险制度缺乏个人激励,职工社会保障意识淡薄。

(三) 统账结合阶段

这个阶段职工基本养老保险的主要特征是引入个人账户制度,实施社会统筹与个人账户相结合(简称统账结合)。1991年国务院决定将企业职工退休制度过渡到多层次的社会养老保险制度,首次提出企业职工养老保险制度由基本养老保险、企业补充养老保险、个人储蓄性养老保险三个层次组成,养老保险费用实行国家、企业、个人三方负担的原则。1995年国务院发布了《关于深化企业职工养老保险制度改革的通知》,明确规定基本养老保险费用由企业和个人共同负担,实行社会统筹与个人账户相结合,逐步提高个人缴费比例,鼓励企业建立补充养老保险及个人参加储蓄性养老保险。

1997年国务院颁布了《关于建立统一的企业职工基本养老保险制度的决定》,要求按照社会统筹与个人账户相结合的原则,建立一个全国统一的企业职工基本养老保险制度,进一步明确了统账比例:企业缴纳养老保险费的比例,一般不得超过本企业工资总额的20%(包括划入个人账户的部分),具体比例由各省、自治区、直辖市人民政府确定;个人缴纳基本养老保险费的比例,1997年不得低于本人缴费工资的4%,1998年起每两年提高一个百分点,最终达到本人缴费工资的8%。该文件同时对参保人进行了细分,并依据参保人群(按参保时间分为老人、中人、新人三类)分类发放基础养老金和过渡性养老金。这标志着中国基本养老保险制度正式进入统账结合阶段。

由于未能妥善解决养老保险旧制度向新制度转轨的成本,挪用个人账户基金用于支付统筹账户的缺口造成个人账户的"空账",2000 年国务院发布《关于完善城镇社会保障体系的试点方案》,自 2000 年起,先后在东北三省试点逐步做实个人账户,着力解决个人账户空账问题。2005 年国务院发布《关于完善企业职工基本养老保险制度的决定》,改革的政策重点是做实个人账户,要求把城镇各类企业职工、个体工商户和灵活就业人员都纳入基本养老保险的覆盖范围,进一步扩大做实个人账户试点。2006 年劳动和社会保障部扩大在全国八个省份(天津、上海、山西、山东、河南、湖北、湖南和新疆)做实个人账户试点。

此外,为了有效应对未来人口老龄化导致的养老金支出高峰的挑战,2000 年 8 月成立的全国社会保障基金,成为保障城镇职工基本养老保险制度可持续运行的重要战略性储备基金,也为实现基本养老保险基金的保值、增值创造了条件。

(四) 深化改革阶段

党的十八大以来,基本养老保险制度进入深化改革阶段,这个阶段开展了基本养老保险"并轨""降费"改革。2015 年国务院发布《关于机关事业单位工作人员养老保险制度改革的决定》,规定机关事业单位与企业职工一样缴纳养老保险费。机关事业单位养老保险与企业职工养老保险制度合并,"双轨制"退出历史舞台,实现了基本养老保险制度从碎片化到进一步整合,有利于进一步建立统一的养老保险制度。

2019 年国务院出台《降低社会保险费率综合方案》,将养老保险的单位缴费比例统一为 16%,对于低于 16% 的省份,要求其调整或过渡调整至 16%。企业基本养老保险缴费率的降低,有助于减轻企业负担,提高企业效率,提升企业的竞争力;改善了劳动力供求关系,有助于形成全国统一的劳动力市场;更进一步地,有助于消除养老保险模式的地区差异,有助于实现养老保险的全国统筹。

随着经济发展水平的提高,职工基本养老保险的待遇水平明显提升,企业退休人员养老金连续多次上调,职工基本养老保险参保人群不断增多,覆盖面不断扩大。2021 年年底,全国参加城镇职工基本养老保险人数为 48 074 万人,其中参保职工为 34 917 万人,参保离退休人员为 13 157 万人;全年城镇职工基本养老保险基金总收入为60 455亿元,基金支出为56 481亿元,2021年年末城镇职工基本养老保险基金累计结存52 574亿元;2021年职工基本养老保险基金中央调剂比例提高到4.5%,基金调剂规模为9 327亿元,确保了退休人员养老金在连续多次上涨的情况下按时足额发放①。职工基本养老保险与城乡居民养老保险作为中国养老保险制度的两个重要组成部分,标志着中国养老保险制度对国民的全覆盖,为人人享有养老保险奠定了坚实的基础。

二、城镇职工基本养老保险统筹层次的提升进程

根据社会保险理论,养老保险统筹层次由低到高(县、市、省、全国),统筹层次越高,则保险基金的共济性越广,能在更大范围内共济使用,养老保障的能力就越强;而且风险分散能力强,安全性就更高,有助于降低保险基金的监管成本,有助于推动劳动力自由流动,有助于建立全国统一的劳动力市场。

从1986年缴费型养老保险制度的诞生到2022年养老保险全国统筹的启动实施,中国基本养老保险统筹层次经历了从县、市统筹到省级统筹,再到全国统筹的渐进过程,具体分为如下五个阶段(郑秉文,2022)。

(一) 县市统筹层次(1986—1997年)

从1986年到1991年,缴费型养老保险制度初步建立,县市统筹层次逐渐形成;1991年之后,养老保险制度结构基本形成,主要围绕缴费比例、统账结合和个人账户比例进行改革。1991年和1997年两次明确提出应向省级统筹过渡,但没有具体实施细则,没有出台专门的提高统筹层次的文件。

(二) 首次实施省级统筹(1998—2006年)

1998年《国务院关于实行企业职工基本养老保险省级统筹和行业统筹移交地方管理有关问题的通知》,首次提出实施省级统筹及"三统一"(基金调度使用、费率费基、计发办法统一)。1999年劳动保障部和财政部印发《关于建立基本养老保险省级统筹制度有关问题的通知》,对落实省级统筹提出具体要求。但是在执行过程中,绝大部分省份没有达到"三统一"标准,只有个别省份

---

① 中华人民共和国人力资源和社会保障部:《2021年度人力资源和社会保障事业发展统计公报》,http://www.mohrss.gov.cn/SYrlzyhshbzb/zwgk/szrs,2022年6月7日。

实现统收统支意义上的省级统筹。

（三）再次实施省级统筹（2007—2016年）

2007年劳动保障部和财政部印发《关于推进企业职工基本养老保险省级统筹有关问题的通知》，将以前的"三统一"扩充为"六统一"（制度和政策、费率和费基、计发办法和统筹项目、基金调度、预算管理、经办业务流程统一），但仍有一半多的省份尚未达标。

（四）实现省级统筹（2017—2021年）

这个阶段主要实现了省级统筹和实施中央调剂制度，为实现养老保险全国统筹奠定了基础。一是2019年国务院办公厅发布的《降低社会保险费率综合方案》（国办发〔2019〕13号），提出加快推进企业职工基本养老保险省级统筹，明确规定2020年底前实现企业职工基本养老保险基金省级统收支。到2020年年底，全国全面实现省级统筹。二是2018年7月首次实施中央调剂制度，调剂比例从2018年起步时的3%逐步提升至2021年的4.5%，四年调剂跨省资金6 000多亿元，其中2021年跨省调剂2 100多亿元，适度均衡了省际之间养老保险基金负担，迈出了全国统筹的第一步。

（五）正式启动实施全国统筹（2022年以来）

2021年12月国务院颁布《企业职工基本养老保险全国统筹制度实施方案》，提出"五统一"，即统一养老保险政策（包括费率、费基、计发基数、待遇项目和待遇调整）；统一基金收支管理制度（包括规范基金征缴、建立全国统筹调剂资金、实行基金收支两条线管理）；统一建立中央和地方支出分责机制；统一经办服务管理和信息系统（包括推进全国统筹信息系统建设）；统一建立省级政府考核机制。

2022年1月1日，正式启动实施养老保险全国统筹。实施基本养老保险全国统筹是中国养老保险制度改革的一个重要里程碑，具有十分积极的意义。一是在全国范围内对地区间养老保险基金当期余缺进行调剂，沿海发达省份支持困难省份，缓解各级财政压力，提高制度的可持续性。二是可以在全国范围内调剂基金余缺，提高抗风险能力。三是增强制度的统一性和规范性，消除劳动力流动的便携性障碍，有利于推动养老保险制度的全国统一，有助于建立全国统一的劳动力市场。

但是，2022年1月开始启动实施的基本养老保险全国统筹制度仍然以基金调剂为基础，尚未实现全国统收统支与统一运行管理，参保人跨地区流动还存在养老金转移接续的问题。这也是一个涉及多方利益的复杂的政治过程，其进展比原来的预期更加慎重与缓慢，所以目前还是全国统筹的初级阶段。展望未来，基本养老保险全国统筹将是一个分阶段、循序渐进改革与完善的动态过程，是一个逐步向中央统收统支与统一运行管理过渡的动态过程。这不但是基本养老保险改革的需要，也是建设全国统一的劳动力大市场的需要。

第二节 基础养老保险基金全国统筹面临的阻碍因素

一、基础养老金的强制缴费率过高增加了实现全国统筹的难度

实现基础养老金全国统筹的重要障碍之一，是基础养老金的强制缴费率过高，增大了实现全国统筹的难度。从城镇职工基本养老保险的参保人员和资金规模来看，城镇职工基本养老保险自然应该是实现全国基础养老金全国统筹的基础。但是城镇职工基本养老保险的强制缴费率过高，以至在中国的城镇就业人员中，还有大量农民工和城镇非正规就业人员难以参保。

实际上，高缴费率往往对企业的参保积极性、雇员的当前收入和他们的参保意愿产生负面影响（封进，2012）。2017年，中国社会保险费率位居全球首列之一，其中基础养老金的强制缴费率高达20%，较高的社会保险费率迫使很多中小企业和非正规就业人员拒绝参保、转入"地下"或退出市场，中国为数众多的企业仍然会想方设法逃避缴费。企业通过不去相关部门注册登记企业或其员工；以临时工、家庭成员等身份雇佣员工，或把员工归入其他按规定不需要缴纳社会保险的种类；延迟缴纳社会保险；降低盈利水平或名义工资水平来降低实际缴费能力等各种方式，少缴社会保险费。

2011年7月开始施行的《社会保险法》要求包括农民工在内的全体城镇职工参加城镇基本养老保险。根据2015年度《人力资源社会保障事业发展统计公报》，2015年年末全国农民工总量达27 747万人，但是截至当年年末参加基本养老保险的农民工人数为5 585万人，仅占全部农民工20%，还有80%的农民工没有参保。扩大基本养老保险的覆盖面是实现全国统筹的基础。基础养

老金的强制缴费率越高,扩大覆盖面就越难,实现基础养老金全国统筹的目标也就越难。为了加快实现基础养老金全国统筹,首先应考虑适当降低基本养老保险的强制缴费率。

作为政府的一项强制性制度,养老保险制度强制要求企业和员工个人按缴费工资的一定比例共同缴费。由于企业的社会保险费是企业劳动力成本的一部分,也是劳动报酬的重要组成部分,企业缴纳社会保险费的一个直接影响是增加了企业的经营成本。从企业成本考虑,社会保险缴费率越高,企业欠费动机越强。

扩大基本养老保险的覆盖面是实现全国统筹的基础。基础养老金的强制缴费率越高,扩大覆盖面就越难,实现基础养老金全国统筹的目标也就越难。因此,降低社会保险缴费率是解决企业社会保险逃缴问题的首要政策。降低社会保险费率既可提高企业参保的积极性,又可降低企业的经营成本,从而进一步释放作为微观经济活动主体的企业的活力。为了加快实现基础养老金全国统筹,首先应该考虑适当降低基本养老保险的强制缴费率。

二、协调央地、不同地方政府之间的利益格局难度较大

协调中央与地方政府之间、不同地方政府之间的利益格局难度较大,财权与事权划分不清,影响一些省市降低社会保险费率的积极性。从目前"属地统筹"的基础养老保险制度向全国统筹转型,多少会影响中央与省(直辖市、自治区)之间,以及省份内不同地、市之间的利益格局。实际上,中国不同省市之间在经济社会发展水平、社会平均工资,以及基本养老保险的缴费率、替代率和财务状况等方面都存在较大差距。不但各省份之间的差异较大,省份内部各地市之间的差异也很大。这种地方之间经济发展水平和基本养老金的运作状况差异,以及地方政府追求利益最大化的倾向,显然增加了基础养老金全国统筹的难度和阻力。根据郑秉文(2012)提供的数据,2011年在全部省级单位中,养老金当期征缴收入(不计财政补贴)大于支出的有18家,收不抵支的有14家。不但各省份之间的差异较大,各省份内部各地市之间的差异也很大,如江苏省的苏南与苏北地区,广东省的珠江三角洲地区与粤西北山区之间的人均收入和养老金账务状况都存在显著差异。这种地区差距显然增加了基础养老金全国统筹的难度和阻力。一些研究(如李珍,2005;王晓军,2006;李雪,2011;王平,2012等)发现,地方之间经济发展水平和基本养老金的运作状况差

异,以及地方政府追求利益最大化的倾向,是阻碍基本养老保险全国统筹进程的主要影响因素。郑秉文(2012)对基础养老金全国统筹可能存在的道德风险和逆向选择问题,以及由此导致的养老保险制度财务风险表示了担忧。

自20世纪80年代中国首次提出养老保险省级统筹的方案至今,已经过40多年时间。统筹改革之路步履维艰,究其原因,是由于全国统筹改变了旧有的中央与地方、不同地方政府之间的利益分配。基本养老保险全国统筹不仅是社会保险政策修缮,更意味着各个主体间利益的重新划分,如部门事权的变更、资金调度的方向以及权利义务的重新确定。

(一) 中央与地方的矛盾

1994年中国实行分税制改革,对中央和地方财政收入与事权进行了明确的划分。虽然分税制实现了中央财政收入的激增,但这也使得中央与地方因不同的利益出发点产生了利益冲突。类似的,中央政府加速推进养老保险全国统筹工作,也必然会与地方的利益产生冲突。一旦实行全国范围内的统筹,地方结余的养老保险基金将不再局限于当地的养老事项,而会在中央调度下以全国调剂的方式在结余和赤字的地区间配送。即便经济增速同年轻化人口结构抵消了因结余基金减少而可能带来的养老负担提升,依旧意味着地方丧失了因超额利润所带来的资金管理权与行政管理权。这些省份无论是地理位置还是经济利害均保持高度协同,如若消极甚至抵制态度应对养老保险的全国统筹,将会严重阻碍养老保险的全国统筹。

进一步分析,如果实施全国统筹,中央政府需要承担基础养老金的发放责任,很难对制度收支进行有效管理,责权和事权的错位会弱化基层政府的贡献(如扩面征缴、催收欠款、维持制度收支平衡)与所得(确保本地退休者的养老金水平、本地的养老金结余)之间的关系,进而导致激励缺乏和积极性下降,出现省级政府为求地方利益最大化而放松对基本养老保险制度规范执行的问题。

因此,如何划分中央与地方的权责利益关系将成为施行养老保险全国统筹的关键。权责利益关系划分不当可能会进一步恶化全国的养老保险收支情况。

(二) 地方之间的矛盾

因为省级统筹制度下地区间按不同负担比征发养老保险,养老负担较轻、养老基金结余较多的经济发达省份的实际缴费率低于养老负担较重、养老基金结余较少甚至出现亏损的省份。据测算,采取全国统一的缴费基数与缴费率后,有23个省份的实际缴费率会相对下降,这些省份多集中在中西部经济欠发达地区,相对于以东南沿海为主的8个省份的实际缴费负担会有所加重。因此统一的资金调配与缴费比例引起经济较发达地区的不满,增加了东西部地区因利益冲突产生矛盾的可能。

(三) 地方与企业之间的矛盾

2015年中央对地方政府的绩效评价体制中GDP的增速依然占了很大比重,这致使地方政府在政策制定时会侧重于短期内能带动当地经济提升的事项。无论是从本质还是实际行为来看,企业都具有明显的逐利性质,地方政府对其经济带动效应依赖程度越高,就在政策制定中越容易考虑企业逐利的诉求。中国的养老保险基金有相当部分是由企业代为职工上缴的,在省级统筹下不同地区的企业有着相异的养老保险实际缴费率,如北京、上海等地的企业最低缴费基数比例为20%,广东深圳为14%,山东为18%,而全国统筹下的基本养老制度势必对当前出现的不同缴费基数作出统一调整,这便使原先负担较轻地区的企业与政府产生了利益矛盾。同时,统一的缴费基数也会使政府无力为拟招商引资企业或当地龙头企业提供养老保险缴费层面的税务优惠,增加了政企间发生摩擦的可能,并为企业试图用各种手段影响或干涉全国统筹政策的制定与推广提供可能。

三、区域间的公平性问题

目前养老保险全国统筹的目的在于利用养老金结余高的省份来弥补养老金缺口大的省份,以此来减轻财政负担,促进社会福利公平。然而,有一个关键概念需要在此澄清,那就是各省的人均基金结余指标比基金结余总量指标更有参考价值。人均指标更能反映各省的养老负担。2013年,人均基金结余规模较大的前十个省份分别是西藏、山西、新疆、云南、北京、广东、宁夏、甘肃、贵州和四川。除了北京和广东,大部分是经济发展水平不高的中西部省份。如果实施全国统筹,则有可能出现逆向再分配,即贫困地区的基金结余流向发达地区。

实际上,改革开放以来中国中青年劳动力跨地区流动的总体趋势是从中西部向东部省份迁移,他们的养老金缴费也相应地由中西部向东部转移。根据《中国养老金发展报告 2012》提供的数据,2011 年,在全国 32 个省级单位中,积余最多的五个省份即广东(积余 518.58 亿元)、浙江(294.11 亿元)、江苏(293.32 亿元)、北京(233.92 亿元)和山东(205.73 亿元)全部位于人口净流入的沿海地区。其中前三家的积余约等于全国的总积余。在这样的情况下,如果沿海省份对基础养老金全国统筹心存疑虑,那么基础养老金实现省级统筹进展缓慢也就不足为奇了。

养老保险全国统筹在促进制度的共济性方面可能与预想的有差距。因为有缴费基数的上限(当地社会平均工资的 300%),而高收入者拥有缩小缴费基数的动机和能力,因此实施全国统筹后,为制度贡献最多的可能不是收入最高的那部分人,而是中低收入者。有研究者对广东省实施基本养老保险省级统筹的收入再分配效应进行了测算,得出了相近的结论。广东省的测算结果表明,实现省级统筹对发达地区的中等收入者和低收入者福利减少最多,基础养老金替代率分别下降了 5% 和 7%,而高收入者的基础养老金替代率仅下降 1%。

四、资金缺口的弥补问题

尽管现行的养老保险制度是社会统筹账户与个人账户相结合的模式,但个人账户的"空账"现象严重。由于中国养老保险制度建立较晚,且中间经历了复杂的转制过程,个人账户的基金多被用于当期基础养老金的发放,产生了庞大的历史欠账。《中国养老金发展报告 2015》指出,截至 2014 年年底,城镇职工养老保险的个人账户累计记账额达到 40 974 亿元。而全国所有试点省份累计做实个人账户基金 5 001 亿元,说明大量个人账户仍然是"空账"运行。2014 年的城镇职工基本养老保险基金累计结余额为 31 800 亿元。也就是说,即使把城镇职工基本养老保险基金的所有结余资金都用于填补个人账户,也仍然会有接近 10 000 亿的空账。若实行养老保险全国统筹,具有庞大历史债务的各地区个人账户的资金缺口由谁来弥补将成为一个难题。

第五章 降低缴费率与基金收入的关系分析

中国社会保险费率高居世界各国前列,美国的社保费率仅为中国的三分之一。社保费率高是困扰中国社会保障制度改革的根本问题。高缴费率迫使很多中小企业和非正规就业人员拒绝参保,有些转入"地下"或退出市场。此外,高费率迫使企业设法逃避、延迟缴纳社会保险,或者少缴社会保险费。这最终导致社保难以惠及广大人民群众。

2016年4月人力资源社会保障部和财政部联合出台文件,要求全国各省、自治区、直辖市从5月1日起,阶段性地降低社会保险费率。然而,迄今为止,全国只有上海、山东、山西、江西、河南、重庆、四川、天津、陕西、湖北、青海、新疆、广西、安徽、北京等15省份降低了社保费率,相当多的省份还没有出台相应文件。一些地方政府对社保费率下调缺乏正确认识。就中央而言,人力资源社会保障部和财政部在制定政策时过于谨慎,只是要求全国各省份目前阶段性降低社会保险费率,而且降低幅度很小,如单位缴纳的养老保险费率只降低一个百分点。就地方而言,各级地方政府担心社保费率下调导致社保基金收入下降,从而难以实现社保收入收支平衡。就普通群众而言,存在降低社会保险费率会导致个人退休收入的下降的误解。社保费率难下调的根本原因在于各级地方政府和普通群众担心下调社保费率会影响社保基金收入,降低社会保障福利。这些认识上的偏差是没有正确理解社保费率与社保收入的关系导致的,没有科学把握社保缴纳的经济规律。

第一节 过高的社会保险缴费率导致较高的企业逃缴率

企业为职工缴纳的社保费用是企业人工成本的重要组成部分,因此社保费率的高低直接影响着企业的盈利能力和产品的竞争力。对OECD成员的研究表明,雇主所需缴纳的社会保险费率的增加会导致企业竞争力的相应下降。

在推动中国经济高速发展的过程中,广东、浙江等地的劳动密集型制造企业功不可没。这些企业利用中国低廉的劳动力成本生产全球范围内极具价格竞争力的产品。较高的社保缴费费率对这些企业确实是较大的负担,如果完全按照法定标准缴纳,许多企业的净利润将大幅下降并可能出现亏损。吴天菡(2014)对《中国统计年鉴》相关数据的测算结果表明,中国企业社保费率应低于22%才能维持企业的竞争力。因此,现阶段30%左右的雇主缴费费率显然超出了企业的承受范围。另外,中小型民营企业感受到人工成本压力大的一个重要原因并非是人工成本的绝对值,而是近年来中国人工成本每年增长的速度较快,这些企业的技术升级和利润增长率却没有及时跟上。因此,在较高的社保缴费率的情况下,人工成本的过快增长可能会使中国企业在国际市场竞争中处于不利地位,也不利于企业投资的增加,可能削弱中国未来的经济发展动力。

根据国际经验,社会保险成本(与工资成本共同构成劳动力成本)的大幅上升,可能迫使很多中小企业和非正规就业人员拒绝参保、转入"地下"或退出市场。由于企业的社会保险费是企业劳动力成本的一部分,也是劳动报酬的重要组成部分,因此,企业缴纳社会保险费的一个直接影响,是增加了企业自身的经营成本。从成本方面考虑,企业的社会保险缴费率越高,企业的欠费动机越强。

作为政府的一项强制性制度,包括养老、医疗、失业、工伤和生育等在内的社会保险制度强制要求企业和员工个人按缴费工资的一定比例共同缴费。然而,研究表明,中国企业逃缴社会保险费的情况比较普遍。据陕西省政府与省总工会第二十三次联席会议,2016年陕西省欠缴养老保险费的企业达4 700多户,欠缴金额约42亿元。另据审计署2012年8月2日公布的社保审计报告显示,截至2011年底,全国有12个省本级、67个市本级和328个县欠缴保费270.97亿元。

尤其是一些在农民工就业的小企业、个体经营企业,往往不按照相关规定为职工缴纳养老保险,主要原因在于城镇职工养老保险缴费是按照企业缴20%、个人缴8%的比例,而且要缴够15年才能够在退休之后享有养老金。但是,农民工群体的工作流动性强,很多在城市打工的农民工回到农村以后,就不能续保,这导致了农民工养老覆盖面非常低。

其他国家也普遍存在这种情况。如20世纪90年代,拉美各国约55%的企业并没有足额缴纳社会保险缴费。20世纪80年代巴西的养老保险逃费率达到60%。20世纪90年代阿根廷的养老保险逃费率达到49%。智利低收入雇员的养老保险逃费率则高达55%。

为了解决企业逃缴社会保险费的问题,世界劳工组织提出了"降低缴费率"的首要政策建议,并指出:那些企业逃费社会保险费比较严重的国家,缴费率普遍较高;过高的缴费率增加了企业自身经营的成本,因而,企业缺乏参保积极性;同时,较高的缴费率也被雇员个人自身视作一种负担,导致当前收入下降,降低了员工的参与意愿,尤其是低收入员工。

第二节 降低社会保险缴费率的必要性

较高水平的社会保险缴费率导致企业逃缴率上升。在全球面临人口老龄化不断加速的趋势和全球经济增长下滑的大环境下,各国社会保险缴费率都保持在较低的水平上,而且仍然继续坚持不断改革社会保障制度和相关政策。从世界社会保障的发展趋势来看,各国普遍向多层次、多支柱的混合模式发展。2001年12月,由16人组成的委员会向美国总统布什提交了《总统委员会报告》,认为建立个人账户是社会保障制度改革的核心。就连高福利的瑞典,也开始引进与收入关联的个人账户制度。在中国面临人口老龄化不断加速的趋势、人口红利即将丧失、收入差距扩大、未来中国经济增长波动、急需转变经济发展方式的国内环境下,面对解决国内大量就业问题的国内众多中小企业的成本压力和经营困难,因此有必要改革社会保障制度,降低社会保险缴费率,从而进一步释放作为微观经济活动主体的企业的活力,促进经济增长与社会和谐。

从单个缴费个体来看,降低社会保险缴费率,国家来自社会保险的征缴收入的确是下降了;但是,从总体来看,降低社会保险缴费率有可能大幅度提升企业的征缴率,扩大非正规就业群体的参保率,这样国家来自社会保险的征缴收入不仅不会下降,而且还将因企业和非正规就业群体的征缴率的大幅提高、国家相关社会保险福利待遇的激励制度和措施,而大幅上升。中共十八大报告提出,到2020年实现城乡居民人均收入比2010年翻一番。在国家未来收入倍增计划下,职工工资倍增必将导致养老金征收也大幅增加。因此,降低社会保险缴费率,有利于释放大量企业的潜能与活力,有利于中国的进一步改革开放,有利于加快转变中国经济发展模式。

降低基本养老保险费率有利于降低企业的人工成本。降低养老保险缴费率，有利于减轻企业的负担，提高企业竞争力。国有企业即便存在人工成本压力，管理层也会倾向于为员工足额缴费。外资企业是各地社保缴费稽核的重点，因此缴费基数相对比较规范。这两类企业基本上能按照国家规定，将职工过去一年的工资性收入的总额作为社保缴费的基数。因此，对大部分国有企业和外资企业而言，如果降低社会保险费率，其缴费负担将明显减轻。对于那些金融、高科技等行业的企业，由于其职工工资水平高，很多职工是按照当地社会平均工资 300% 这个最高标准缴费的。因此，养老保险费率的降低，将使这些企业的缴费相应减少，这些企业有可能为职工建立或增加企业年金，从而提高职工的实际收益。对部分中小型民营企业而言，由于其社保缴费基数不规范的问题比较严重，所以这些企业的实际缴费率并没有名义费率那么高，但降低社保缴费率将使这些企业的缴费负担得到减轻。

　　过高的社会保险缴费率门槛往往将城镇低收入就业群体排除在外，如城镇非正规就业人员和进城农民工。只有降低城镇职工社会保险缴费率，才能使低收入群体包括农民工和他们的家属、城镇非正规就业人员都参加进来。降低强制性的社会保险缴费率，不仅有利于扩大社会保险的覆盖率，还有利于尽快提高统筹层次。

　　目前中国养老保险的"属地管理"导致异地养老保险转移接续十分困难，不利于劳动力的合理流动，不利于构建全国统一的劳动力市场。一个重要原因是养老保险的企业缴费率太高，企业负担太重，尤其是带来大量就业机会的中小企业、小微企业。较高的缴费率门槛导致职工个人、农民工等逃避缴纳养老保险。因此，降低缴费率，有利于降低企业负担，有利于尤其是中小企业、小微企业的发展；设立较低的缴费率门槛，有利于顺利地吸引农民工、职工参保，扩大覆盖面；降低缴费率，实现全国跨地区基础养老金全国统筹的难度与阻碍会相应大幅降低，从而易于实现基础养老金的全国统筹。

第三节　降低社会保险缴费率的可行性

　　降低社会保险缴费率并不会导致社保基金收入的下降。事实上，同税收与税率的关系类似，社保基金收入和社保费率呈现倒 U 形拉弗定律。当费率是零时，社保收入是零；当费率是 100% 时，社保收入也是零。在一个特定费率水平之下，当费率越高时，社保收入就越多。当达到这个特定费率水平以后，社保收入最大，此时的费率即为最优费率。但当费率超过最优费率后，企业经营社保负担大幅度提高，企业主不愿再扩大投资，费率收入反而开始下降。从测算结果看，当前中国社会保险费率已经大幅超过最优社会保险费率，导致总体缴费收入下降。因此，当前降低社会保险费率，不仅不会导致缴费收入下降，反而会导致缴费收入增多。降低社会保险缴费率减轻了用人单位参保的缴费负担，有利于企业尤其是中小企业的发展。较低水平的社会保险缴费率还能极大地降低企业逃缴率，大幅提高了企业缴纳社保的积极性，有助于社保覆盖率提高，特别是占农民工总数80%的群体将逐步纳入职工基本养老保险，有助于提高社保基金收入提升。同时，未来缴费工资基数将大幅增长，从总体上看社保基金收入增加是大概率事件。此外，人们担心，降低社会保险费率会导致个人退休收入的下降。其实，社会保险费率的下降，主要是针对企业单位缴纳的部分（如个人养老保险缴费率仍保持8%不变），而且阶段性降低社会保险费率的一个前提就是要确保参保人员的各项社会保险待遇不降低和待遇按时足额支付，因此，降低社会保险费率不会导致个人退休收入的下降。以下从五个方面分析降低社会保险费率的可行性。

一、社会保险费率与社保基金收入的关系

（一）拉弗曲线：高费率不能带来高收入

供给学派代表人物、美国经济学家阿瑟·拉弗（Arthur B Laffer）于20世纪70年代提出了"拉弗曲线"，可以很好地解释高税率低税收。当税率（横轴）是零时，税收（纵轴）也是零；当税率是100%时，即所有的收入都缴税的情况下，工厂停业，税收也是零。在这两个端点之间，当税率越高时，税收收入越多，但如果税率超过某一限度，企业经营成本大幅度提高，企业主不愿再扩大投资，税基会减小，政府的税收也相应减少。

拉弗曲线包含了这样一个命题：总是存在能够产生同样税收收入的两种税率（刘洋，2013）。如下图示，税收与税率之间的关系在坐标轴上可表示为一条"倒U形"曲线。以 A 点对应的税率水平为界限，在税率从0逐步上升至 A 的过程中，税收收入是不断增加的，并且其增加的速度逐步下降。直至税率上升到 A 点时，税收收入的增速下降至0，此时税收收入额达到最大。A 点以左的税率区间为可行税率范围。在税率由 A 上升至 B 的过程中，税收收入将会

随着税率的上升而减少,并且其减小的速度逐步增大,直至税率达到 B 点时,税收收入下降至 0。A 点以右的税率区间为禁税区。此时,由于高税率所导致的挫伤积极性的影响大于收入的影响,因而尽管税率提高了,税收收入却在下降。税率水平 A 代表在其他条件不变的情况下,使得税收收入达到最高水平时所对应的税率水平。在 A 点两侧,总是存在着两个不同的税率水平,其对应的税收收入是相同的。例如,在税收收入为 C 时,对应着两个不同的税率水平 C1 和 C2。B 点表示当税率上升至某一极限水平时,一切国民经济活动都停止,过高的税率导致人们选择不进行劳作,企业也都停止了生产运营,此时税收收入为 0。

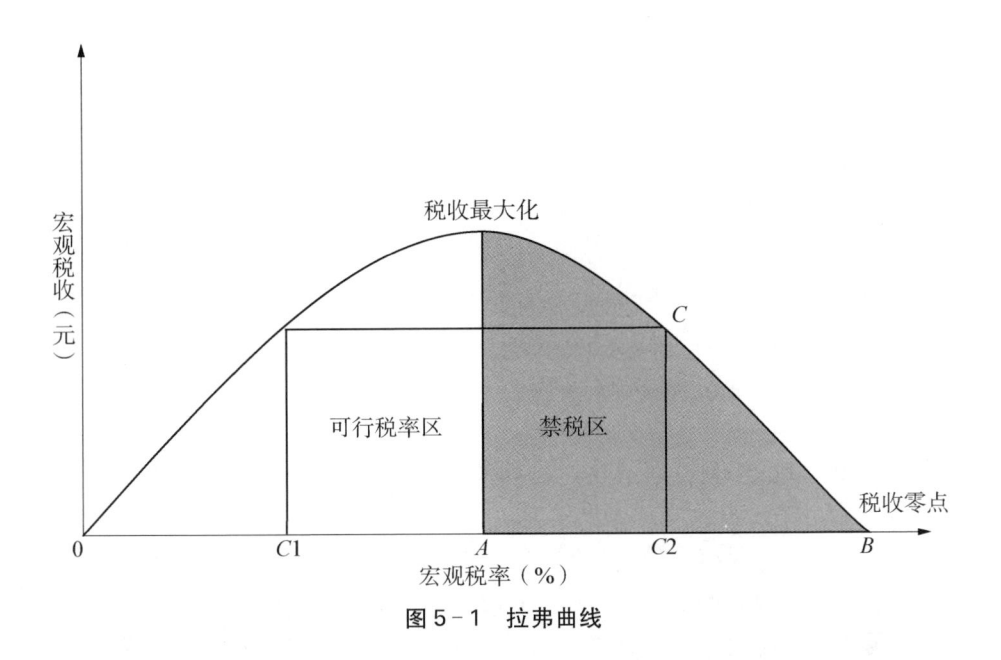

图 5-1 拉弗曲线

通常税收收入会随着税率的上升而增加,但是当税率上升到一定程度时,过高的税率会挤占纳税人的经济利益,从而导致人们的逃税倾向变强,甚至减少经济生产活动,最终阻碍经济的健康发展。

拉弗曲线的意义在于,高税率并不一定代表着高税收。当税率高到一定程度时,税收收入反而会降低。所以,税收和税率的关系是"倒 U 形"的关系。

(二) 社会保险费率与社保基金缴费收入的关系也可以用拉弗曲线解释

用拉弗曲线也可以解释社会保险费率与缴费收入的关系。正常情况下,社会保险费率越高,社保基金的缴费收入就越多;但当社会保险费率水平超过一定限度时,企业缴费负担或经营成本变高,企业逃缴社会保险费的动机变强,导致社保基金的缴费收入开始减少,拉弗曲线出现转折。在道德风险猖獗、法不责众甚至企业与地方主管部门合谋,逃费已成为公开秘密的情况下,拉弗曲线出现变形。当费率超过"合意点"之后,企业逃费的冲动急剧增高。

如果社会保险费率继续提高并超过"临界点",企业逃避社会保险缴费的动机急剧加强,在多缴多得、长缴多得的激励机制没有完全解决的情况下,过高的社会保险费率诱发企业缴纳社会保险费的道德风险和逆向选择即逃避缴费,企业逃费"冲动"转化为"行动",社保基金的缴费收入出现断崖式下跌。当费率超过"临界点",企业将裁员限产,缴费收入会进一步下降。

因此,过高的社会保险费率并不能带来社保基金的高收入。郑秉文(2016)通过比较2009年的养老保险理论替代率和实际替代率很好地证实了这点。他比较发现,2009年养老保险的制度抚养比为32.27%,如果当年的缴费全部用于支出,则28%的缴费率理论上可得90%的替代率。然而,实际情况是2009年的替代率仅为46.48%,同为28%费率的捷克和西班牙替代率分别为50.2%和81.2%。这说明,在多缴多得的对等原则基本缺位、激励相容机制问题没有解决、执行力不完全的情况下,社会保险费率过高将引发一系列道德风险,进而出现逆向选择,致使实际的社保基金收入大为减少。

很多地方政府公开将原本决定的养老保险最低缴费基数为当地社会平均工资的60%改为40%,其他"四险"的缴费基数依然还是社会平均工资的60%,这实际也是一种变相降低费率的表现。于是,养老保险费率过高主要体现在"名义"上,实际上却没有收缴上来那么多的收入。例如,2013年国有单位平均工资是52 657元,城镇集体单位平均工资为38 905元,其平均工资基数大约为45 000元。考虑到大约有三分之一的参保人是个体工商户,其费率只为20%,而不是28%,所以假定2013年平均工资基数大约为4万元。当年的缴费人数是2.41亿,故当年的费基应是9.64万亿元,缴费收入应为27 000亿元。但实际上,2013年的"正常缴费收入"仅为16 761亿元,大约减少三分之一。

二、将过高的社会保险缴费率降低到最优费率

人们担心,降低社会保险缴费率会导致中国社会保险基金收入下降。其实,根据税收与税率的倒U形拉弗定律,当税率是零时,税收也是零;当税率是

100%时,税收也是零。在这两个端点之间,当税率越高时,税收收入就越多。当税率达到一个极限时,税收收入最大,此时的税率即为最优税率。但当税率超过这一极限后,企业经营成本大幅度提高,企业主不愿再扩大投资,税收收入反而开始下降。因此,以低于最优税率对边际收入和资本减税,可获得更多的税收。

当前中国社会保险费率居于全球首列之一,已经大幅超过最优社会保险费率,导致总体缴费收入下降。因此,当前降低社会保险费率,不但不会导致缴费收入下降,反而会导致缴费收入增多。

三、缴费个体与社会整体的关系:参保率的大幅提高

根据社保基金收入=社会保险费率×参保缴纳人数×缴费工资基数,如果降低社会保险缴费率,从单个缴费个体来看,国家来自社会保险的征缴收入是下降了;但是,降低社会保险缴费率减轻了用人单位参保的缴费负担,有利于企业尤其是中小企业的发展,同时较低水平的社会保险缴费率又将极大地降低企业逃缴率,促进参保缴纳人数的大幅提高。从总体来看,国家来自社会保险基金的征缴收入不仅不会下降,而且还因企业的征缴率的大幅提高、参保缴纳人数的大幅提高以及国家相关社会保险福利待遇的激励制度和措施(如多缴多得、长缴多得等)而大幅上升。

四、缴费工资基数的纵向增长

根据社保基金收入=社会保险费率×参保缴纳人数×缴费工资基数,尽管降低社会保险费率,但参保缴纳人数大幅增加(尤其是 2017 年还有 80% 的农民工没有参加职工基本养老保险),缴费工资基数也会大幅增加(近几年社会平均工资涨幅较大,而且根据中共十八大提出的"到 2020 年城乡居民收入将比 2010 年翻一番"的目标,未来缴费工资基数更有大幅增长),因此,从总体上看,社保基金收入不但没有下降,反而可能有所增加,甚至大幅增加。因此,降低社会保险费率,不会导致社保基金收入的下降。

五、缴费工资基数的横向调整

按照有关规定,严格执行缴费工资基数的确定,这也将导致社保基金收入

的大幅增加。整体而言,中国企业缴费的基数远远低于实际的工资总额。中国的社会保险缴费要求参保的劳动者以本人上年度工资收入总额的月平均数作为本年度月缴费基数。根据劳动和社会保障部劳社险中心函〔2006〕60号《关于规范社会保险缴费基数有关问题的通知》的规定,劳动者上年度工资收入总额是指劳动者在上一年的1月1日至12月31日整个年度内所取得的全部货币收入(没有扣除住房公积金、养老保险金、失业保险金和医疗保险金之前),包括计时工资、计件工资、奖金、津贴和补贴、加班加点工资、特殊情况下支付的工资。在实际缴费中,大多数企业会参照各地公布的上一年度的"社会平均工资",保险缴费基数控制在"社会平均工资"的60%—300%。职工本人月平均工资超过当地在岗职工月平均工资300%的,以300%作为缴费基数;低于当地职工月平均缴费工资60%的,以60%作为缴费基数。

在发达市场经济国家,雇员收入规范化程度高,社会保险缴费基数和工资总额几乎相等。但在中国,企业可能采取各种对策来减少本企业的缴费负担。这些对策主要集中在缴费基数的确定上,包括:不按照单位职工的实际工资总额申报,而是选择所在地区的"社会平均工资"的60%作为缴费基数;减少账面缴费人数;拒绝或者故意延迟缴费;频繁使用短期合同工或增加临时工,不给临时工上保险等。

中国最大的社保第三方专业机构"51社保"发布的2015年《中国企业社保白皮书》指出,有61.66%的企业在缴费基数上不合规,主要有三种情况:一是统一按最低基数缴纳,占24.01%;二是按企业内部的分档基数缴纳,占17.96%;三是按固定工资缴纳而不包括奖金等收入,占15.20%。从单位性质和规模看,缴纳基数不实问题主要集中在民营企业以及50人以下的小规模企业。因此整体而言,大部分国企和外资企业是按照制度规定以工资总额作为社保缴纳基数,但是大量民营企业是按照当地社会平均工资的60%作为缴纳基数的。因此,如果严格按照规定的前提条件,以当地社会平均工资的60%—300%作为缴纳基数,而不是以60%作为缴纳基数,则可以大幅提高社保基金的收入。

平均工资一般作为制定社会保险征缴标准的依据。伴随着平均工资的增加,社保缴费基数也普遍出现上调。北京市统计局2016年公布的数据显示,2015年度全市职工平均工资为85 038元,月平均工资为7 086元。随后,北京市社会保险基金管理中心发布通知,确定了2016年度各项社会保险缴费工资基数和缴费金额。其中,缴费基数上限按照北京市上一年职工月平均工资的

300%确定,为21 258元,较上年增加了1 869元。参加职工基本养老保险、失业保险的职工缴费基数下限按照上一年职工月平均工资的40%确定,为2 834元,比上年增加了249元。参加机关事业养老保险、基本医疗保险、工伤保险、生育保险的职工,缴费基数下限按照上一年职工月平均工资的60%确定,为4 252元,比上年增加了374元。此外,上海、重庆、安徽等地的社保缴费基数也进行了调整,均比2015年有所提高。如2016年度上海市职工社保缴费基数上下限分别调整为17 817元和3 563元,分别比上年增加了1 464元和292元;重庆市城镇企业职工基本养老保险、城镇职工基本医疗保险、失业保险、工伤保险和生育保险参保职工2016年度月缴费基数上限为15 523元、下限为3 105元,分别比上年增加1 310元和262元。

六、降低社会保险费率并不会导致个人退休收入的下降

人们担心,降低社会保险费率会导致个人退休收入的下降。其实,社会保险费率的下降,主要是针对企业单位缴纳的部分(如个人养老保险缴费率仍保持8%不变),而且阶段性降低社会保险费率的一个前提就是要确保参保人员的各项社会保险待遇不降低和待遇按时足额支付,因此,降低社会保险费率不会导致个人退休收入的下降。

根据《职工基本养老保险个人账户管理暂行办法》,职工本人一般以上一年度本人月平均工资为个人缴费工资基数。本人月平均工资低于当地职工平均工资60%的,按当地职工月平均工资的60%缴费;超过当地职工平均工资300%的,按当地职工月平均工资的300%缴费,超过部分不计入缴费工资基数,也不记入计发养老金的基数。对于职工尤其是工资低于缴费下限的人来说,随着社保缴费基数的上调,个人社保缴费将会增加,未来的社保待遇则会水涨船高。社保缴费是与参保者退休后的待遇相关的,只有达到了一定的缴费水平,才能达到较好的待遇水平。如果缴费水平过低,则其养老金水平仍然较低。也就是说,缴费水平要随着平均工资的提高而提高,未来的待遇水平也会跟着提高。

作为政府的一项强制性制度,包括养老、医疗、失业、工伤和生育等在内的社会保险制度强制要求企业和员工个人按缴费工资的一定比例共同缴费。由于企业的社会保险费是企业劳动力成本的一部分,从成本考虑,社会保险缴费率越高,企业欠费动机越强。降低社会保险费率既可提高企业参保的积极性,

又可降低企业的经营成本,从而进一步释放作为微观经济活动主体的企业的活力。按照国务院要求,从 2016 年 5 月 1 日起两年内,对企业职工基本养老保险单位缴费比例超过 20% 的省份,将缴费比例降至 20%;单位缴费比例为 20% 且 2015 年底基金累计结余可支付月数超过 9 个月的省份,可以阶段性降低至 19%。按照上述要求,全国共有 21 个省份符合降低企业养老保险费率的条件,其中上海可从 21% 降至 20%;北京、天津、山西、内蒙古、江苏、安徽、江西、河南、湖北、湖南、广西、海南、重庆、四川、云南、贵州、西藏、新疆、甘肃和宁夏可以由 20% 降低到 19%。根据要求,广西 29 家重点产业园区内的企业,养老保险单位费率直接从 20% 降至 14%;对 29 家重点产业园区外的 84 家其他产业园区内参保企业,费率由 20% 降低至 16%。据测算,多数省份在降低养老保险费率 1 个百分点后仍将保持基金当期收大于支,少数当期收不抵支的省份也完全可以使用累计结余保证待遇支付。此外,不符合降低养老保险费率条件的青海省和陕西省近日阶段性调低了失业保险、工伤保险、生育保险费率。社会保险费率的降低,在经济下行压力加大的时期,积极降低了企业经营成本。根据初步测算,如果符合条件的地区养老保险降费政策全部落实到位,预计每年可降低企业成本 386 亿元。失业保险按各地总费率降低 0.5 至 1 个百分点来进行测算,每年可降低企业成本约 300 亿元至 600 亿元,再加上去年先后降低失业保险、工伤保险和生育保险费率的有关政策,每年总计可降低企业成本 1200 亿元以上[①]。

第四节 降低缴费率的路径与提高基金收入的配套政策选择

一、降低社会保险费率的路径选择

2016 年人力资源社会保障部和财政部联合出台的文件,只是要求全国各省份阶段性降低社会保险费率,而且降低幅度很小。单位缴纳的养老保险费率只降低一个百分点,还远没有到达最优费率。只有进一步降低社会保险费率,使其达到最优费率,根据税收与税率的倒 U 形拉弗定律,才可获得更多的社保基金收入。

---

① 中国政府网,http://www.gov.cn/xinwen/2016-04/15/content_5064518.htm

为了更准确地评估社会保险企业的缴费率水平,有些学者对企业的适度缴费水平进行了研究。郑功成(2013)提出可以适当调整养老保险总缴费率至20%的水平。其中,企业缴费率定为12%,职工个人缴费率为8%,财政补贴稳定在年度养老金支出总额的15%左右,最高不超过20%。由此均衡企业与职工个人之间的养老保险缴费负担,同时也使财政补贴责任更为明晰。路锦非(2016)以制度赡养率为切入点,研究了养老保险缴费率的适度水平,认为从中国当前的实际情况来看,养老金替代率应保持在50%的适度水平,并在中等替代率为50%的假定下提出了一种新的养老保险缴费率组合,即企业的缴费率定为15%,个人的缴费率定为5%,使得养老保险总缴费率降低到20%。

鉴于中国当前社会保险费率居于全球首列之一,美国社会保险缴费率只有中国平均水平的三分之一左右,为了尽快实现"基础养老金全国统筹"的目标,建议未来适当时机进一步降低养老保险费率,将单位缴纳的基础养老金的强制缴费率定为工资的12%,以与《城镇企业职工基本养老保险关系转移接续暂行办法》(国办发2009年66号文)规定的参保人员跨地区流动时转移接续的缴费率相衔接。

城镇地区就业的所有工资劳动者,包括机关、事业单位职工和各类企业雇员应全部强制参保,由雇主单位为他们缴纳相当于工资总额12%的养老保险费。所有非工资劳动者,包括农业劳动者、城乡个体经营劳动者和非正规就业人员也应强制参保,但是允许他们的缴费有一定的弹性,建议以工资劳动者的社会平均工资为缴费基数,由本人按标准缴费率(12%)的一定折扣率向基础养老金缴费。对于那些缴费确有困难的低收入人群,政府可按相应办法给予一定补贴。

根据退休人员养老金替代率(平均养老金对平均工资的比率)=缴费职工养老保险缴费率×体制赡养比(缴费职工对退休人员的比率),只要全国统筹的基础养老金将赡养比保持在3.33,就可以用12%的缴费率实现40%的替代率而维持基础养老基金收支平衡。2016年全国城镇基本养老保险基金的赡养比稳定在3以上。2016年农民工人数达2亿多人,但参保率较低,还有80%的农民工没有参加职工基本养老保险。在以较低的强制缴费率实现全国统筹、促使大量农民工参保后,基础养老金的赡养比可达4甚至5以上,所以基础养老金提供40%的替代率,还会产生相当数量的统筹基金结余。

基础养老保险全国统筹基金的结余可用于改革过渡时期对部分困难地区养老金的补助,也可作为迎接未来人口老龄化高峰的储备资金。随着中国人口的老龄化,未来中国基础养老金的赡养比将不断下降。为了应对人口老龄化的挑战,中国可借鉴其他国家的经验,通过逐步提高法定退休年龄,以及提高享受养老金的最低缴费年限等措施,来防止社会养老保险赡养比下降过快。

二、提高社保基金收入的配套政策选择

降低基本养老保险费率的一个关键,是在降低企业缴费负担的同时,保持职工的养老保障水平。因此,在降低基本养老保险费率的同时,必须利用其他配套政策和措施来提高社保基金收入的总额。为此,笔者建议:

一是出台具体办法将个人的养老金待遇水平与缴费适当挂钩,鼓励劳动者积极参保、全民参保,努力扩大覆盖面、参保率和征缴率。

二是从节制生育的政策转向鼓励生育的政策,适当提高人口的出生率,努力扩大未来年轻劳动力人口。

三是延迟退休。从现实情况看,适当延长退休年龄是短期内最为可行的措施。延长退休年龄既可以缓解社保基金的支付压力,又可以增加社保缴费职工人数,对制度赡养比和企业费率水平都能产生重要的影响。目前,中国退休年龄沿用的是1951年颁布的《劳动保险条例》的规定:女职工50岁,男职工60岁,后来又将女干部的退休年龄提高至55岁。随着生活水平不断提高,中国的人均寿命已经从20世纪50年代的60岁左右提高到2018年的73.5岁,这必然增加社会保险基金的支付压力。目前,为了应对社保基金支付压力,世界各国都在推行提高退休年龄的政策,德国、日本、美国、英国已逐步将退休年龄提高到65岁。如果中国把退休年龄男性提高到65岁,女性提高到60岁,则多收5年养老保险费,少发5年养老金,这有助于弥补养老金亏空,缓解养老压力。延迟退休年龄将对养老金收支平衡产生正向效应,但这个政策可能会带来一定的就业压力。对体力劳动者而言,年龄的增加将带来劳动生产率的下降,无论是雇员还是雇主,实际上可能都不愿意延长退休时间。高学历人才由于人力资本投资时间长而进入劳动力市场的时间晚,延长退休年龄有利于提高其人力资本的投资收益。因此,应该采取差别化的退休政策,将高学历知识型人才与普通体力劳动者区别对待。其次,实行弹性退休制度,雇员可以根据自身情况在退休年龄上下限之间自主选择退休年龄。政府应建立相应的激励机制,对于提前退休的减额发放养老金,对于延迟退休的增额发放养老金。再次,完善监管,控制非正常退休现象,对于违规操作的提前退休行为进

行严格控制。

四是进一步拓展投资渠道,努力提高社保基金的投资回报率。2015年广东、山东已将部分企业职工基本养老保险基金投资运营。2015年全国社保基金投资收益率达到15.19%,自成立以来的年均投资收益率为8.82%。

五是利用国有资本划转和国资分红,进一步充实社保基金。多地为增强社保基金实力减少"空账",已开始划转国有资本充实社保基金。2015年山东省率先出台了《省属企业国有资本划转充实社会保障基金方案》,至2015年年底已分两次将180.65亿元国有资本金划转至省社保基金理事会。2017年11月18日,国务院印发《划转部分国有资本充实社保基金实施方案》,明确了划转范围、对象、比例、承接主体、划转步骤,从而加大了国有资本充实社保基金的力度。

六是面对社保费率过高和养老金支付缺口并存的问题,加大公共财政对基础养老金的转移支付力度,通过多种途径进一步提高社保基金的收入。

第六章　基础养老金全国统筹的路径与政策选择

中共十八届三中全会通过的《中共中央关于全面深化改革的若干重大问题的决定》提出"实现基础养老金全国统筹""适时适当降低社会保险费率"。《中共中央关于制定国民经济和社会发展第十二个五年规划的建议》提出"实现基础养老金全国统筹",为全国统筹提出了时间表。

"十二五"时期中国机关事业单位养老保险制度改革迈出关键步伐,建立起了城镇职工养老保险、城乡居民社会养老保险、机关事业单位养老保险制度,基本实现了制度全覆盖;养老保险参保人群覆盖面不断扩大,基金规模不断扩大,为"十三五"时期社会养老保险发展奠定了基础。但"十二五"时期制定的基础养老金全国统筹规划还没有实现。

进入"十三五"时期,面临人口老龄化高峰期对中国养老保险基金形成巨大支付压力的挑战,面临经济增长率下滑对财政收入增长率下降所带来的挑战,面临企业退休人员养老金连续多年大幅度上调对财政所带来的挑战,中国社会养老保险处于一个关键节点。"十三五"时期是中国城镇职工基本养老保险制度走向定型的关键阶段,是中国城乡居民养老保险制度参保人群覆盖面不断扩大的重要时期,是中国机关事业单位养老保险制度改革与完善的关键时期,需要针对制度设计中的关键要素进行深入调整,以保证制度运行的长期性、有效性和可持续性。

中共十九大报告提出要加强社会保障体系建设,完善城镇职工基本养老保险和城乡居民基本养老保险制度,尽快实现养老保险全国统筹。要实现养老保险全国统筹,就需要降低社会保险费率。2016年4月人力资源社会保障部和财政部要求全国各省、自治区、直辖市分阶段降低社会保险费率;然而,全国仍有很多省份还没有出台降低社保费率的文件。导致这种从中央到地方的梗阻的主要原因,是基础养老金的强制缴费率过高,协调中央与地方政府之间的难度较大。因此,适时适当降低社会保险费率显得非常必要,是实现基础养老金全国统筹的重要路径。

第一节　基础养老金全国统筹的主要原则

近年来已有相当数量的文献就实现基础养老金全国统筹问题展开研究和讨论。下面我们将其中关于实现基础养老金全国统筹的主要原则问题梳理如下。

关于明确界定中央与地方的财权与事权，于翰淼（2011）、李雪（2011）等人认为，基本养老保险全国统筹，需要明确划分中央与地方的权利与责任。

关于适当降低单位缴费率，席恒（2011）、刘昌平（2011）认为，基本养老保险全国统筹需要适当降低企业缴费率。郑秉文（2012）建议，改革养老保险制度结构，将个人缴费和单位缴费全部划入个人账户，从县、市统筹直接提升到全国统筹。

关于适当降低地区间收入再分配的幅度，陈元刚（2012）认为，实现基本养老保险全国统筹，须适当降低地区间收入再分配的幅度。穆怀中（2012）则认为，应充分考虑地区间物价水平差异，确保高收入地区养老金合理流向低收入地区。

关于引入现收现付制或权益记账制，申曙光（2013）和饶晶（2012）认为，中国城镇养老保险制度面对规模巨大的"空账"与无法做实的"实账"，现阶段应建立缴费确定型的现收现付制。雷晓康（2011）认为，基本养老保险权益记账制度是基本养老保险制度实现全国统筹重要一步。

笔者建议，基础养老金全国统筹的框架设计遵循以下主要原则：

（1）在重视提高养老保险体制的公平性、效率和财务可持续性等长期性战略性目标的同时，重视从中国养老保险体制的现状出发设计改革，重视改革前后的过渡安排。

（2）充分调动中央与地方两个积极性，明确中央与地方的责任，形成推动改革的合力。

（3）在较长时间的过渡期内承认各地的差异，按"帕累托改良"原则确保改革使不同地区和不同人群的原有利益至少不受损。

（4）在降低基础养老金的强制缴费率的基础上实行全国统筹，降低低收入人群参与基础养老金的缴费率门槛，避免人为推高企业的用工成本；

（5）采用折扣费率（和相应的折扣替代率）的办法，将覆盖面扩大到农业劳动者、个体经营者（自雇）和其他非正规就业人员。当劳动者在城乡之间，以及在正规部门与非正规部门之间流动时，他们的基础养老金权益不受流动的影响。

（6）充分重视政府与企业、劳动者个人的积极性，改革城镇职工养老保险的第二支柱（个人账户部分）管理运作模式问题，推动建立和完善多支柱的养老保险体制。

第二节 基础养老金全国统筹的框架设计

一、国民基础养老金的缴费率和替代率

（一）国民基础养老金的缴费率

建议建立一个强制缴费率门槛较低、各类劳动者均能参加的"国民基础养老金"（简称为"基础养老金"），将基础养老金的强制缴费率定为工资的12%，与《城镇企业职工基本养老保险关系转移接续暂行办法》（国办发2009年66号文）规定的参保人员跨地区流动时转移接续的缴费率相衔接，城乡各类劳动者均应参加基础养老金。城镇地区就业的所有工资劳动者，包括机关、事业单位职工和各类企业雇员应全部强制参加全国统筹的基础养老金，由雇主单位为他们缴纳相当于工资总额12%的养老保险费。

所有非工资劳动者，包括农业劳动者、城乡个体经营劳动者和非正规就业人员也应强制参加基础养老金，但是允许他们的缴费有一定的弹性。建议以工资劳动者的社会平均工资为缴费基数，由本人按标准缴费率（12%）的一定折扣率向基础养老金缴费。当他们在某年度按折扣缴费率缴费时，他们在该年度的养老金权益也按同样的折扣率计分。对于那些缴费确有困难的低收入人群，政府可按相应办法给予一定补贴。

基础养老金的收缴工作，可由中央社保部门负责，委托地方政府执行；也可考虑由税收部门统一征缴，账目分列。

（二）国民基础养老金的替代率

对于实现"现收现付"的基础养老金来说，由基金的养老金支出与基金的

第六章 基础养老金全国统筹的路径与政策选择

征缴收入的平衡条件,可得

平均养老金×退休人员人数＝(平均工资×缴费率)×缴费职工人数
$$(6-1)$$

显然式6-1左边为基础养老金的支出,右边为缴费收入。将等式两边同时除以平均工资和退休人员人数,可得

平均养老金÷平均工资＝缴费率×(缴费职工人数÷退休人员人数)
$$(6-2)$$

定义式6-2左边为养老金的替代率(replacement ratio),右边括号内项目(缴费职工人数÷退休人员人数)为支持比(support ratio),上式可改写为

$$替代率＝缴费率×支持比 \quad (6-3)$$

对于基础养老金来说,式6-3是一个非常重要的等式。根据式6-3,如果缴费率为12%,支持比为3(即三位在职职工的缴费用于负担一位退休人员),那么平均每位退休人员就可实现12%×3＝36%的养老金替代率。同样,如果缴费率为12%,支持比为3.3,便可实现12%×3.3＝40%的养老金替代率而维持收支平衡。

本研究建议基础养老金在收取12%的缴费率的同时,承诺提供40%的养老金替代率。如上所述,只要全国统筹的基础养老金将支持比保持在3.33,就可以用12%的缴费率实现40%的替代率而维持基础养老基金收支平衡。2016年全国城镇基本养老保险基金的支持比稳定在3以上,农民工人数达2亿多人,但参保率较低。在以较低的强制缴费率实现全国统筹、促使大量农民工参保后,基础养老金的支持比可达4甚至5以上,所以基础养老金提供40%的替代率,还会产生相当数量的统筹基金结余;该结余可用于改革过渡时期对部分困难地区养老金的补助,也可作为迎接未来人口老龄化高峰的储备资金。

随着中国人口的老龄化,中国基础养老金的支持比将不断下降。为了应对人口老龄化的挑战,中国可借鉴其他国家的经验,通过逐步提高法定退休年龄,以及提高享受养老金的最低缴费年限等措施,来防止社会养老保险支持比下降过快。此外,还可增加公共财政对基础养老金的资助,以及必要时适当提高缴费率等措施来提高基础养老金的筹资水平。就基础养老金还应出台具体办法,将个人的养老金待遇水平与缴费多少适当挂钩,鼓励劳动者积极参保。最后,还可从节制生育的政策转向鼓励生育的政策,适当提高人口的出生率。

二、过渡期中央与地方责任的分担:"中央保基数,地方补差额"

如上所述,在实现全国统筹后,中央建立全国统筹的基础养老金,所有参保企业须向全国统筹的基础养老金缴纳相当于企业工资总额12%的养老保险费。在参保职工退休并满足领取退休金的规定条件后,可由基础养老金发放平均替代率为40%的基础养老金。

目前各地养老金的缴费率和平均替代率有较大差异。为此,实现基础养老金全国统筹可继续遵循"帕累托改进"的原则,在相当长的过渡期内维持各地平均替代率不会因为全国统筹而下降。为了实现这个目标,本研究建议采取"中央保基数,地方补差额"的办法。"中央保基数"是指全国统筹的基础养老金确保向这些已经退休或即将退休的人员发放平均替代率为40%的基础养老金;"地方补差额"是指如果在实现全国统筹前某地的养老金替代率高于40%,则超过40%的差额部分由地方负责补足。

根据《中国养老金发展报告2012》,2010年各省(市、自治区)和新疆兵团共32个省级单位的企业部门城镇职工基本养老金的替代率平均为39.3%,其中替代率低于40%的有18个省份,替代率高于40%的有14个省份,需要补足差额。在这些替代率高于40%的14个省份中,实际替代率超过40%的差额在10%以下的有8个省份,在10%—20%之间的有4个省份,在25%左右的有2个省份。从总体上看,地方补差额的压力不大。

为了做好"地方补差额"的工作,建议由各地成立"地方过渡养老基金",用来承担过渡期内"地方补差额"的资金需要。地方过渡养老金可在企业向国民基础养老金缴纳的相当于工资总额的12%的养老保险费以外,向部分企业和非工资劳动者征收地方养老保险缴费。2017年中国基本养老保险的缴费率一般为企业缴纳20%、职工个人缴纳8%,两者合计达28%,所以在向全国统筹的基础养老金缴纳12%后,地方还有较大征缴空间。

如上所述,从总体上来看,地方补差额的压力不大。如果地方过渡养老金不足的话,可用地方政府掌握的国企分红、国有资产变现、公共财政补助解决;如果地方资源确实不敷支出的话,可申请通过全国社会保障基金或中央财政的转移支付来弥补。

三、鼓励多缴多得,适当兼顾不同人群和不同地区的利益

实现基础养老金全国统筹,需要通过多缴多得来鼓励大家参保的积极性,同时要适当兼顾不同人群之间和不同地区之间的利益,使养老金全国统筹的再分配功能一方面能向低收入的地区和人群适当倾斜,另一方面又能适当保护收入较高的地区和人群的积极性。

如上所述,工资劳动者由单位按工资的12%缴纳基础养老保险费,该劳动者在(雇主)缴费期间每年可获得一个与缴费水平挂钩的年度得分。借鉴发达国家的相关经验(Fehr and Halder,2004),定义参保人 j 在年度 t 的基础养老金年度得分 $\beta_{j,t}$:

$$\beta_{j,t} = \frac{(1-\lambda)y_{j,t} + \lambda \bar{y}_t}{\bar{y}_t}, \lambda \in [0,1] \quad (6-4)$$

式中 $y_{j,t}$ 为参保人 j 在年度 t 的个人工资,$\bar{y}_t$ 为年度 t 的社会平均工资。λ 是在计算年度得分时社会平均养老金的权重,体现基础养老金的再分配强度,λ 越大则再分配功能越强。如果 $\lambda=1$,则 $\beta_{j,t}=1$,参保人的年度得分与个人缴费不相关,体现平均主义的养老金分配(称为"贝弗里奇模式")。如果 $\lambda=0$,则 $\beta_{j,t} = \frac{y_{j,t}}{\bar{y}_t}$,表示年度得分与个人缴费完全挂钩,体现没有任何再分配功能的极端情况(称为"俾斯麦模式")。式6-4定义的年度得分是个人工资与社会平均工资的加权平均(分子)与社会平均工资(分母)的比率。式6-4也可改写为:

$$\beta_{j,t} = (1-\lambda)\frac{y_{j,t}}{\bar{y}_t} + \lambda, \lambda \in [0,1] \quad (6-5)$$

如参保人 j 某年的缴费工资等于社会平均工资,即 $y_{j,t} = \bar{y}_t$,则由式6-5,他在该年的年度得分 $\beta_{j,t}=1$。参保人 j 从开始工作到退休的全部工作年限内各年度得分累积起来成为他的总得分 β_j:

$$\beta_j = \sum_t \beta_{j,t}, \lambda \in [0,1], t \in T_w \quad (6-6)$$

这里 T_w 是参保人 j 全部工作年限的集合。假定参保人 j 工作期间各年的缴费工资均等于社会平均工资,则他在各年的年度得分均为1,又假定他在

工作期间共缴费40年,则由式6-6,他的总得分 $\beta_j = 40$。参保人 j 退休后在年度 τ 的养老金待遇 B_j 可由下式决定：

$$B_{j,\tau} = \frac{\beta_j}{100} \times \overline{y}_\tau, \tau \in T_r \qquad (6-7)$$

这里 T_r 是参保人 j 从退休到死亡各年度的集合。假定某参保人的总得分 $\beta_j = 40$，由式6-4可知他退休后各年的养老金为各年社会平均工资的40%，或者说，他的养老金替代率为40%[①]。

实行基础养老金全国统筹后，全国各地采用统一的全国平均工资，因此会对不同收入地区的基础养老金待遇产生不同影响。此外，由于实现全国统筹后大量收入较低的农民工参保，会在提高基础养老金的支持比的同时降低全国的社会平均工资。对于这方面的影响，原则上可首先由地方过渡养老金调节，必要时由基础养老金提供必要帮助。

四、非工资劳动者的折扣缴费率与折扣替代率

上面讨论的是工资劳动者的养老金缴费与养老金受益（替代率）如何挂钩的问题。接下来，讨论那些非工资劳动者，包括农业劳动者、城乡个体劳动者和其他非正规就业人员的基础养老金缴费与受益的问题。国务院虽已决定合并新农保和城居保，建立全国统一的城乡居民基本养老保险制度，但是对于城乡居民基本养老保险如何与城镇职工基本养老保险整合目前尚无具体方案。问题是中国存在大量在城乡之间变换就业的流动人口，如果城乡居民基本养老保险与城镇职工基本养老保险无法整合或衔接，他们在流动过程中就会发生养老权益难以携带的问题。

实际上，非工资劳动者参加全国统筹的基础养老金会面临两个主要问题。一是他们的劳动收入难以统计。非工资劳动者往往以家庭为单位、由家庭成员共同进行生产，劳动收入难以量化到个人；他们的劳动收入又往往与资产性

[①] 实际上，如果将 λ 设定为0.5，则上述养老金年度得分的计分办法与《国务院关于完善企业职工基本养老保险制度的决定（国发〔2005〕38号）》的第六款的规定在原则上是一致的。但是第六款规定"退休时的基础养老金月标准以当地上年度在岗职工月平均工资和本人指数化月平均缴费工资的平均值为基数，缴费每满1年发给1%"，而与缴费期间其他年份的缴费工资无关。笔者建议的计分办法能更好地反映在职职工在整个工作期间各个年度的缴费情况，因此能更好地体现基础养老金多缴多得的原则。

收入混同在一起,同样难以区别开来。另一个问题是他们的收入普遍较低,往往没有雇主为他们缴费而要由本人缴费,难以做到按标准缴费率(12%)缴纳基础养老保险费。为了解决这些问题,笔者建议允许他们按标准缴费率的一定折扣率来缴费;即允许他们在一定范围内(如20%,30%,……,90%,100%)选择折扣率,并按折扣缴费率和工资劳动者的社会平均工资为缴费基数来缴费。以中国2012年在岗职工平均工资47953元作为非工资劳动者的缴费基数,按不同折扣缴费率计算的缴费额如表6-1所示:

表6-1　　非工资劳动者的基础养老金折扣缴费率与缴费额

2012年在岗职工平均工资(元)	标准缴费率	折扣率	折扣缴费率	年缴费额(元)	月缴费额(元)
47 953	12%	100%	12.00%	5 754.36	479.53
		90%	10.80%	5 178.92	431.58
		80%	9.60%	4 603.49	383.62
		70%	8.40%	4 028.05	335.67
		60%	7.20%	3 452.62	287.72
		50%	6.00%	2 877.18	239.77
		30%	3.60%	1 726.31	143.86
		20%	2.40%	1 150.87	95.91

资料来源:2012年在岗职工平均工资取自国家统计局年度统计数据,参见http://data.stats.gov.cn/workspace/index? m=hgnd

由表6-1可以看出,如果按最低的折扣缴费率20%缴费,一位非工资劳动者全年缴费额约为1151元,相当于月度缴费额约96元。假定某年某位非工资劳动者缴费选取的折扣率为δ,并以该年的社会平均工资$\bar{y}_t$为缴费基数,则该年度他的基础养老金年度得分也将按同样的折扣计分,即

$$\beta_{j,t} = \delta \left[(1-\lambda) \frac{y_{j,t}}{\bar{y}_t} + \lambda \right] + \delta, \delta \in [0.2, 0.3, \ldots, 0.9, 1.0] \quad (6-8)$$

根据式6-8,如果一位非工资劳动者决定选取30%的折扣率即3.6%的折扣缴费率(30%×12%),则由式6-8,他在该年可获得的基础养老金年度得分为0.3,即该年度的缴费使他能在退休后各年领取相当于各年社会平均工资0.3个百分点的养老金。如果他缴费40年,每年都按30%的折扣率缴费,则他退休后各年可获得的替代率为(0.3×40)/100=12%。

由于各年度的养老金得分可以简单相加,所以当非工资劳动者在城乡之

间流动时,他们的养老金权益可以简单累加,不会因流动而造成养老金权益的损失。如果上例中的劳动者在退休时累计缴费 40 年,其中在城市部门(可以是断断续续地)工作 20 年,假定个人工资与社会平均工资相等;在农村工作 20 年,选取 30% 的折扣率缴费,则他退休时可获得的替代率为 $(1 \times 20 + 0.3 \times 20)/100 = 26\%$。

五、个人账户管理改革和不同养老保险的个人账户整合

建议改革"中人"和"新人"的个人账户管理模式,由地方政府分散化管理运作转为由若干家中央授权的全国性的养老金资产管理公司专业化管理运作。放宽对个人账户养老金的投资限制,在控制投资风险的情况下提高养老金投资回报率。让各地政府(或企业或职工个人)在加强基金管理公司相关信息披露的基础上,自行选择管理个人账户的基金管理公司。养老金资产可成为资本市场的重要机构投资者,对于中国进一步发展和完善资本市场也有推动作用。国家应成立专门机构,负责对每位参保人基础养老金和个人账户养老金的相关信息进行备份和管理。政府还应进一步出台相关优惠政策,鼓励基于自愿的企业年金或职业年金等第三支柱养老金的发展。

目前中国新农保和城居保合并为城乡居民养老保险。除了由政府提供的每月 55 元或由地方政府资助的更高水平的非缴费型基础养老金外,还鼓励参保人自愿缴纳个人账户养老金。但是城乡居民养老保险的资金筹集和管理一般在县级或地级,造成管理成本较高、风险池较小且投资选择少,回报率较低甚至负的实际回报率,城乡居民参保积极性不高等问题。实现全国统筹后,城镇职工基本养老保险的第二支柱管理与城乡居民养老保险的个人账户管理可以整合起来。

第三节 基础养老金全国统筹的过渡措施

在过渡期内,可考虑将参加城保的职工分为三部分:一是实现全国统筹时已经退休的人员,以及尚未退休、但参保时间已达 15 年或以上的职工(简称"老人");二是实行全国统筹时已经参保,但参保时间不足 15 年的职工(简称

"中人");三是在实行全国统筹后参保的职工(简称"新人")①。

一、对"老人"实行"老办法"

对于全国统筹时已经退休那部分"老人",可按全国统筹前的养老金替代率继续领取养老金;其中40%的替代率由全国统筹的基础养老金发放,超过40%部分的替代率差额,由地方过渡养老金发放。

对于全国统筹时已参保15年或以上、但尚未退休的"老人",企业须继续按20%的缴费率缴纳社会统筹养老金,其中的12%向全国统筹基金缴纳,其余8%向地方过渡基金缴纳。"老人"本人继续缴纳相当于本人工资8%的个人账户养老金,一并纳入地方过渡基金。放弃对这部分"老人"做实个人账户的目标,将他们的个人账户养老金与地方的社会统筹养老金混合使用,全部实行现收现付。他们退休后,养老金替代率保持不变,其中40%的替代率由全国统筹的基础养老金发放,超过40%的替代率差额,由地方过渡养老金发放。

二、对"中人"实行"新办法"

"中人"将继续同时拥有社会统筹账户(第一支柱)与强制性个人账户(第二支柱)。他们的所在企业须按12%的缴费率为他们向基础养老金缴费。"中人"需继续向自己的个人账户缴费。可允许"中人"在本人工资4%—12%的范围内自主选择个人账户缴费率。

对于"中人"来说,一个关键的改革举措是,全国统筹前"中人"所在企业历年向社会统筹缴费超过12%的部分(一般社会统筹缴费率为20%,超过部分为8%),全部或部分按规定办法计入各人的个人账户并逐步做实。"中人"退休后的养老金由两部分构成,一部分来自替代率为40%的基础养老金,另一部分来自他们的个人账户的年金化收益。

对于"中人"个人账户中可能的"空账"或负债,须由地方政府将债权明确量化到每个"中人"个人,并制订具体偿还计划在未来20年内逐步偿还。偿还

---

① 这里"老人""中人"和"新人"的划分办法与原来采用的划分办法有所不同。笔者将在实行全国统筹时已经参保15年的职工划入"老人",是因为原来规定参保15年后可以领取社会统筹养老金,将这些人划入"老人"可在更大程度上保障他们的养老金受益不受全国统筹的影响,以确保向全国统筹的平稳过渡。

个人账户负债的资金来源,同样可包括地方过渡养老金、地方国企分红,以及地方各级财政补助等,以及最后必要时来自全国社保基金或中央财政的转移支付。

三、对"新人"实行"新办法"

在实现全国统筹后参保的劳动者可称为"新人"。对"新人"完全实行全国统筹后的养老金体制,由他们所在企业向全国统筹的基础养老金缴纳相当于工资12%的基础养老金缴费,并在退休后从基础养老金获得平均替代率为40%的养老金。他们可以在不同地区和不同职业之间自由流动,而不会因流动而产生基础养老金权益受损的问题。他们个人还需向自己的个人账户缴费,可允许他们在本人工资4%—12%的范围内自主选择个人账户缴费率。"新人"的个人账户实行完全积累制,不允许任何政府机构或个人挪用。

实现全国统筹后,各类参保人的缴费和受益情况可归纳如下:

表6-2 实行基础养老金全国统筹后各类参保人的缴费和受益

参保人类别	企业缴费	个人缴费	养老金受益(待遇)
已退休"老人"	无	无	维持原来的"目标"替代率不变,其中40%由全国统筹基金提供,不足部分由地方过渡基金提供
在职"老人"	企业缴纳20%,其中向全国基础养老金缴纳12%,向地方过渡基金缴纳8%	职工个人向地方过渡基金缴纳本人工资的8%,全部纳入地方过渡基金并实行现收现付制	维持原来的"目标"替代率不变,其中40%由全国统筹基金提供,不足部分由地方过渡基金提供
"中人"	企业向全国统筹基金缴纳12%	向个人账户基金缴纳个人工资的4%—12%。全国统筹前历年由企业向社会统筹基金缴纳的超过12%的部分(包括本金和回报),部分或全部按规定办法计入个人账户。个人账户全部逐步做实,实行完全积累制	由全国统筹基金提供40%的替代率。由退休时个人账户基金余额提供年金化受益

续表

参保人类别	企业缴费	个人缴费	养老金受益(待遇)
"新人"	向全国统筹基金缴纳12%	向个人账户基金缴纳个人工资的4%—12%,实行完全积累制	由全国统筹基金提供40%的替代率。由退休时个人账户基金余额提供年金化受益

四、养老金"双轨制"的并轨及过渡措施

中国机关事业单位职工基本上没有参加城镇职工基本养老保险,而是继续由财政负担其养老保险。机关事业单位职工个人不缴费,但是退休后的养老金待遇却远远高于企业退休人员,形成广受诟病的养老保险体制的"双轨制"。2015年出台的《机关事业单位工作人员养老保险制度改革的决定》规定机关事业单位工作人员实行与企业相同的"统账结合"的基本养老保险制度,主要区别在于过渡性养老金计算办法不同、职业年金与企业年金缴费比例不同,这标志着中国在解决养老金"双轨制"问题迈出了实质性的一大步。

作为一项原则性文件,该决定还没有明确机关事业单位过渡性养老金的具体办法,具体办法还有待人力资源社会保障部会同有关部门制定并指导实施。鉴此,笔者提出机关事业单位养老金的过渡措施。以该决定的实施日2014年10月1日为起点,按参加工作的时间长短,将机关事业单位工作人员划分为"老人""中人"和"新人",实行与企业相同的社会统筹与个人账户相结合的基本养老保险制度,同等缴费,同等受益。

但是机关事业单位有一些特殊情况需要特别处理。一是此前机关事业单位和个人在历史上均没有缴费。对于历史上的"欠费",由他们所在的机关事业单位按他们历年工资额的28%,分若干年逐步补缴。其中为"老人"的缴费,12%向国民基础养老金缴纳,其余16%向地方过渡养老金缴纳;为"中人"的缴费,12%向国民基础养老金缴纳,8%向地方过渡养老金缴纳,其余8%向相关的个人养老金账户缴纳。这些缴费所需资金应纳入相关的各级财政预算。"老人"与"中人"个人须缴纳相当于本人工资8%的个人账户养老金缴费。其中,"老人"的个人缴费纳入地方过渡基金,他们的个人账户不再做实;"中人"

的个人缴费纳入个人账户，实行完全积累制，逐步做实。为了避免由于实行个人缴费影响机关事业单位职工的可支配收入，可同时相应增加他们工资，使得他们在"新增"个人账户缴费后，实际收入可保持不变。

另一个特殊情况是，原来机关事业单位的养老金水平显著高于企业单位，所以当养老金并轨后，如果没有其他举措，他们的养老金水平会有所下降。为此，可以通过两个相应的措施来避免并轨造成相关人员养老金水平下降。一是通过财政预算另行设立机关事业单位过渡养老金，使这种"制度性"差距在较长时间内（如20年内）逐步平滑地缩小乃至消除。这些过渡措施主要是针对"老人"；对"中人"和"新人"不需要采取这类过渡措施。二是通过养老保险的第三支柱即职业年金来加以适当弥补，但是要规范、透明地补在明处。2016年养老金双轨制的并轨改革方向是正确的，必须坚定不移地进行。但这项改革涉及利益较多，难度较大。为此，对于包括养老金并轨在内的养老金全国改革方案，需要在经过专门研究和测算后，由全国人大在充分听取各方意见的基础上通过法定程序审议通过，避免政府行政部门在改革进程中承受过大的政治压力。

第四节　基础养老金全国统筹方案的简要评价

21世纪中国人口老龄化将对中国的社会养老保险体制产生重大冲击。为了有效应对这种冲击，需要深化中国养老保险体制改革。实现基础养老金全国统筹是中国政府的既定目标，但是目前缺少可操作的路线图和时间表。2017年中国职工基本养老保险仍处于地区分割统筹状态，仅有北京、上海、天津、重庆、陕西、青海、西藏等省份实现了基本养老保险基金省级统收统支；绝大多数省份还停留在建立省级、地市级调剂金阶段，个别省份还未建立省级调剂金制度，全国职工基本养老保险基金总体上依然分散在市、县一级，地区分割统筹的格局并没有根本性变化。地区分割统筹导致了不同地区的养老保险实际缴费负担畸重畸轻，损害了制度公平与市场竞争的公平；导致了不同地区养老保险基金收支余缺分化，扭曲了统账结合模式；因此，统筹层次问题是养老保险制度的根本性问题，推进职工基本养老保险全国统筹迫在眉睫。

过高的社会保险缴费率门槛往往将城镇低收入就业群体排除在外，如城镇非正规就业人员和进城农民工。只有降低城镇职工社会保险缴费率，才能使低收入群体包括农民工和他们的家属、城镇非正规就业人员都参加进来。降低强制性的社会保险缴费率，不仅有利于扩大社会保险的覆盖率，还有利于尽快提高统筹层次。2017年基础养老金全国统筹进展缓慢，原因在于实现基础养老金全国统筹面临两大主要障碍：一是基础养老金的强制缴费率过高，增加了实现全国统筹的难度；二是协调中央与地方政府之间、不同地方政府之间的利益格局难度较大。因此，实现基础养老金全国统筹，需以较低的强制缴费率，实现全国统筹，同时严格划分各级政府的事权与财权。

在基础养老金从"属地统筹"走向"全国统筹"的过渡时期内（"省级统筹"），建议由中央与地方政府分担责任，通过"中央保基数，地方补差额"的分工来实现从碎片化的地方统筹向全国统筹的平滑过渡，使原来参保职工的养老金替代率维持稳定；通过"折扣"费率，将农业劳动者、城乡个体劳动者和其他非正规就业人员纳入统一的国民基础养老金，以避免他们在城乡之间，以及在正规部门与非正规部门之间流动时养老金权益的损失。

本研究提出的基础养老金全国统筹方案，包括实现基础养老金全国统筹的框架构想、不同参保人群的过渡措施和其他相关改革措施，具有较强的可操作性，以期为即将出台的基础养老金全国统筹方案提供参考。本研究所提出的方案，其意义和影响将体现在如下几个方面：

一是在基础养老金以较低的缴费率实现全国统筹后，企业为"老人"负担的缴费率没有变化，但是为"中人"和"新人"的缴费率下降了，使企业的社会保险负担和劳务成本明显下降，从而改善企业，尤其是创新型企业的用人环境，改善人才和劳动力跨地区流动的制度环境。

二是较低的缴费率门槛可大幅提高农民工和他们所在企业的参保积极性，从而大幅推进全国社会保障体制一体化和劳动力市场一体化，推动中国的城乡一体化和新型城镇化。

三是以较低的缴费率实现全国统筹，可以大幅降低企业尤其是中小型企业的养老保险逃缴率。降低养老保险缴费率，从单个缴费个体来看，国家来自养老保险的征缴收入是下降的；但是，降低养老保险缴费率却可能大幅度地扩大企业的征缴率，扩大非正规就业群体的参保率，从总体来看，国家来自养老保险的征缴收入不仅不会下降，而且还会因企业和非正规就业群体的征缴率的大幅度提高而上升了。

四是提高了社会统筹的再分配功能，大幅降低了全国跨地区实现基础养老金全国统筹的难度与阻碍，更易于实现基础养老金的全国统筹。统一的基础养老金覆盖了包括机关事业单位职工在内的全体国民,广受诟病的养老金"双轨制"问题也就自然而然地得到了化解;统一的基础养老金覆盖了农业劳动者、城乡个体劳动者和其他非正规就业人员,确保了养老保险制度的公平性,有利于实现"广覆盖、保基本、多层次、可持续"的目标。

基础养老基金实行全国统筹,既能发挥基本养老保险互助互济的功能,又能提高社会养老保险基金抗风险的能力。提高统筹层次是社会养老保险制度发展的方向,全国统筹基金能促进劳动力在全国范围内的合理流动和公平竞争,以及进一步降低企业平均缴费压力,降低参保人的缴费负担,为更多的人享受基本社会保障创造条件,在克服地方统筹的弊端方面具有积极作用。

然而,全国统筹过程必然会遭到阻碍,基金结余的地区会反对统筹,而赤字地区会呼吁提高统筹层次,因此统筹层次的提高不能以挫伤发达地区积极性为代价,可以对超出调剂金范围的资金调剂有偿使用,收缴情况好的省市,按规定足额上缴调剂金后,结余基金可由地方管理和调剂使用,在确保按时足额发放的工作中要充分发挥省级和地市级两个积极性,明确各地区历史债务的数额和责任,由各级财政和政府来负担,从而把历史债务从现行制度中分离出去,大幅减小地区间养老保险收支的差距。全国统筹后可以降低原来部分地区畸高的缴费率,从而扩大制度的覆盖率,同时全国统筹实现全国整体的基金统收统支和统一管理,可以提高制度遵缴率,稳定社会统筹制度的收入来源。

实行基础养老金全国统筹,不仅可以彻底解决养老保险财务能力的区域差异与失衡问题,而且还可彻底解决参保人养老保险关系异地转移接续和全国劳动力流动障碍问题。尽管实行基础养老金全国统筹可能会影响到富裕地区的福利损失,但是该影响并非人们想象的那么严重。因为将富裕地区与相对较贫穷地区进行全国统筹时,人们往往只考虑到富裕地区平均收入水平较高、贫穷地区平均收入水平较低这个因素;却忽视了另外一个因素,即富裕地区的赡养率(即退休职工与在职职工人数之比)高于相对贫穷地区。

当然,实现基础养老金的全国统筹,要防止地方政府可能出现的道德风险和逆向选择。如由于各地经济发展水平不同,工资水平不同,一些地方政府可能在全国统筹的情况下,有意控制地方社会平均工资的涨幅,从而向全国统筹的基础养老金少交养老保险费,或降低征缴率,把风险转移到中央政府。

总之,在面临全球人口老龄化不断加速、全球经济增长下滑、各国养老保险缴费率保持在较低水平上的国际背景下,在目前面临中国人口老龄化不断加速、人口红利即将丧失、收入差距扩大、中国经济增长下滑、急需转变经济发展方式的国内环境下,面对解决国内大量就业问题的众多中小企业的成本压力和经营困难问题,以较低的缴费率建立全国统筹的国民基础养老金,有利于激发企业尤其是中小企业的潜能与活力,有利于促进未来中国经济的进一步发展,有利于实现"公平、正义、合理的社会保障制度促进经济发展"的目标。

第七章　中央调剂金制度的政策效应分析

进入 21 世纪以来,随着中国人口老龄化进程的加快和庞大退休群体高峰期的即将到来,劳动力人口红利的逐渐消失,劳动力流动的巨大变化尤其是高达 2.88 亿农民工的跨地区流动,这多种因素的叠加影响,导致中国各省职工基本养老保险基金当期收支出现明显的不平衡状况。有些省份出现了明显的职工基本养老保险基金当期收不抵支情况,甚至连累计结余基金都出现了赤字。根据中国统计年鉴,到 2017 年年底,尽管广东职工基本养老保险基金当期净收入高达 1559 亿元,累计结余高达 9 245.1 亿元,但是全国还是有六个省份出现了基本养老保险基金当期净收入赤字情况,即辽宁、黑龙江、湖北、山东、青海、吉林当期净收入赤字额分别为 343.8 亿元、293.7 亿元、70.6 亿元、69.4 亿元、7.9 亿元、2.9 亿元;黑龙江甚至出现了高达 486.2 亿元的累计结余基金赤字。这种部分地区"收不抵支"与部分地区"结余"共存的非均衡局面,直接导致养老基金亏损的省份面临支付缺口,依赖当地政府与中央政府的财政补贴,而养老基金盈余的省份无法将专项基金用于其他经济建设,造成了大量资金闲置浪费,不同地区无法共享经济发展的成果。

表 7-1　中国分地区城镇职工基本养老保险基金收支情况(截至 2017 年年底)　单位:亿元

地区	基金收入	基金支出	当期净收入	累计结余
广东	3 457	1 898	1 559	9 245.1
四川	3 295.9	2 276.4	1 019.5	3 245.8
北京	2 223	1 394.3	828.7	4 394.9
浙江	3 052.6	2 636.7	415.9	3 709.8
江苏	2 885.6	2 555.6	330.2	3 730.8
安徽	993.3	784.6	208.7	1 393.9
上海	2 767.4	2 571.1	196.3	2 068.8
山西	1 234.6	1 082.3	152.3	1 457.7

续表

地区	基金收入	基金支出	当期净收入	累计结余
内蒙古	853.5	707.2	146.3	605.2
云南	1096	958.9	137.1	950.8
福建	785.3	666.5	118.8	820
江西	974.1	862.6	111.5	638.1
新疆	1006.1	906	100.1	1074
湖南	1448.1	1349.1	99	1104.1
广西	977	881.9	95.1	556.7
贵州	667.1	575.7	91.4	619.2
陕西	1049.2	961.8	87.4	566.1
重庆	1434.7	1372.4	62.3	897.1
天津	894.3	836.1	58.2	463.2
河南	1521.5	1471.8	49.7	1104
西藏	130.8	84.7	46.1	123.6
海南	271.1	232	39.1	173.5
甘肃	391.3	363.5	27.8	403.7
河北	1439.2	1411.6	27.6	735.2
宁夏	243	221.4	21.6	217.7
吉林	764.1	767	−2.9	340
青海	197.6	205.5	−7.9	55.8
山东	2289.3	2358.7	−69.4	2315.7
湖北	1793.6	1864.2	−70.6	751.6
黑龙江	1240.5	1534.2	−293.7	−486.2
辽宁	1863.2	2207	−343.8	572.8

资料来源：根据国家统计局《中国统计年鉴2018》表24-27的相关数据计算"当期净收入"，并按当期净收入进行降序排列。

中共十九大报告明确指出，中国社会主要矛盾已经转化为人民日益增长的美好生活需要和不平衡不充分的发展之间的矛盾；同时提出要加强社会保障体系建设，完善城镇职工基本养老保险和城乡居民基本养老保险制度，尽快实现养老保险全国统筹。鉴于各省份基本养老金当期净收入与累计结余越来越不均衡，为了均衡地区间企业职工基本养老保险基金负担，实现基本养老保险制度可持续发展，国务院决定建立养老保险基金中央调剂制度，自2018年7月1日起实施，开始起步时执行3%的上解比例。2019年4月4日，国务院决定自2019年5月1日起，降低城镇职工基本养老保险单位缴费比例至16%，以降低企业社保缴费负担;自2019年1月1日起,上解比例提高至3.5%,进一步均衡各省之间养老保险基金负担。养老金中央调剂制度实施一年以来,对各省份之间的城镇职工基本养老基金的收支差异进行了有效调节。

无论是降低城镇职工基本养老保险单位缴费比例至16%,以减轻企业社保负担,还是逐步提高中央调剂金上解比例,以减轻某些省份养老金支付压力,这都表明中国实现基础养老金全国统筹已经迈出了实质性的步伐。

第一节 基础中央调剂金制度的模型构建

国外养老保险主要实行全国统筹,因而不存在旨在均衡各地养老金的中央调剂金制度。2018年国内有关基本养老金中央调剂制度的研究文献较少,这些文献主要集中在两个方面:一是理论分析。何文炯(2018)认为,中央调剂基金筹集和拨付的计算公式是清晰的,但是如果某些基础数据如职工平均工资、在职应参保人数、离退休人数这三个关键数据不准确,则计算结果的正确性就可能受到质疑。杨燕绥(2018)认为,基本养老金待遇过高会导致企业和在职人员的负担,待遇过低则导致老年人消费不足,中央调剂金的制度安排是实现全国统筹基本养老金的重要步骤。白彦峰(2018)运用委托-代理模型分析了中央政府与地方政府博弈的内在机理,认为中央政府给予地方政府一定的激励,实现养老保险中央调剂制度下的激励相容。张威超(2019)认为严峻的老龄化态势、省际制度发展不平衡以及全国统筹难以"一步而至"是中央调剂制度构建的原因所在。

二是测算分析。张勇(2019)以养老基金拨付额与上解额之比构建衡量调剂程度的指标,并基于2009—2016年省际面板数据展开实证分析,认为抚养比越高、工资水平越低的省份,获得的调剂数额越多。张松彪(2019)对养老保险基金中央调剂的省际再分配效应进行了模拟测算,认为养老保险基金中央调剂制度依然存在上解比例过低、未来实施阻力较大和未涉及更为深层次的基础养老金全国统筹问题。郭秀云(2019)利用2012—2016年相关数据,测算养老保险基金中央调剂制度省际再分配的总体效应和结构效应,认为中央调剂制度具有均衡地区间养老负担的省际再分配效应,随着上解比例的提高,再分配效应更强,但效应的力度在减弱。石晨曦(2019)建立精算模型模拟中央调剂制度对各省基本养老保险基金可持续性、财政补贴的影响,认为中央调剂制度的实际调剂效果受退休年龄、遵缴率、工资水平等因素影响,加大调剂力度应综合考虑养老保险基金运行现状、兼顾公平与效率。魏升民(2018)模拟测算了各省份上解中央调剂金和中央拨付各省份调剂金的数额,认为中央调剂制度建立后,内陆省份公共财政对养老保险的补助压力减小,间接有利于促进地区间公共服务均等化,最终促进地区间均衡发展。王菊(2018)运用比较分析法分析省级调剂金与中央调剂金之间的联系与区别,设计出上解资金规模的基本公式,利用所设计的公式对上解资金的规模进行测算。高扬(2019)通过选取2017年全国31个省级行政单位横截面数据,以及2010—2017年面板数据进行政策模拟,设计调剂效力、调剂压力两个评估指标,认为调剂金机制呈现定向转移支付特征,有效缩小了养老金亏损省份的支付缺口,平衡了各省份之间非均衡的养老金支付压力。

基于这些研究的成果,本研究从模型构建与政策效应分析角度对中央调剂金进行研究。本研究与这些研究不同的是,依据国务院《关于建立企业职工基本养老保险基金中央调剂制度的通知》,构建了基本养老保险中央调剂金的具体模型,对影响调剂率方向与大小的人口变量、工资变量、政策变量进行了数理推论,分析其影响机制;在上解比例为3%和3.5%的两种情景下,就基本养老保险基金中央调剂制度对各省基本养老保险基金的影响进行了模拟,对三种情景(上解比例为0,3%,3.5%)相关指标进行比较分析,最后提出相关政策建议,以期进一步完善中国基本养老保险基金中央调剂制度、顺利实现基础养老金全国统筹。

2018年6月13日,国务院发布《关于建立企业职工基本养老保险基金中央调剂制度的通知》(国发〔2018〕18号),决定在现行企业职工基本养老保险省级统筹基础上,建立中央调剂基金,对各省份养老保险基金进行适度调剂,确保基本养老金按时足额发放。该政策覆盖全国所有省份,各地按比例上缴养老保险基金资金形成中央调剂基金。基金不留存,按各地离退休人数全部向各地定额拨付,在全国各省份之间进行养老金收入再分配。本研究据此构建模型如下:

一、上解额

根据该文件,中央调剂基金由各省份养老保险基金上解的资金构成。按照各省份职工平均工资的90%和在职应参保人数作为计算上解额的基数,上解比例从 3% 起步,逐步提高。其中,各省份职工平均工资为统计部门提供的城镇非私营单位和私营单位就业人员加权平均工资;各省份在职应参保人数暂以在职参保人数和国家统计局公布的企业就业人数两者的平均值为基数核定。

用 U_i 表示 i 省的上解金额,则

$$U_i = \left(w_{ni} \times \frac{l_{ni}}{l_{ni}+l_{pi}} + w_{pi} \times \frac{l_{pi}}{l_{ni}+l_{pi}}\right) \times 90\% \times \frac{l_{1i}+l_{2i}}{2} \times \gamma \quad (7-1)$$

$$l_{2i} = l_{ni} + l_{pi} \quad (7-2)$$

其中,w_{ni} 为该省城镇非私营单位就业人员平均工资,w_{pi} 为该省城镇私营单位就业人员平均工资,l_{ni} 为该省城镇非私营单位就业人数,l_{pi} 为该省城镇私营单位就业人数,l_{1i} 为该省城镇单位基本养老保险在职参保人数,l_{2i} 为该省城镇企业就业人数。γ 为基本养老金中央调剂的上解比例,从 3% 起步,以后逐年提高。

二、下拨额

根据该文件,中央调剂基金实行以收定支,当年筹集的资金全部拨付地方。中央调剂基金按照人均定额拨付,根据人力资源社会保障部、财政部核定的各省份离退休人数确定拨付资金数额。其中,全国人均拨付额为筹集的中央调剂基金与核定的全国离退休人数之比。

用 D_i 表示 i 省的下拨金额,则

$$D_i = l_{ri} \times \frac{\sum_{i=1}^{31} U_i}{\sum_{i=1}^{31} l_{ri}} \quad (7-3)$$

其中,l_{ri} 为该省当年参加城镇职工基本养老保险的离退休人数,$\sum_{i=1}^{31} U_i$ 为筹集的中央调剂基金总和,$\sum_{i=1}^{31} l_{ri}$ 为全国各省离退休人数总和。

由于基本养老金中央调剂政策规定,全国各省都需按照既定公式集中向中央上解养老金,然后中央汇集各省上解金并按照拨付公式全数下发,则

$$\sum_{i=1}^{31} U_i = \sum_{i=1}^{31} D_i \quad (7-4)$$

第七章 中央调剂金制度的政策效应分析

三、净拨付额

由于 i 省同时贡献上解金 U_i 和接受拨付金 D_i，故以该省净拨付额衡量该省的调剂金缴拨情况，以观察全国范围内各省的调剂金流向。以 N_i 表示 i 省的净拨付额，则

$$N_i = D_i - U_i \tag{7-5}$$

当 $N_i < 0$ 时，则该省份调剂金净流出，为其他省份贡献基本养老保险调剂金

当 $N_i > 0$ 时，则该省份调剂金净流入，接受来自其他省份的基本养老保险调剂金

当 $N_i = 0$ 时，则该省份城镇职工基本养老基金不受中央调剂金政策的影响

由式7-4，可得

$$\sum_{i=1}^{31} N_i = 0 \tag{7-6}$$

$$\sum_{N_i>0} N_i = \sum_{N_i<0} |N_i| \tag{7-7}$$

中央调剂基金纳入中央级社会保障基金财政专户，采取先预缴预拨后清算的办法，资金按季度上解下拨，年终统一清算。

现行中央财政补助政策和补助方式保持不变。中央政府在下达中央财政补助资金和拨付中央调剂基金后，各省份养老保险基金缺口由地方政府承担，从而进一步明确了中央与省级政府分级负责的管理体制。

四、调剂率

对 i 省份而言，用该省的净拨付额与全国筹集的中央调剂基金之比，衡量该省的基本养老金中央调剂率，用 β_i 表示调剂率，则

$$\beta_i = \frac{N_i}{\sum_{i=1}^{31} U_i} \tag{7-8}$$

当 $\beta_i < 0$ 时,则该省份调剂金净流出,为其他省份贡献基本养老保险调剂金;其绝对值越大,表明该省份为其他省份贡献的基本养老保险调剂金越多。

当 $\beta_i > 0$ 时,则该省份调剂金净流入,接受来自其他省份的基本养老保险调剂金;其绝对值越大,表明该省份接受来自其他省份的基本养老保险调剂金越多。

当 $\beta_i = 0$ 时,则该省份城镇职工基本养老基金不受中央调剂金政策的影响。

由式 7-6,可得

$$\sum_{1}^{31} \beta_i = 0 \tag{7-9}$$

$$\sum_{\beta_i > 0} \beta_i = \sum_{\beta_i < 0} |\beta_i| \tag{7-10}$$

五、调剂后基本养老金当期净收入

以 NI_{1i} 表示各省经中央调剂前的基本养老金当期净收入,以 NI_{2i} 表示各省经中央调剂后的基本养老金当期净收入,则

$$NI_{2i} = N_i + NI_{1i} \tag{7-11}$$

由式 7-6,可得

$$\sum_{i=1}^{31} NI_{2i} = \sum_{i=1}^{31} NI_{1i} \tag{7-12}$$

六、调剂后基本养老金累计结余

各地在实施养老保险基金中央调剂制度之前累计结余基金原则上留存地方,用于本省份范围内养老保险基金余缺调剂。

以 AC_{1i} 表示各省份经中央调剂前的基本养老金累计结余,以 AC_{2i} 表示各省经中央调剂后的基本养老金累计结余,则

$$AC_{2i} = N_i + AC_{1i} \tag{7-13}$$

由式 7-6,可得

$$\sum_{i=1}^{31} AC_{2i} = \sum_{i=1}^{31} AC_{1i} \tag{7-14}$$

七、基本养老金中央调剂的效果评估

文件指出实施基本养老金中央调剂制度的目的,就是均衡各省之间养老保险基金负担。

因此,各省份基本养老金经中央调剂之后,各省份当期净收入 NI_{2i} 和各省份累计结余 AC_{2i} 的分布越均衡(相互之间的差距越小,尤其赤字额的消除),则反映在总体上,中央调剂的效果越好。

第二节 数据选取与模拟结果

一、数据选取

本研究根据可获得的中国统计年鉴,选取 2017 年底的相关数据如下:(1)某省城镇非私营单位就业人员平均工资 w_{ni} 来源于《中国统计年鉴2018》表 4-12 中的相关数据;(2)该省城镇私营单位就业人员平均工资 w_{pi} 来源于《中国统计年鉴2018》表 4-16 中的相关数据,由于该表缺少西藏自治区城镇私营企业平均工资,故以国家统计局公布的 2017 年西部城镇私营单位就业人员平均工资 41 242 元代替[①];(3)该省城镇非私营单位就业人数 l_{ni} 来源于《中国统计年鉴2018》表 4-5 中的相关数据;(4)该省城镇私营单位就业人数 l_{pi} 来源于《中国统计年鉴2018》表 4-8 中的相关数据;(5)该省城镇单位基本养老保险的在职参保人数 l_{1i} 和离退休人数 l_{ri} 来源于《中国统计年鉴2018》表 24-27 中的相关数据。如表 7-2 所示:

表 7-2　　　中国分地区的相关数据选取(2017 年年底)

地区	w_{ni}(元)	w_{pi}(元)	l_{ni}(万人)	l_{pi}(万人)	l_{1i}(万人)	l_{ri}(万人)
北京	131 700	70 738	812.9	688.6	1 321.4	283.1
天津	94 534	59 740	269.5	126.2	441.2	213.8

---

① 国家统计局,http://www.stats.gov.cn/tjsj/zxfb/201805/t20180515_1599417.html,2018-05-15。

续表

地区	w_{ni}(元)	w_{pi}(元)	l_{ni}(万人)	l_{pi}(万人)	l_{1i}(万人)	l_{ri}(万人)
河北	63 036	38 136	535.3	206.2	1 102	433.8
山西	60 061	31 745	428.7	134.5	555.7	243
内蒙古	66 679	36 626	280.6	220.8	437.2	257.1
辽宁	61 153	35 654	519.5	265.1	1 195.5	754.4
吉林	61 451	33 209	307.1	180.2	482.3	332.2
黑龙江	56 067	32 422	413	59.4	682.2	523.9
上海	129 795	52 038	632.3	674.4	1 059	489.2
江苏	78 267	49 345	1 484.6	1 828.1	2 238.5	796.1
浙江	80 750	48 289	1 054.5	1 207.7	1 964.9	747.5
安徽	65 150	41 199	516.2	449.6	754.1	322.9
福建	67 420	48 830	672.5	653.8	840.1	182
江西	61 429	40 310	463.5	296.4	697.6	307.7
山东	68 081	51 992	1 192.9	494	2 022.2	638.8
河南	55 495	36 730	1 129.3	488.2	1 437.6	460
湖北	65 912	37 142	695	345.9	1 020.5	526.1
湖南	63 690	36 978	565.7	124.5	856.6	422.7
广东	79 183	53 347	1 963.1	2 449.6	4 718	569
广西	63 821	38 227	398	248.7	525.9	251.9
海南	67 727	45 640	100.9	88.4	172	68.9
重庆	70 889	50 450	406.4	674.9	628.3	360.8
四川	69 419	40 087	792.2	257.9	1 519	816
贵州	71 795	41 796	315.2	98.2	446.9	141.3
云南	69 106	40 656	422.4	221.4	420.1	171.3
西藏	108 817	41 242	33.3	48.1	33.7	9.2
陕西	65 181	37 472	510.4	162.7	706.9	246.4
甘肃	63 374	37 704	259.2	124.8	288.2	141.6
青海	75 701	36 588	63.3	25.5	95.7	42.8
宁夏	70 298	38 982	71.1	67.9	145	60.2
新疆	67 932	39 958	335	415.5	442.1	204.3

资料来源：国家统计局《中国统计年鉴 2018》。

二、模拟结果

本研究假设 2017 年全年实施企业职工基本养老保险基金中央调剂制度，调剂比例为 3%，根据本研究所构建的模型，进行相关计算，得到模拟结果如表 7-3 所示。

表7-3　　中央调剂金上解比例 $\gamma=3\%$ 时的模拟结果(2017年年底)　　单位:亿元

地区	上解金 U_i	下拨金 D_i	净拨付 N_i	调剂率 β_i	调剂前 NI_{1i}	调剂后 NI_{2i}	调剂前 AC_{1i}	调剂后 AC_{2i}
合计	5099.8	5099.8	0	0	5241.6	5241.6	43848.7	43848.7
四川	215.78	377.69	161.91	3.17%	1019.4	1181.31	3245.8	3407.7
广东	799.26	263.37	−535.89	−10.51%	1559	1023.11	9245.1	8709.2
北京	395.35	131.04	−264.32	−5.18%	828.6	564.28	4394.9	4130.6
浙江	361.91	345.99	−15.92	−0.31%	415.9	399.98	3709.8	3693.9
安徽	125.38	149.46	24.08	0.47%	208.7	232.78	1393.9	1418
江苏	466.93	368.48	−98.45	−1.93%	330.2	231.75	3730.8	3632.3
内蒙古	67.72	119	51.28	1.01%	146.3	197.58	605.2	656.5
山西	80.51	112.48	31.97	0.63%	152.3	184.27	1457.7	1489.7
湖南	122.93	195.65	72.72	1.43%	99	171.72	1104.1	1176.8
江西	104.66	142.42	37.76	0.74%	111.4	149.16	638.1	675.9
上海	286.36	226.43	−59.93	−1.18%	196.3	136.37	2068.8	2008.8
云南	85.2	79.29	−5.91	−0.12%	137.1	131.19	950.8	944.9
广西	85.45	116.59	31.15	0.61%	95.2	126.35	556.7	587.8
新疆	84.44	94.56	10.13	0.20%	100.2	110.33	1074	1084.1
重庆	134.17	167	32.83	0.64%	62.3	95.13	897.1	929.9
陕西	108.95	114.05	5.09	0.10%	87.4	92.49	566.1	571.2
河北	139.65	200.79	61.14	1.20%	27.5	88.64	735.2	796.3
吉林	66.77	153.76	87	1.71%	−2.8	84.2	340	427
贵州	75.11	65.4	−9.7	−0.19%	91.4	81.7	619.2	609.5
天津	94.27	98.96	4.69	0.09%	58.2	62.89	463.2	467.8
河南	205.52	212.92	7.39	0.14%	49.7	57.09	1104	1111.4
甘肃	49.94	65.54	15.6	0.31%	27.8	43.4	403.7	419.3
海南	28	31.89	3.89	0.08%	39.2	43.09	173.5	177.4
西藏	10.7	4.26	−6.45	−0.13%	46.1	39.65	123.6	117.2
福建	170.38	84.24	−86.14	−1.69%	118.9	32.76	820	733.9
宁夏	21.09	27.86	6.78	0.13%	21.6	28.38	217.7	224.5
湖北	156.82	243.51	86.69	1.70%	−70.6	16.09	751.6	838.3
青海	16.05	19.81	3.76	0.07%	−7.9	−4.14	55.8	59.6
山东	317.31	295.68	−21.63	−0.42%	−69.4	−91.03	2315.7	2294.1
黑龙江	82.76	242.49	159.74	3.13%	−293.6	−133.86	−486.2	−326.5
辽宁	140.44	349.18	208.74	4.09%	−343.8	−135.06	572.8	781.5

注:该表按"调剂后 NI_{2i}"进行降序排列。

通过比较表7-1与表7-3中的模拟结果,可以发现:

1. 基本养老金当期净收入出现赤字的省份数量下降,当期赤字额大幅下降

2017年基本养老金当期净收入出现赤字的省份有6个,按赤字额从小到

大排序,依次为吉林、青海、山东、湖北、黑龙江、辽宁。经过中央调剂后,出现赤字的省份降至 4 个,按赤字额从小到大排序,依次为青海、山东、黑龙江、辽宁。黑龙江、辽宁的赤字额由调剂前的 −293.7 亿元、−343.8 亿元,下降到调剂后的 −133.86 亿元、−135.06 亿元,下降幅度超过 50%,这表明基本养老金中央调剂制度对均衡全国各省份养老保险负担的效应巨大。

表 7-4　　基本养老金当期净收入出现赤字的省份(2017 年)　　单位:亿元

省份	基本养老金当期净收入(调剂前)	基本养老金当期净收入(调剂后)
吉林	−2.9	—
青海	−7.9	−4.14
山东	−69.4	−91.03
湖北	−70.6	—
黑龙江	−293.7	−133.86
辽宁	−343.8	−135.06

2. 全国基本养老金当期净收入总规模、累计结余总规模在调剂前后不变

2017 年基本养老金当期净收入全国总规模在调剂前为 5 241.6 亿元,经调剂后仍不变;基本养老金累计结余全国总规模为 43 848.7 亿元,经调剂后仍不变。

可见,基本养老金中央调剂政策不影响调剂前后的全国基本养老保险基金净收入的总额大小,也不影响调剂前后的全国基本养老保险基金累计结余的总额大小。

3. 调剂金总规模

2017 年筹集的中央调剂基金为 5 099.8 亿元,全国人均拨付额为 4 628.61 元。根据人力资源和社会保障部《2018 年度人力资源和社会保障事业发展统计公报》,2018 年 7 月 1 日,建立实施企业职工基本养老保险基金中央调剂制度,2018 年调剂比例为 3%,2018 年下半年的调剂基金总规模为 2 422 亿元。可见,在调剂比例为 3% 的情景下,对 2017 年全年进行模拟所得的全年调剂基金总规模为 5 099.8 亿,与 2018 年下半年调剂基金总规模 2 422 亿元的现实情况基本相符。

4. 调剂金流向

在基本养老金中央调剂的上解比例 $\gamma=3\%$ 的情景下,对调剂率 β_i 由大到小进行排序,如图 7-1 所示。

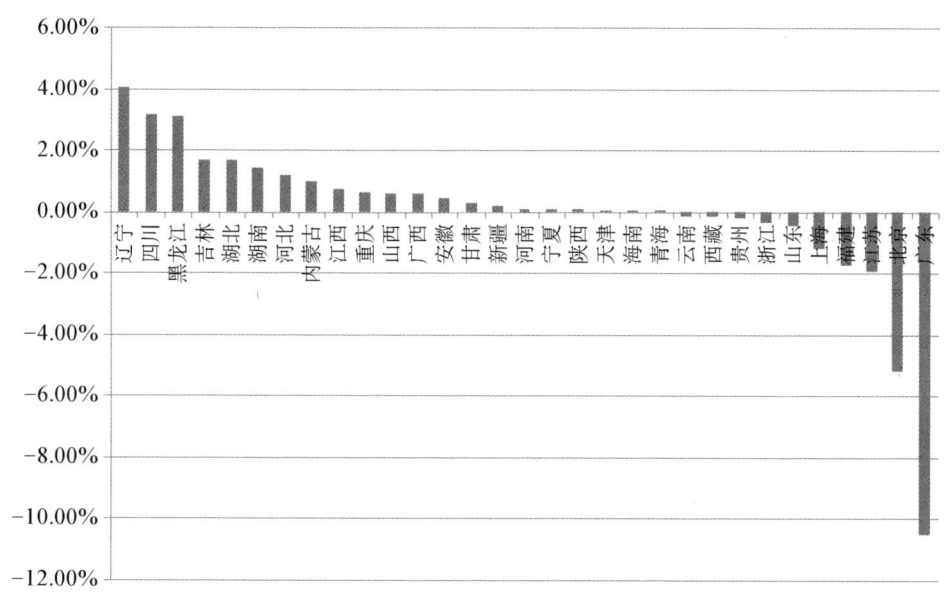

图 7-1 模拟 2017 全年上解比例 γ=3% 的情景下，各省调剂率 β_i 的排序

当调剂率 β_i 为正时，其绝对值越大，表明该省份获得的中央调剂金越多，基本养老保险中央调剂的政策效应就越大。显然，辽宁、四川、黑龙江、吉林、湖北、湖南、河北、内蒙古等 21 个省份，是中央调剂金的净流入地。尤其辽宁、四川、黑龙江分别净接受中央调剂金 208.74 亿元、161.91 亿元、159.74 亿元。

当调剂率 β_i 为负时，其绝对值越大，表明该省份贡献的中央调剂金越多，基本养老保险中央调剂的政策效应就越大。显然，广东、北京、江苏、福建、上海、山东、浙江等 10 个省份，是中央调剂金的净流出地。其中，广东、北京、江苏、福建、上海分别净贡献中央调剂金 535.89 亿元、264.32 亿元、98.45 亿元、86.14 亿元、59.93 亿元。

根据财政部公布的 2019 年中央调剂基金收入（上缴）情况表、2019 年中央调剂基金支出（下拨）情况表、2019 年中央调剂基金缴拨差额情况表①，获得 2018 年下半年各省实际执行情况的数据，并计算调剂率，得到表 7-5。

---

① 财政部网站，http://yss.mof.gov.cn/2019zyczys/201904/t20190401_3210011.html。

表 7-5　　2018 年(下半年)中央调剂基金执行情况　　单位:亿元

地区	上缴	下拨	缴拨差额	调剂率 β_i
合计	2422.3	2422.3	0	0
北京	197	65.6	131.4	−5.42%
天津	42.3	48.2	−5.9	0.24%
河北	58.2	88	−29.8	1.23%
山西	32.7	50.3	−17.6	0.73%
内蒙古	27.5	58	−30.5	1.26%
辽宁	65.5	173.4	−107.9	4.45%
吉林	29.5	78.6	−49.1	2.03%
黑龙江	34.2	126.1	−91.9	3.79%
上海	165.2	114	51.2	−2.11%
江苏	239.4	185.6	53.8	−2.22%
浙江	190.9	136.6	54.3	−2.24%
安徽	54.4	69	−14.6	0.60%
福建	78.9	35.7	43.2	−1.78%
江西	50.6	66.7	−16.1	0.66%
山东	169.3	129.9	39.4	−1.63%
河南	84.2	91.7	−7.5	0.31%
湖北	76.5	122.7	−46.2	1.91%
湖南	53.2	87.6	−34.4	1.42%
广东	370.8	133.8	237	−9.78%
广西	36.5	51.1	−14.6	0.60%
海南	12.2	15.1	−2.9	0.12%
重庆	65.2	84.7	−19.5	0.81%
四川	98.6	187.5	−88.9	3.67%
贵州	36.3	36.3	0	0.00%
云南	37.3	37.3	0	0.00%
西藏	3.2	3.2	0	0.00%
陕西	42.7	51.6	−8.9	0.37%
甘肃	20.7	31	−10.3	0.43%
青海	6.1	8.4	−2.3	0.09%
宁夏	9.6	13.2	−3.6	0.15%
新疆	33.6	41.4	−7.8	0.32%

注:(1)将原表中的新疆 1(新疆维吾尔自治区)与新疆 2(新疆生产建设兵团)进行数据合并。
(2)表中第五列调剂率 β_i 数据是依据模型计算所得。
资料来源:财政部网站。

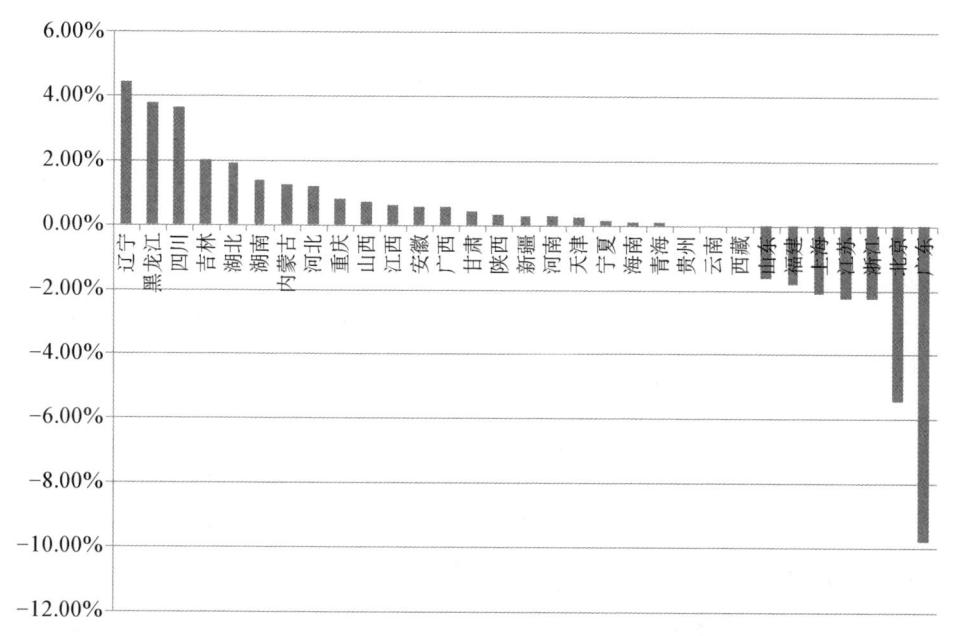

图 7-2　财政部公布 2018 年下半年中央调剂金执行情况下，各省调剂率 β_i 的排序

比较图 7-1 与图 7-2，图形数据基本吻合，表明模拟计算结果即 2017 年全年中央调剂金的流向、幅度与调剂率与 2018 年下半年实际执行的现实情况基本吻合。

第三节　中央调剂金制度的政策效应分析

一、调剂率的影响变量

对于某一省份的调剂率 β_i，将式 7-1、式 7-2、式 7-3、式 7-5 代入式 7-8，可得：

$$\beta_i = \frac{l_{ri} \times \frac{\sum_{i=1}^{31} U_i}{\sum_{i=1}^{31} l_{ri}} - \left(w_{ni} \times \frac{l_{ni}}{l_{ni}+l_{pi}} + w_{pi} \times \frac{l_{pi}}{l_{ni}+l_{pi}}\right) \times 90\% \times \frac{l_{1i}+l_{ni}+l_{pi}}{2} \times \gamma}{\sum_{i=1}^{31} U_i}$$

进一步简化,可得式7-15：

$$\beta_i = \frac{l_{ri}}{\sum_{i=1}^{31} l_{ri}} - \frac{\left(w_{ni} \times \frac{l_{ni}}{l_{ni}+l_{pi}} + w_{pi} \times \frac{l_{pi}}{l_{ni}+l_{pi}}\right) \times (l_{1i}+l_{ni}+l_{pi})}{\sum_{i=1}^{31}\left[\left(w_{ni} \times \frac{l_{ni}}{l_{ni}+l_{pi}} + w_{pi} \times \frac{l_{pi}}{l_{ni}+l_{pi}}\right) \times (l_{1i}+l_{ni}+l_{pi})\right]}$$

(7-15)

可见：

(1) 调剂率 β_i 与人口变量 l_{ni}、l_{pi}、l_{1i}、l_{ri} 密切相关。调剂率 β_i 与该省份的离退休人数 l_{ri} 成正向关系[①]，与在职参保人数 l_{1i} 成反向关系。该省份离退休人数 l_{ri} 越多,或者在职参保人数 l_{1i} 越少,则该省的调剂率 β_i 越大,即其接受中央调剂金的净拨付越大。反之亦然。

(2) 调剂率 β_i 与工资变量 w_{ni}、w_{pi} 密切相关。调剂率 β_i 与该省份的工资变量 w_{ni}、w_{pi} 成反向关系。该省份的城镇非私营企业就业人员平均工资、城镇私营企业就业人员平均工资越少,则该省份的调剂率 β_i 越大,即其接受中央调剂金的净拨付越大。反之亦然。

(3) 调剂率 β_i 与政策变量即上解比例 γ 无关。从式7-15中可以明显看出,调剂率 β_i 与上解比例 γ 无关,但与中央调剂金制度即上解金与下拨金的政策公式有关。这说明,基于包括各省份在内的全国总体的人口变量与工资变量,对某一具体省份 i 省而言,其净接受或净贡献中央调剂金占中央调剂金总规模之比,即调剂率 β_i 的方向(净接受或净贡献)和比率的绝对值,取决于该省份的人口变量(l_{ni}、l_{pi}、l_{1i}、l_{ri})和工资变量(w_{ni}、w_{pi}),而与政策变量即上解比例 γ 无关。

二、政策变量的影响分析

中国各省份于2018年7月1日开始执行基本养老金中央调剂政策,开始起步时执行3%的上解比例。2019年4月4日,国务院发布《降低社会保险费率综合方案的通知》(国办发〔2019〕13号),规定自2019年5月1日起,降低城镇职工基本养老保险单位缴费比例至16%；自2019年1月1日起,基金中央调剂比例提高至3.5%,进一步均衡各省之间养老保险基金负担。

---

① 这里的正向关系,不是正比例,也不是线性关系；这里的反向关系,不是反比例,也不是线性关系。

根据可获得的统计数据即《2018年中国统计年鉴》,本研究假设2017年全年实施企业职工基本养老保险基金中央调剂制度,调剂比例为3.5%,利用本研究构建的模型进行相关计算,得到模拟结果如表7-6所示。

表7-6 中央调剂金上解比例 γ=3.5%时的模拟结果(2017年年底)   单位:亿元

地区	上解金 (U_i)	下拨金 (D_i)	净拨付 (N_i)	调剂率 (β_i)	调剂前 NI_{1i}	调剂后 NI_{2i}	调剂前 AC_{1i}	调剂后 AC_{2i}
四川	251.74	440.64	188.9	3.17%	1019.4	1208.3	3245.8	3434.7
广东	932.47	307.26	−625.2	−10.51%	1559	933.8	9245.1	8619.9
北京	461.25	152.88	−308.37	−5.18%	828.6	520.23	4394.9	4086.53
浙江	422.23	403.65	−18.58	−0.31%	415.9	397.32	3709.8	3691.22
安徽	146.28	174.37	28.09	0.47%	208.7	236.79	1393.9	1421.99
江苏	544.75	429.9	−114.86	−1.93%	330.2	215.34	3730.8	3615.94
内蒙古	79.01	138.84	59.83	1.01%	146.3	206.13	605.2	665.03
山西	93.93	131.22	37.29	0.63%	152.3	189.59	1457.7	1494.99
湖南	143.42	228.26	84.84	1.43%	99	183.84	1104.1	1188.94
江西	122.1	166.16	44.06	0.74%	111.4	155.46	638.1	682.16
广西	99.69	136.03	36.34	0.61%	95.2	131.54	556.7	593.04
云南	99.4	92.5	−6.9	−0.12%	137.1	130.2	950.8	943.9
上海	334.09	264.17	−69.92	−1.18%	196.3	126.38	2068.8	1998.88
新疆	98.51	110.32	11.81	0.20%	100.2	112.01	1074	1085.81
重庆	156.53	194.83	38.31	0.64%	62.3	100.61	897.1	935.41
河北	162.92	234.25	71.33	1.20%	27.5	98.83	735.2	806.53
吉林	77.89	179.39	101.5	1.71%	−2.8	98.7	340	441.5
陕西	127.11	133.06	5.94	0.10%	87.4	93.34	566.1	572.04
贵州	87.62	76.3	−11.32	−0.19%	91.4	80.08	619.2	607.88
天津	109.98	115.45	5.47	0.09%	58.2	63.67	463.2	468.67
河南	239.78	248.4	8.63	0.14%	49.7	58.33	1104	1112.63
甘肃	58.26	76.46	18.2	0.31%	27.8	46	403.7	421.9
海南	32.67	37.21	4.54	0.08%	39.2	43.74	173.5	178.04
西藏	12.49	4.97	−7.52	−0.13%	46.1	38.58	123.6	116.08
湖北	182.96	284.1	101.14	1.70%	−70.6	30.54	751.6	852.74
宁夏	24.6	32.51	7.91	0.13%	21.6	29.51	217.7	225.61
福建	198.77	98.28	−100.49	−1.69%	118.9	18.41	820	719.51
青海	18.72	23.11	4.39	0.07%	−7.9	−3.51	55.8	60.19
山东	370.19	344.96	−25.24	−0.42%	−69.4	−94.64	2315.7	2290.46
辽宁	163.85	407.38	243.53	4.09%	−343.8	−100.27	572.8	816.33
黑龙江	96.55	282.91	186.36	3.13%	−293.6	−107.24	−486.2	−299.84
合计	5949.76	5949.76	0	0	5241.6	5241.6	43848.7	43848.7

注:该表按"调剂后 NI_{2i}"进行降序排列。

通过比较表7-3(γ=3%)和表7-6(γ=3.5%)的模拟结果,可以发现:

1. 提高上解比例,并不影响调剂金流向

比较表7-3和表7-6中的调剂率大小(包括正负情况),发现基本养老保险中央调剂金上解比例从3%提高到3.5%时,调剂率并没有发生变化,调剂金流向也没有发生变化,这从而以模拟结果验证了调剂率 β_i 与政策变量即上解比例 γ 无关。

2. 提高上解比例,并不影响全国基本养老金当期净收入总规模、累计结余总规模

在上解比例为3%和3.5%的两种情况下,2017年基本养老金当期净收入全国总规模都为5 241.6亿元;基本养老金累计结余全国总规模都为43 848.7亿元。这表明,逐步提高上解比例并不影响全国基本养老保险基金净收入的总额大小,也不影响全国基本养老保险基金累计结余的总额大小。

3. 提高上解比例,可以显著提高调剂金总规模

2017年全年筹集的中央调剂基金从上解比例为3%时的5 099.8亿元,提高到上解比例为3.5%时的5 949.76亿元,增幅16.6%;全国人均拨付额也相应地由4 628.61元提高到为5 400.05元,增幅也为16.6%。可见,逐步提高上解比例,可以显著提高调剂金总规模以及全国的人均拨付额,提高上解比例可以有效地均衡全国各省份养老保险负担。

4. 提高上解比例,可以较大幅度地降低基本养老金当期净收入赤字额

将上解比例从3%提高到3.5%时,基本养老金当期净收入出现赤字的省份有4个,数量未变,但赤字额从小到大的排序发生了变化:在上解比例为3%时,依次为青海、山东、黑龙江、辽宁;当上解比例提高为3.5%时,则依次为青海、山东、辽宁、黑龙江。辽宁、黑龙江经过提高上解比例后,其基本养老金当期净收入的赤字额分别从−135.06亿元、−133.86亿元下降到−100.27亿元、−107.24亿元,降幅超过20%。这表明逐步提高上解比例,对均衡全国各省份养老保险负担的效应巨大。

表7-7 三种情景下各省份基本养老金当期净收入比较(2017年年底)　　单位:亿元

上解比例 $\gamma=0$(无中央调剂金)时的 NI_{1i} 排序		上解比例 $\gamma=3\%$ 时的 NI_{2i} 排序		上解比例 $\gamma=3.5\%$ 时的 NI_{2i} 排序	
地区		地区		地区	
合计	5 241.6	合计	5 241.6	合计	5 241.6

续表

上解比例 $\gamma=0$(无中央调剂金)时的 NI_{1i} 排序		上解比例 $\gamma=3\%$ 时的 NI_{2i} 排序		上解比例 $\gamma=3.5\%$ 时的 NI_{2i} 排序	
广东	1559	四川	1181.31	四川	1208.3
四川	1019.5	广东	1023.11	广东	933.8
北京	828.7	北京	564.28	北京	520.23
浙江	415.9	浙江	399.98	浙江	397.32
江苏	330.3	安徽	232.78	安徽	236.79
安徽	208.7	江苏	231.75	江苏	215.34
上海	196.3	内蒙古	197.58	内蒙古	206.13
山西	152.3	山西	184.27	山西	189.59
内蒙古	146.3	湖南	171.72	湖南	183.84
云南	137.1	江西	149.16	江西	155.46
福建	118.8	上海	136.37	广西	131.54
江西	111.5	云南	131.19	云南	130.2
新疆	100.1	广西	126.35	上海	126.38
湖南	99	新疆	110.33	新疆	112.01
广西	95.1	重庆	95.13	重庆	100.61
贵州	91.4	陕西	92.49	河北	98.83
陕西	87.4	河北	88.64	吉林	98.7
重庆	62.3	吉林	84.2	陕西	93.34
天津	58.2	贵州	81.7	贵州	80.08
河南	49.7	天津	62.89	天津	63.67
西藏	46.1	河南	57.09	河南	58.33
海南	39.1	甘肃	43.4	甘肃	46
甘肃	27.8	海南	43.09	海南	43.74
河北	27.6	西藏	39.65	西藏	38.58
宁夏	21.6	福建	32.76	湖北	30.54
吉林	−2.9	宁夏	28.38	宁夏	29.51
青海	−7.9	湖北	16.09	福建	18.41
山东	−69.4	青海	−4.14	青海	−3.51
湖北	−70.6	山东	−91.03	山东	−94.64
黑龙江	−293.7	黑龙江	−133.86	辽宁	−100.27
辽宁	−343.8	辽宁	−135.06	黑龙江	−107.24

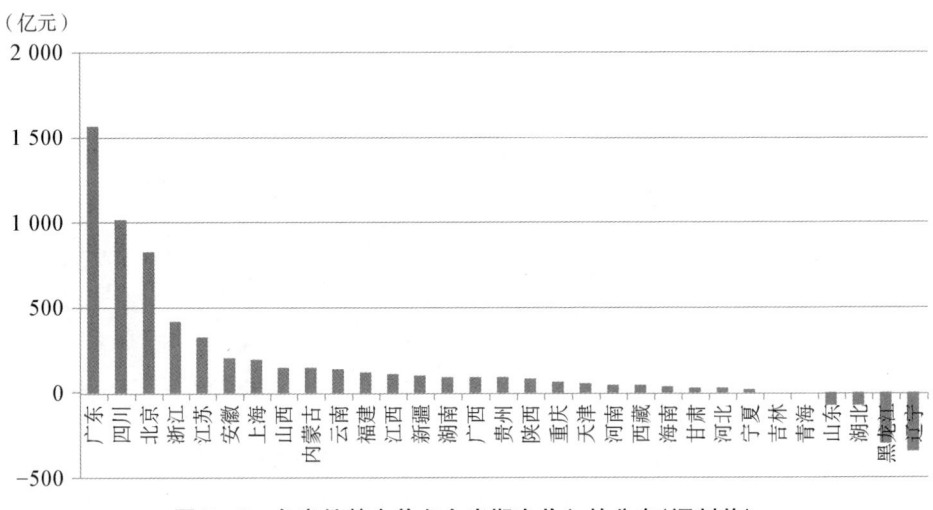

图 7-3　各省份基本养老金当期净收入的分布（调剂前）

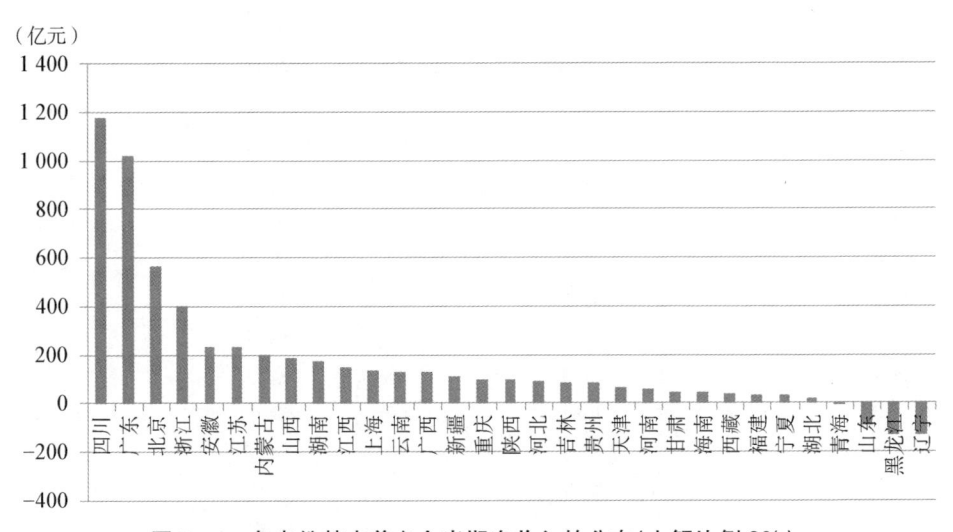

图 7-4　各省份基本养老金当期净收入的分布（上解比例 3%）

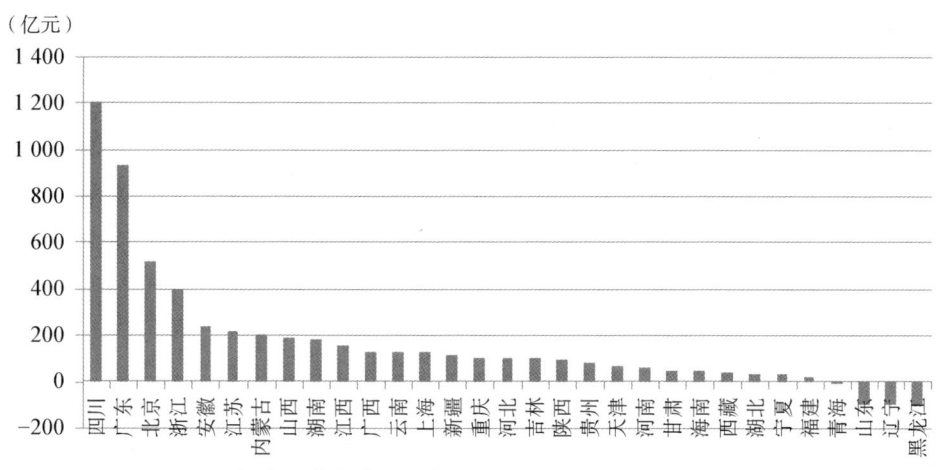

图 7-5　各省份基本养老金当期净收入的分布（上解比例 3.5%）

比较图 7-3、图 7-4、图 7-5，可以看出：实施中央调剂金和提高上解比例，可以有效均衡各省份当期净收入的分布。

5. 提高上解比例，可以有效均衡各省份基本养老金累计结余状况

上解比例从 3% 提高到 3.5%，虽然全国累计结余总规模不变，但是各省份累计结余发生了相对变化。

全国只有黑龙江的累计结余是赤字的，但是在无中央调剂、3% 的上解比例、3.5% 的上解比例这三种情景下，其累计结余的赤字额分别是 −486.2 亿元、−326.5 亿元、−299.84 亿元。这表明，基本养老金中央调剂政策，可以显著改善黑龙江累计结余的赤字状况（从 −486.2 亿元降为 −326.5 亿元，赤字额降幅超过 30%）；而上解比例从 3% 提高到 3.5%，可以改善其累计结余的赤字状况（从 −326.5 亿元降为 −299.84 亿元，赤字额降幅超过 8%）。

广东基本养老金累计结余名列全国第一，在无中央调剂、3% 的上解比例、3.5% 的上解比例这三种情景下，其累计结余分别是 9 245.1 亿元、8 709.2 亿元、8 619.9 亿元。与无中央调剂的情景相比，实施 3% 的上解比例，广东累计结余下降 5.79%，幅度不大。而上解比例从 3% 提高到 3.5%，广东累计结余下降 1%，幅度不大。

综合基本养老金累计结余的两个极端省份，即黑龙江和广东，在观察其他省份的情况后，可以发现，逐步提高上解比例，可以有效均衡全国各省份基本养老金的累计结余状况。

表7-8　三种情景下各省份基本养老金累计结余比较(2017年年底)　　单位:亿元

上解比例 $\gamma=0$（无中央调剂金）时的 AC_{1i} 排序		上解比例 $\gamma=3\%$ 时的 AC_{2i} 排序		上解比例 $\gamma=3.5\%$ 时的 AC_{2i} 排序	
地区		地区		地区	
合计	43848.7	合计	43848.7	合计	43848.7
广东	9245.1	广东	8709.2	广东	8619.9
北京	4394.9	北京	4130.6	北京	4086.53
江苏	3730.8	浙江	3693.9	浙江	3691.22
浙江	3709.8	江苏	3632.3	江苏	3615.94
四川	3245.8	四川	3407.7	四川	3434.7
山东	2315.7	山东	2294.1	山东	2290.46
上海	2068.8	上海	2008.8	上海	1998.88
山西	1457.7	山西	1489.7	山西	1494.99
安徽	1393.9	安徽	1418	安徽	1421.99
湖南	1104.1	湖南	1176.8	湖南	1188.94
河南	1104	河南	1111.4	河南	1112.63
新疆	1074	新疆	1084.1	新疆	1085.81
云南	950.8	云南	944.9	云南	943.9
重庆	897.1	重庆	929.9	重庆	935.41
福建	820	湖北	838.3	湖北	852.74
湖北	751.6	河北	796.3	辽宁	816.33
河北	735.2	辽宁	781.5	河北	806.53
江西	638.1	福建	733.9	福建	719.51
贵州	619.2	江西	675.9	江西	682.16
内蒙古	605.2	内蒙古	656.5	内蒙古	665.03
辽宁	572.8	贵州	609.5	贵州	607.88
陕西	566.1	广西	587.8	广西	593.04
广西	556.7	陕西	571.2	陕西	572.04
天津	463.2	天津	467.8	天津	468.67
甘肃	403.7	吉林	427	吉林	441.5
吉林	340	甘肃	419.3	甘肃	421.9
宁夏	217.7	宁夏	224.5	宁夏	225.61
海南	173.5	海南	177.4	海南	178.04
西藏	123.6	西藏	117.2	西藏	116.08
青海	55.8	青海	59.6	青海	60.19
黑龙江	-486.2	黑龙江	-326.5	黑龙江	-299.84

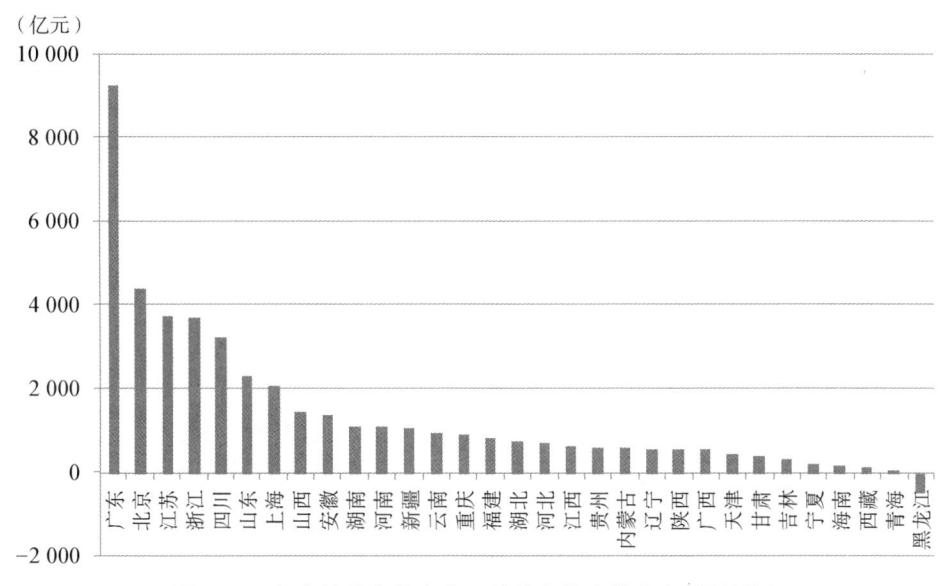

第七章　中央调剂金制度的政策效应分析 / 119

图 7-6　各省份基本养老金累计结余基金的分布（调剂前）

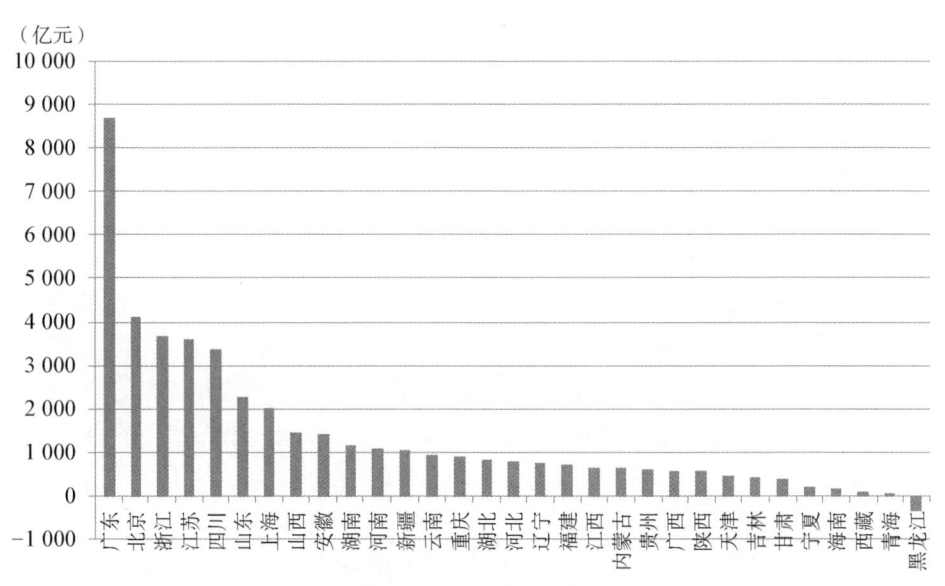

图 7-7　各省份基本养老金累计结余基金的分布（上解比例 3%）

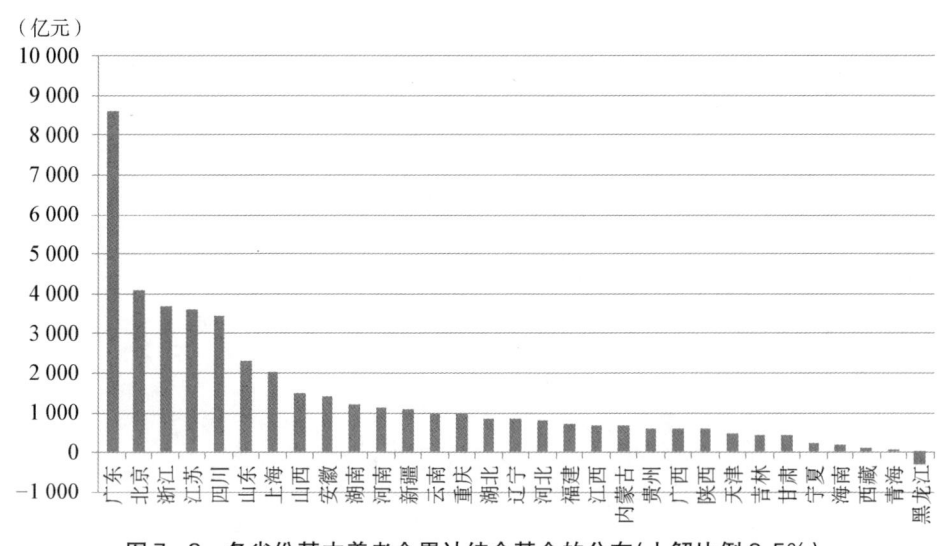

图 7-8　各省份基本养老金累计结余基金的分布（上解比例 3.5%）

比较图 7-6、图 7-7、图 7-8，可以看出：实施中央调剂金和提高上解比例，可以有效均衡各省份累计结余基金的分布。

第四节　主要结论与建议

本研究首先依据国务院《关于建立企业职工基本养老保险基金中央调剂制度的通知》，构建了基本养老保险中央调剂金的模型；其次，根据可获得的中国统计年鉴的 2017 年全年数据，假定调剂比例为 3%，进行了模拟测算，并将模拟结果与人力资源和社会保障部《2018 年度人力资源和社会保障事业发展统计公报》和财政部《2019 年中央调剂基金收入（上缴）情况表、2019 年中央调剂基金支出（下拨）情况表、2019 年中央调剂基金缴拨差额情况表》进行了比较和验证。随后，依据构建模型，对影响调剂率的方向与大小的人口变量、工资变量、政策变量进行了数理推论分析；并依据国务院《降低社会保险费率综合方案的通知》，假定调剂比例为 3.5%，进行了模拟测算，对三种情景（上解比例 $\gamma=0, 3\%, 3.5\%$）的相关指标实施比较。本研究发现：

（1）基本养老金中央调剂政策，通过减少基本养老金当期净收入出现赤字的省份数量，大幅降低某些省份当期净收入的赤字额，有效地均衡了全国各省份养老保险负担,在各省份之间实现有效调剂。

(2) 基本养老金中央调剂政策,并不影响全国基本养老金当期净收入总规模、累计结余总规模。

(3) 提高上解比例,可以较大幅度地降低某些省份基本养老金当期净收入赤字额,有效均衡全国各省基本养老金累计结余状况。

(4) 提高上解比例,可以显著提高调剂金总规模,但并不影响各省份调剂率的方向与调剂率的大小,影响的是各省份的净拨付额、当期净收入额和累计结余额。某一省份净接受或净贡献中央调剂金占中央调剂金总规模之比,即调剂率的方向(净接受或净贡献)和大小,取决于该省的人口变量(l_{ni}、l_{pi}、l_{1i}、l_{ri})和工资变量(w_{ni}、w_{pi}),而与政策变量即上解比例 γ 无关。一般地,某省份离退休人数 l_{ri} 越多,或者在职参保人数 l_{1i} 越少,或者城镇非私营企业就业人员平均工资 w_{ni} 越少,或者城镇私营企业就业人员平均工资 w_{pi} 越少,则该省份的调剂率 β_i 越大,其接受中央调剂金的净拨付就越大。具体来说,当前广东、北京、江苏、福建、上海、山东、浙江等省份是中央调剂金的主要贡献者,而辽宁、四川、黑龙江、吉林、湖北、湖南、河北等省份则是中央调剂金的主要受益者。

基于上述分析和结论,本研究提出如下建议:

(1) 鉴于提高中央调剂金的上解比例,可以较大幅度地降低某些省份基本养老金当期净收入赤字额,有效均衡全国各省基本养老金累计结余状况,建议未来逐步提高上解比例,进一步提高调剂效力。但是,上解比例不可能无限提高,必有一个最适度的上解比例,达到最适度比例,可以最有效地提高调剂力度;超出最适度比例,就有可能适得其反。该最适度比例取决于各省份的承受范围与老龄化速度等因素。

(2) 鉴于中央调剂金政策并不影响全国基本养老金当期净收入总规模、累计结余总规模,但可以有效均衡全国各省份养老保险负担,均衡全国各省份基本养老金累计结余,建议未来逐步提高上解比例时,充分考虑各省份基本养老金累计结余的初始状况以及历史负债情况,与利用国资收益分红补充基本养老金支付缺口的政策相配套,确保各省份基本养老金待遇水平不变。

(3) 鉴于中央调剂金的主要贡献者是劳动力流入较大的省份,而主要受益者是劳动力流出较大的省份,调剂金的流向与劳动力流向高度相关,建议未来进一步完善中央调剂金政策时,充分考虑各省份劳动力流向的因素。

(4) 为确保中央调剂金政策兼顾各省份具体的人口结构、经济状况、养老保险制度安排等差异因素，建议建立中央调剂金政策的反馈与调节机制，充分听取各省和各方面意见，以进一步完善相关政策。

总之，企业职工基本养老保险基金中央调剂作为实现全国统筹第一步的中间过渡政策，其直接影响是通过调盈补缺，强化再分配，减轻一些养老基金压力较大省份的财务压力，以均衡各省份养老金当期收支与累计结余情况；其间接影响是通过渐进式不断加大调剂力度，确保各省份养老保险的可持续性，最终实现养老保险从属地管理走向全国统一，在全国范围内统一缴费比例、缴费基数核定办法、待遇计发和调整办法等，实现基础养老金从省级统筹走向全国统筹。

下篇　个人账户的改革与监管

第八章 养老保险个人账户改革的理论分析

第一节 国外有关养老保险个人账户的研究

在社会保障体系中,养老保险因其在保障社会成员老年生活方面发挥着重要作用,而成为社会保障制度中最重要的项目,可以说,一国社会保障制度的成败,在很大程度上取决于养老保险制度的成功与否。养老风险的普遍性、养老保险的复杂性以及各国国情的差异性都决定了养老保险模式的多样性。养老保险基金管理问题引起人们的足够关注是源于20世纪70年代社会保障困境的开始。随着生育率的下降和预期寿命的延长,现收现付体系的财务平衡机制开始出现前所未有的危机,大幅提高工作一代的缴费率或降低退休一代养老金的工资替代率,既缺乏政治上的可行性,也将对经济效率产生扭曲。于是,对如何解决养老保险基金亏空和养老保险基金支付困难问题的探讨和争论成为世界性的热点。针对中国养老保险制度的模式选择、转轨成本、多重分割、激励机制、资本市场和政策选择,外国学者提出了不少值得重视的观点。

一、关于养老保险制度模式的选择

作为美国经济学界很有影响的经济学家,马丁·费尔德斯坦和亨利·阿伦(Henry Aaron)都被称为美国社会保障领域的代表性人物,但他们对养老保险制度应当选择现收现付制还是完全积累制或基金制的问题,却存在重大分歧。

马丁·费尔德斯坦(2006)对现收现付制持批评态度,明确提出社会保障制度具有对个人储蓄的挤出效应。他认为,现收现付制的公共养老保险制度,一方面会减少为了退休期的消费而在工作时积累资产的需要(资产替代效应),另一方面又可能诱使人们为了缩短工作期和延长退休期而提前退休(引致退休效应),因此现收现付制挤出了个人储蓄,从而导致投资减少,进而导致产出减少,最终有碍经济增长。

亨利·阿伦(Aaron,1966)则对现收现付制持肯定态度,对基金制持否定态度。他在1966年发表的《社会保障悖论》文章中指出,在萨缪尔森的"生物回报率"(即人口增长率+实际工资增长率)大于市场利率的前提之下,现收现付制能够在代际之间进行帕累托最优配置,而基金制却会带来一个使未来各代生命期效应都要减少的跨时配置。因此,现收现付制总是能够在代际之间进行帕累托最优配置,而基金制一般都不会达到帕累托最优改进,其理由是现在的一代人并没有义务为将来各代人而积累财富。

在中国学术界,许多研究都把筹资方式与给付方式混为一体,认为养老金的筹资方式如果是积累制,那么给付方式就一定是缴费确定型;如果筹资方式是现收现付制,那么给付方式就一定是给付确定型。而实际上筹资方式与给付方式是两个完全独立的概念。筹资方式是指用于养老金给付的资金的财政方式。如果资金来源是当代年轻人的缴费,就称为现收现付制;如果资金来源是老年人在年轻时的缴费,则为积累制。给付方式是指支付给每个老年人的养老金数额应当怎样确定。如果按照他们年轻时的缴费额来确定,就称为缴费确定型;如果按照国家或企业的其他标准来确定,则为给付确定型。因此,筹资方式与给付方式可以有以下4种组合方式。

表8-1 筹资方式与给付方式的组合

各种组合	筹资方式	
	积累制	现收现付制
缴费确定型	缴费确定型积累制(FDC),如智利等一些南美国家的公共养老保障制度	名义缴费确定型现收现付制(NDC),如瑞典等欧亚6国在20世纪末开始实施的新制度
给付确定型	给付确定型积累制(FDB),如发达国家的许多企业年金(属于私人养老保障制度)	给付确定型现收现付制(DBPAYG),如中国公共养老保障制度中的社会统筹部分以及迄今为止世界上大多数发达国家的公共养老保障制度

关于中国公共养老保障制度是选择基金积累制还是现收现付制,国外学者存在重大分歧。

高山宪之(Takayama，2002)、威廉姆森(2004)主张中国养老保险制度的社会统筹部分保持不变，而将积累制部分的 FDC 计划改为瑞典模式 NDC 计划，即名义缴费确定型现收现付制。他们认为，积累制并不能解决老年人实际得到的保障水平不下降的问题。NDC 计划不仅可以摒弃政治上的风险，执政党和政府官员在自动降低养老保险待遇问题上不再被指责；而且可以完全回避所有从现收现付制向实账形式转轨的政府必须解决的双重负担问题，有助于避免逃避参保和其他不正当现象的发生。如果让名义收益率等于中国的经济增长率，而且设有一个独立的机构能够准确记录参保者的缴费、按时足额发放养老金并公布账户的信息，就可以给制度的加入者提供足够的激励。

费尔德斯坦(2006)认为，瑞典 NDC 个人账户仅是一个簿记工具，这种方法对于中国有以下缺陷：因为这些账户永远是空的，职工和企业对于政府未来支付养老金确实没有信心，许多职工和企业仍将不愿意缴费；因为这种体系无需向账户注入资金，短期内会产生一些收益，地方和省级政府将变得习惯于将这些收益运用于其他目的，这将难以建立一个清楚的规则以促使养老金缴费用于养老金支出；因为记账式体系是现收现付式的，长期来看，养老金缴费比例会非常高。记账式体系会减少国民储蓄，从而降低经济的规模。因此，他认为，中国应充分实施投资式的养老保险体系。特赖因(Tamara Trinh)主张中国养老保险制度不能采取现收现付制。他认为，考虑到中国人口快速老龄化对劳动力市场产生的巨大影响，考虑到中国劳动者还远没有到 65 岁就已经退休了，考虑到中国老年赡养率的趋势不断上升，退休人员的增长率将高于适龄劳动人口的增长率，因此，如果缴费率保持不变，那么对退休人员的养老保险支出将超过在职人员的养老保险缴费，这就使得现收现付制的养老保险制度在财务上是不可持续下去的。这些经济学们对养老金现收现付制和基金制的争论，显示了他们对公共养老保险制度模式选择的看法并不是一致的，而对养老保险制度模式作出合理的选择，显然要具体国情具体分析。

1997 年中国国务院出台了第 26 号文，规定了城市职工养老保险的新制度。与旧制度相比，这项新制度将养老保险覆盖面扩大到整个城市劳动力，包括自谋职业者；而且将运作养老保险计划的责任从企业转移到社会保险机构，省级、地级的社会保险机构归口于劳动和社会保障部；针对老年人的养老保险制度是三支柱的。三支柱的福利结构如表 8-2 所示。

表 8-2　　　　　　　　　　　三支柱养老保险制度

支柱	缴费	福利资金	条件	给付	覆盖面	管理机构	状态
第一支柱（社会统筹）	企业交付税前工资总额的13%	现收现付制。从社会统筹中支付。社会统筹由企业缴费和政府负担，政府弥补赤字。	至少缴费15年，以后每缴1年，替代率增加0.6%，但是总替代率不能超过30%	确定给付金在退休时上一年社会平均工资的基础上，替代率为20%	所有城市职工，包括国有企业、城市集体企业、外资企业、城市私人或个人公司以及自谋职业者。	社会保险管理机构	进行之中
第二支柱（个人账户）	企业交付税前工资总额的7% 个人交付工资的4%①	原则上做实资金，但仍然处于实践之中来源于企业和个人的共同缴费	至少缴费15年（男性60岁，女性50岁）	确定缴费在退休时上一年社会平均工资的基础上，替代率为38.5%		同上	基本上处于进行中，但个人账户是名义上的
第三支柱（自愿）	企业缴费 职工缴费	由企业单独决定	确定给付金			私人机构	有限

这项新养老保险制度包括三支柱：一是确定给付的公共支柱（再分配的社会统筹账户）；二是强制性的确定缴费的支柱（职工个人账户）；三是自愿性的补充养老保险支柱（由各公司或保险公司管理的企业年金账户）。到目前为止，只有第一支柱和第二支柱处于运行之中，第三支柱还只是有限性的。

中国养老保险制度存在的最大问题，就是养老保险隐性债务和个人账户空账问题。解决该问题的方式有两种，一种是转为瑞典式空账，另一种是转为智利式实账。虽然瑞典 NDC 空账与中国个人账户空账都是个人账户中没有实际资金，但瑞典是主动选择 NDC 空账形式，空账中所记录的养老金数额是与 GDP 紧密相连，对于老年人实际领取养老金，不产生任何不良影响。中国则是由于社会统筹账户中基金不足，而挪用了个人账户的资金而导致其空账，与 GDP 并不相连，是一个大资金缺口，严重影响到老年人领取养老金。

因此，外国经济学家们主张中国公共养老保险制度采取现收现付制或瑞典 NDC 模式的建议显得不够充分。2000 年中国在东北的试点中采用了"智

---

① 根据 2005 年国务院颁布《关于完善企业职工基本养老保险制度的决定》，从 2006 年 1 月 1 日起，个人账户的规模统一由本人缴费工资的 11% 调整为 8%，并全部由个人缴费形成，单位缴费不再划入个人账户，而全部划入社会统筹部分。

利式实账"方式。2006年该试点取得成功后并逐步推广到全国8省份,因为只有把空账做实才踏实。然而,与银行定期储蓄不同的是,个人账户上数额庞大的养老基金需要到资本市场上通过购买股票债券的方式来实现保值增值,因此,能否为参保者提供稳定的长期投资回报率,则是决定中国所采取的部分积累制能否被参保者所认可的关键问题。

二、关于养老保险制度的转轨成本

关于中国养老保险制度转轨成本的原因,陈怡(Vivian Y. Chen)认为,对任何一个从现收现付制转向多支柱制度的国家而言,解决养老债务问题并不是一个简单的事情。中国养老保险制度改革从一开始起,就忽视了包括转轨成本在内的养老债务问题。忽视这个问题只会加剧转轨成本,同时加剧经济阻碍和政治阻力。特赖因认为,中国一些地方的养老基金严重依赖于政府对养老基金的财政补贴,一些地方政府使用个人账户所积累的资金,来支付当期的退休金,这实际上使第二支柱的个人账户成为空账,导致最终由中央政府承担的应急债务不断增加。

关于中国养老保险制度转轨成本的规模,特赖因认为,中国养老保险制度承受巨额的历史债务。他估计中国养老保险隐性债务在2001年时达到了GDP的141%(相当于1.6万亿美元)。陈怡认为,中国养老保险债务已经相当于中国国内生产总值的一半。埃斯特勒(2003)认为,中国隐性养老金债务(IPD)只占GDP的70%—80%,而其他国家大约为GDP的100%—200%。

关于中国养老保险制度转轨成本的解决方式,费尔德斯坦认为,通过出售政府资产,包括国有企业、土地和外汇储备等逐渐偿还中国养老保险制度改革的隐性债务,设立投资式个人账户等是明智的决定。陈怡认为,关键是如何筹集转型期的养老成本,其中一个最大问题是中国很多省份的个人账户空账正在不断扩大。特赖因认为,要使养老保险制度转向一个财务上可持续的养老保险制度,就要求大量的政府财政补贴。詹姆斯认为,中国社保体系只覆盖了1/4的劳动力,中国养老保险隐性债务占GDP的比例小于其他国家,而隐性养老金债务小的国家的转制成本较低,因此中国解决转型问题要比绝大多数其他国家容易。

关于中国养老保险制度转轨成本的原因、规模和解决方式,国外学者的观点也不尽相同。从现在的情况看,中国目前仍然不像其他发达国家那样富裕;

中国没有一个成熟资本市场的支持,中国养老保险制度过去五十多年所累积的巨额养老保险债务削弱了国有和民营部门企业和职工的信心,如果首先没有解决旧债务问题,那么解决其他有关养老保险重大问题的改革措施不可能是最有效的。因此,中国养老保险制度改革不同于其他国家,解决养老保险隐性债务和个人账户空账问题,成为中国养老保险制度改革的关键所在。

三、关于养老保险制度的多重分割

关于中国养老保险制度的多重分割问题,特赖因认为,中国养老保险制度存在巨大的不公平性。不仅各省份之间,甚至各县市之间的缴费率不同,不同类型的企业之间的缴费率也不相同。而且,中国还存在着一个分割的农村养老保险制度。2017年仍然很多地方的养老基金还处于县市级统筹的水平。在这样一个高度分散化的制度下,职工在转换工作时不可能转移其退休金,这阻碍了劳动力的流动。陈怡认为,中国养老保险制度存在多重分割。一是政府和公共机构仍然保持着旧的养老保险制度,即基于计划经济时代的养老保险制度,其养老福利待遇直接与工龄相关,而与缴费无关。二是由于各城市养老保险制度的分割,各种养老保险制度也不适应市场经济的原则,即劳动力应该在各部门之间自由流动。省级统筹是向前迈进的一步,但是还不充分,因为它没有把所有城市部门(政府、机构、企业)都纳入其中。在成本、福利缴费、福利待遇方面的巨大差异,阻止了职工从企业向政府流动,也阻止了职工从政府向企业的流动。三是中国农村养老保险制度的设计,是与城市养老保险制度相分割的,而且是由中国民政部负责的。

中国养老保险制度存在三重分割,即区域分割、社会人群分割、城乡分割,导致了该制度内的不公平性。区域分割导致各地区在成本、福利缴费、福利待遇方面的巨大差异,在2017年主要还处于县市级统筹的高度分散的制度下,职工在转换工作时不可能转移其退休金,从而阻碍了劳动力跨区域间的流动。社会人群分割阻止了职工从企业向政府流动,也阻止了职工从政府向企业的流动,从而阻碍了劳动力跨部门间的流动。城乡分割导致占中国劳动力30%的城市劳动力享有近90%的全国社会保障福利,而占中国劳动力70%的农村劳动力只享有10%的全国社会保障福利,因此,把农村劳动力排除在养老社会统筹制度之外,不是一项长期的政策选择。

表8-3 城镇企业职工、机关事业单位职工和农村居民养老保障制度的比较

养老保障制度	城镇企业职工	机关事业单位职工	农村居民
基本养老模式	养老保险制度	养老金制度	农村自我保障
主管单位	劳动与社会保障部门	人事部门	民政部门
资金来源	企业、个人缴纳	财政缴款	集体、个人缴费
财务模式	社会统筹与个人账户相结合	现收现付	完全个人积累制
财务平衡方法	以支定收,财政最后"兜底"	根据养老支付需求从财政列支	以支定收
政府责任	财政承担最后"兜底"职责	财政承担所有职责	不与财政挂钩
受益模式	待遇确定型与缴费确定型	待遇确定型	缴费确定型
社会再分配功能	强	强	弱

中国养老保险制度的属地管理,导致该制度的高度分散化和严重的透明度缺失。中国养老保险制度多重分割的主要原因是中国养老保险制度的属地管理,因为中央政府只规定了养老保险制度的一些重要原则,而具体的规定则由各地方考虑,从而导致了该制度的高度分散性。因此,建立并完善中国农村养老保险制度,提高中国养老保险的社会统筹层次,最终实现全国社会统筹的目标,是解决该问题的关键所在。

四、关于养老保险制度的执行与激励机制

关于养老保险制度的执行与激励机制问题,费尔德斯坦认为,职工养老金缴费的计算应包括所有现金收入,而不仅仅是工资,不然企业通过非工资形式逃避缴费的可能性会加大。为了提高参与者实际缴费率,需要分离遗留养老费用和运用不同的收入来源资助社会统筹福利,以降低养老金缴费比例;建立一个单一的全国性养老金管理部门,用以实施对所有养老费用的归集和支出;由税务机关负责收缴养老费;采取系统性措施,强化和扩大养老金体系的覆盖面。特赖因认为,养老保险覆盖面主要限于城市的国有企业,并将至少占农村人口2/3的人口排除在外。起初,只有国有企业被覆盖在养老保险制度之内。现在,一些县市将覆盖面扩大到集体企业、民营企业和外资企业。然而,养老保险覆盖面从国有企业扩大到集体企业、民营企业和外资企业之后,那

些拥有年轻劳动力的企业认为,他们被用来弥补其他企业的不足,同时由于较高的工资总额而承担了更大的负担,结果设法抵制参与该制度。陈怡认为,国有企业承受着双重财务负担,既要支付目前的退休职工,又要向目前在职职工的未来退休支付缴费。较差的经营业绩和较高的社会保障负担迫使许多国有企业延迟交纳养老缴费,降低缴费,甚至逃缴。由于私营部门的信心受到国有企业巨大的养老保险债务问题的影响,非国有部门只占养老保险覆盖面的小部分。

这里的问题是,有限的养老保险覆盖面、较低的参与率、广泛的不执行问题和逃缴问题,降低了养老金的征收,扩大了财务缺口。从长期来看,如果不能大幅提高非国有部门的养老保险参与率,那么依赖于国有部门的城市养老保险制度是不可维持下去的。然而,由于企业所有社会保障的财务负担(包括养老保险、医疗保险、失业保险、工伤保险、生育保险、住房公积金)总共达到工资总额的40%多,以及国有企业巨大的养老保险债务问题,导致该制度存在着巨大的逃缴动力,私营部门的信心受到影响,该制度的参与率下降。例如,20世纪90年代中期开始社会保险制度改革以来,上海市城市职工社会保险制度的发展也遇到很大困难,其中重要原因就是缴费率的不断攀升。

因此,为了提供足够的激励机制以扩大养老保险覆盖面,进一步地迈向公平、增加制度筹资,努力扩大第一支柱社会统筹的覆盖率是关键所在。

五、关于养老保险个人账户改革问题

自《贝弗里奇报告》以来,国外关于养老保险个人账户制的讨论主要集中在两块。一是关于现收现付制转为个人账户制。著名学者刘遵义认为,现收现付制缺乏可持续性,迟早要过渡到个人账户制。美国麻省理工学院莫迪格里尼等人提出"MIT方案",其主要特征是每一位养老基金参加者都将拥有一个个人账户。美国经济学家马丁·费尔德斯坦认为,社会保障私有化是从现收现付计划向强制性的基金积累的个人自由账户计划转变,其关键是个人是否掌握投资决策的主动权。斯蒂格利茨认为,私有化是指私人管理的养老金体制代替公共运营的养老金体制,基金积累制度是指累积资产用以支付将来的养老金,多样化是指投资于各种资产而不只是债券一种投资工具。然而,智利实行全新的以个人账户积累为基础的养老保险运行机制之后,养老金改革后的覆盖率始终比较低。目前大多数发达国家采用的养老保险制度是政府公共养老金采用现收现付制,而个人账户则由私人养老金管理。

二是关于个人账户制进行改革,引入名义账户制。世界银行养老金经济学家罗伯特·霍尔茨曼认为,名义账户制既能满足改革的财政、政治、社会及经济需要,又不会增加改革的财政负担。美国国家经济研究局研究员阿克塞尔·伯尔施认为,名义账户制改变了养老金制度的表达方式,使人们的思维方式以账户而不是以权利为导向,从而使得向部分积累制的转型在心理上更容易为人们所接受。但是,伦敦经济学院公共经济学教授尼古拉斯·巴尔认为,名义账户制并不是一个最有影响的政策,一切取决于如何看名义账户制,名义账户制没有解决关键的筹资问题。麻省理工学院的彼得·戴蒙德认为,名义账户制看似是一个很好的制度,但是与其他制度相比,如果过分推销它,过度宣扬其优点,那就没有多大意义。

六、关于养老保险个人账户投资与监管问题

关于养老保险改革与资本市场的关系,费尔德斯坦认为,中国没有必要等到金融市场更加完善时才实施投资式的养老保险体系,而且投资式账户中的部分累积基金还可以投资于国际市场。特赖因认为,资本市场的发展对改善回报率是至关重要的,不成熟的资本市场使中国养老金难于找到一个具有较高回报的投资工具。2017年中国养老保险基金投资于国债和银行存款,银行存款的实际利率和国债的实际长期收益率一直都处于较低水平。陈怡认为,中国养老保险基金缺乏产生高回报率的投资机会,因此推动资本市场的发展对中国解决养老保险债务问题至关重要。

七、国外养老保险个人账户改革的趋势

个人账户制度是个人生命周期内收入和消费平滑制度,是个人生命周期内的长期财务平衡制度。个人账户部分的设立是为了强化个人责任,加强个人缴费与收益之间的联系,实现社保制度财务可持续性。当现收现付制度遭遇人口老龄化,人们将解决之道聚焦于个人账户积累制度。相比现收现付制度,个人账户具有如下一些优点。第一,个人账户制度是个人在不同年龄时期的收入再分配制度,个人老年收入取决于个人的终身储蓄及其积累的数量而不取决于人口的结构。许多人认为,因为它不受人口结构的影响,所以在人口

老龄化的情况下,它优于代际转移支付制度。第二,这种制度的权益是以收定支的,退休金的多少不是取决于退休人口的收入需要,而是取决于个人账户已有的积累,这样政府的风险就被转移出去。第三,这种制度使得个人所得与支出紧紧连在一起,可能使个人更加负有责任感,同时制度可能运行得更有效率。第四,从制度外部效应看,这种制度是一种强制储蓄制度,虽然其目的是为了保证老年人口的收入,但从效果上看可以提高国民储蓄率对经济的促进作用。

20世纪70年代末80年代初世界范围内的人口老龄化趋势掀起了一股养老保险制度改革的浪潮。改革趋势的争论在福利国家和新自由主义、坚持政府承担直接担保责任和利用市场功能强化政府责任之间展开。

一些非洲国家如津巴布韦、莫桑比克由于经济发展水平低和人口结构年轻等因素而建立现收现付制,印度尼西亚和尼日利亚由于原有公积金制度管理不善而转向现收现付制,除此之外,世界上绝大多数国家都对已建立的现收现付制进行了改革。有的通过征收特种资源税、划转国有资产变现收入或调整财政支出方式,新建了国家储备基金,如新西兰、爱尔兰、法国、挪威、荷兰、西班牙等。有的适当提高预提缴费率或拓宽投资渠道,增加原有应对现收现付制支出需要而建立的预提公共储备金数量,如埃及、瑞典、日本、美国等。

继1980年智利最先将现收现付制改革为个人账户完全积累制后,阿根廷、乌拉圭等8个拉美国家不同程度地建立了个人账户制度。20世纪90年代东欧转轨经济国家以及前苏联加盟共和国如哈萨克斯坦等也以不同方式建立了个人账户制度。在发达国家中,英国、瑞典、澳大利亚也进行了尝试。美国国内关于建立个人账户制度的呼声也非常高,美国布什政府的社会保障改革计划,都突出了个人账户的作用。

1. 个人账户的设立

从建立个人账户制度的国家来看,个人账户的设置分为空账和实账两大类。一些国家设置了空账和实账两种账户,实账为投入运营的部分,空账为原现收现付制下个人权益的部分。但其中绝大多数国家都将个人账户设置为实账。

2. 个人账户的规模

各国个人账户规模不一,有的将职工缴费的一部分纳入个人账户进行实账运营,有的将职工缴费全部作为个人账户基金投入运营。

3. 个人账户的管理

个人账户的管理包括账户的申报、登记、记账、归档、保管、核对、注销、转移、信息发布。有的国家将其交由基金管理公司负责,如拉美一些国家。有的国家则规定由政府的社保部门负责,管理成本纳入预算,如波兰。

4. 个人账户的投资

个人账户的投资分为多种情况。从投资机构的设置来看,有的由基金理事会作为受托人进行直接或间接投资,如波兰和澳大利亚等;有的由职工直接选择基金公司,再由基金公司对其账户基金进行直接投资,如拉美一些国家。从投资领域和投资比例来看,有的国家规定很严,有的遵循自律原则。个人账户基金投资收益率各国差异较大,这与各国金融市场发育情况和投资政策有关。

5. 个人账户的监管

个人账户的监管包括对其行政管理和投资运营情况的监管,一般主要是投资运营情况的监管。各国对监管内容、监管机构的设置都不尽相同,这与各国的政治经济背景有关。

从现收现付制转向个人账户积累制,必然导致转制成本的处置问题。有的国家采取对已退休人员和在职参保人员积累下的权益发放认可债券的方式,如智利。有的国家采取补贴一定现金收入的方式,如阿根廷。有的国家允许职工在退休时可选择退回到现收现付制的养老保险制度的方式,如墨西哥。有的国家采取划转一部分国有股权的方式,如玻利维亚。有的国家采取名义账户的方式,如瑞典和波兰等。

2004 年诺贝尔经济学奖得主普雷斯科特认为建立个人账户资产可以增加激励因素,增加社会总福利收益,实现真正的社会公平。马丁·费尔德斯坦认为中国没有必要等到金融市场更加完善时才实施投资式的养老保险体系,中国养老保险个人账户投资国际市场是一个明智的选择。总之,个人账户是管理现代社会工程的工具,个人资产和账户管理是 21 世纪社会的现象和亮点,政府的新角色将是全力打造养老金安全运营机制。

需要进一步解释和论证的是,在同样面临人口老龄化的挑战下,各国政治、经济、社会、文化制度都不一样,中国如何采用并创新最适应于本国国情的养老保险个人账户制度,这正是本研究试图回答的问题。

第二节　国内有关养老保险个人账户的研究

中国于20世纪80年代中期开始改革城镇基本养老保险制度，当初改革的一个重要目的就是降低国家财政在这方面的风险，以后的改革过程中基本上贯穿这样一条主线。1997年国务院颁布《关于建立统一的企业职工基本养老保险制度的决定》，确定实行统一的基本养老保险制度，引发了各界人士的广泛关注。1998年中央提出"两个确保"的要求以来，各级政府和有关部门高度重视"两个确保"工作，采取了一系列的措施和办法，保证了大多数国有企业下岗职工基本生活和企业离退休人员的养老金按时足额发放，为顺利推进国有企业改革、促进经济发展、维护社会稳定，发挥了重要作用，取得了显著成效，为中国尽快建立完善社会保障体系奠定了良好的基础。但是，随着"两个确保"工作的不断的推进，社会保障制度改革所暴露出的问题也越来越突出。一个不能忽视的问题是，养老保险基金的筹集与支出之间存在着巨大资金缺口，严重制约了养老保险体制改革的进程。

进入21世纪以后，中国步入人口老龄化程度不断加深的阶段，养老保险基金支付也进入高峰期。在确保离退休人员养老金按时足额发放的同时，养老保险基金收不抵支、资金短缺的现象日益突出，一些地方甚至出现了基金赤字运转的局面。事实上，随着人口老龄化以及受到历史债务偿还压力增大等因素的影响，城镇基本养老保险的财政风险日益增大。其具体表现之一是个人账户"空账"问题的日益严重，2004年达到了7 400亿元左右，而且还以每年1 000多亿元的速度在递增。这个问题的存在，直接影响着中国养老保险制度的运行及其作用的发挥，如不尽快解决，会动摇社会养老保障制度。为了解决这个问题，必须对旧模式进行调整。正是在这种背景下，中国于2006年1月1日开始实行新的城镇基本养老保险方案。新方案的一个主要内容就是做实个人账户，消除"个人账户空账"问题。

正是由于中国社会养老保险制度改革的复杂性和改革前遗留的历史问题，以及改革模式本身的内在原因，养老保险基金问题，尤其是个人账户改革问题，一直是国内学术界关注的焦点。总的来说，国内学者的研究主要集中在以下四个方面。

一、关于养老基金隐性债务与个人账户空账问题

中国养老保险制度从现收现付制向统账结合制转轨的制度变革必然会产生相关的转制成本。其中最突出的就是隐性债务问题,即养老金隐性债务,它是中国社会保障的历史遗留问题。由于人口结构和经济发展的动态复杂性,关于中国养老保险制度向部分基金制转轨的制度成本精确估计是极其困难的。李珍(1995)估算政府债务总规模大约在1993年GDP的50%—60%之间(1993年GDP为31380亿元),即债务规模大约在15700亿—19000亿元。世界银行估算中国养老金隐性债务约占其1994年GDP的46%—69%,绝对额为20147亿—30221亿元。2001年5月国家劳动和社会保障部社会保险研究所所长何平发表的文章对未来50年中国在职职工和退休人员构成养老保险基金的收支状况、参考单位缴费率负担水平的测算等问题进行了实证分析。他认为,如果个人账户做实,实现积累并与社会统筹基金分开管理,统筹基金在未来25年内将出现收不抵支的情况,年均717亿元,总缺口将降至18000亿元;如果采取延长退休年龄政策,赤字运行年限将缩短至11年,总缺口将降至8600亿元;如果按现行退休年龄推算,赤字运行年限将延长至28年,年均1030亿元,总缺口扩大至28800亿元。李丹等(2009)估算中国养老金隐性债务规模存量十分巨大,已经超过同期GDP数额,占同期GDP的103%和财政收入的517%。原劳动和社会保障部部长郑斯林估计该缺口达到2.5万亿元,而全国社保基金理事会前任理事长项怀诚则倾向于认同世界银行的数据,即9.15万亿元。

由于各研究者所选取的测算基点、测算范围和方法,假设条件和依据的资料等方面存在差异,对中国转制时的养老保险债务规模大小的估算结果各不相同。但无论是哪一种测算结果,养老保险制度的转制成本都是巨大的。

二、关于个人账户制问题

在个人账户制方面,国内学者达成一致认识。中国人民大学郑功成教授认为,中国基本养老保险选择社会统筹与个人账户相结合的模式,这种制度的成败与否,不是取决于社会统筹部分,而是取决于个人账户基金。个人账户基金是否真正有积累及其程度,直接决定政府在基本养老保险制度中的未来责

任大小和下一代人对上一代人的负担水平。劳动保障部社会保险研究所何平认为,把个人账户引入中国养老保险制度是社会保障制度创新模式的核心,也是国际上养老保险制度改革的潮流。清华大学公共管理学院杨燕绥教授认为,个人账户不仅是储蓄工具,而且是管理社会工程的工具,是社会保障计划参保人和受益人的权益记录和财务记录。武汉大学李珍认为,个人账户制度与现收现付制度并不是非此即彼的关系。

三、关于名义账户制问题

在名义账户制方面,学者意见不尽一致。北京大学中国经济研究中心易纲教授认为转型名义账户制将是中国养老保险制度改革的新思路,提出由名义账户和基金积累账户共同组成养老个人账户,从较高比例的名义账户逐步向基金积累账户过渡最终实现全积累的转轨思路。国务院发展研究中心副主任李剑阁认为完善养老金体制,实行记账式个人账户更好。中国社会科学院拉美所所长郑秉文教授认为,在稳态的经济体中,从效率上看,名义账户制与做实的账户计划是一样的。但是,辽宁大学穆怀中教授认为,辽宁省"统账"式养老保障体制改革正在面临基本养老统筹收支逆差,缺口逐年扩大的危机,需要财政作为强有力的最终支撑,必须有很多的财政支付才能保证新方案的可持续发展;采用名义个人账户制虽然可能解决养老金隐性债务问题,有其现实合理性,但在财务运行上不具有可持续性,名义个人账户制不能从根本上解决养老金隐性债务。郑功成认为,个人账户的缩小不能被看成是减轻政府财政负担,而是在强化政府责任的同时推进养老保险制度走向定型。何平认为,如果个人账户做实,实现积累并与社会统筹基金分开管理,中国养老基金隐性总缺口将大为降低。

四、关于个人账户投资问题

在各支柱之间的关系和投资方面,国内学者存在一些争议。中央财大证券期货研究所贺强认为,中国基本养老保险第一支柱的定位存在一定的问题,这也是第二支柱被置于补充地位、发展缓慢的原因,因此明确对中国养老保障体系中各个部分的定位,对中国企业年金制度的发展,甚至对中国养老保障体系的健康发展都有很重要的作用。武汉大学社会保障研究中心邓大松认为,中国的个人账户养老基金和全国社会保障基金应采取委托投资管理模式,两者的区别是受托人的定位不同,前者是省级社会保险经办机构,后者是全国社会保障基金理事会,企业年金基金应采取完全市场化管理模式。

这些研究长于历史和现实分析,并且正确地给出了中国养老保险引入个人账户制这个重要命题。但是对中国养老保险个人账户制进一步改革创新,尤其个人账户的投资规定改革及有效监管机制方面,却没有深入地分析。本研究则试图对中国养老保险个人账户改革和投资监管机制进行具体探讨。

第九章　中国养老保险个人账户制度改革的迫切性

第一节　中国养老保险个人账户改革的历史回顾

中国养老保险个人账户从1993年建立至今的改革历程可以大体分为三个阶段。

一、第一阶段

从1993年到1997年，重点是确立"统账结合"的社会养老保险制度改革方向。1993年，中央提出了建立社会主义市场经济体制的总体目标。作为其中的重要组成部分，中共十四届三中通过的《中共中央关于建立社会主义市场经济体制若干问题的决定》，提出进行"统账结合"社会养老保险制度改革，并明确了社会养老保险改革的三个原则：一是要建立全国性的、多层次的社会保障体系；二是城镇职工的养老保险个人账户要采取完全积累的形式，并由雇主和职工个人共同缴纳；三是社会保障的行政管理和经营应当分开。这为之后社会养老保险改革确定了基本方向。

从管理运营层面看，由于没有要求个人账户独立于社会统筹部分单独管理，而社会统筹又面临着入不敷出的巨大赤字压力，在没有财政等外部资源支持的情况下，依照现收现付模式运营的社会统筹基金，多数地区需要挪用当期有限的职工缴费承担过去几十年离退休职工的养老负担。考虑到社保改革起步之初有限的覆盖面与国企经营困境，社会统筹资金部分收不抵支成为普遍现象，因此，用个人账户积累资金应付当期养老金支出就成为政府的现实选择。所以说，虽然这个阶段在制度上确立了统账结合改革，但在实际运营中依然延续现收现付的养老保险模式。

二、第二阶段

从1997年到2001年,重点是统一企业职工基本养老保险制度。1993年在确立"统账结合"改革方向的同时,允许各地根据自身实际情况进行探索。经过几年的时间,养老保险制度不统一所造成的地域分割、行业分割,以及资金管理的混乱等问题日益凸现,限制了养老保险改革的有效推进。针对于此,1997年国务院及时发布了《关于建立统一的企业职工基本养老保险制度的决定》(以下简称"26号文"),总结了过去四年来"统账结合,混账经营"的经验与教训,明确提出全国城镇企业职工基本养老保险要实行统一的方案,即统一企业缴费比例、统一个人缴费比例、统一个人账户规模、统一养老金发放标准、统一"中人"养老金给付的过渡办法的"五统一"。

对于个人账户管理运营中出现的种种问题,26号文提出对个人账户储存额,每年参考银行同期存款利率计算利息。基金结余额,除预留相当于两个月的支付费用外,应全部购买国家债券和存入专户,严格禁止投入其他金融和经营性事业。26号文同时指出,要建立健全社会保险基金监督机构,财政、审计部门要依法加强监督,确保基金的安全。显然,26号文规范了违规投资等管理方面的一系列问题,但并没有触动左右"统账结合"制度最关键的"混账经营"问题。

三、第三阶段

从2001年至今,重点是做实个人账户。随着制度的逐步统一,继续推动1993年养老保险制度改革面临的一个现实问题是:如何做实个人账户资金。由于社会统筹部分面临巨大的支付压力,多年来混账经营的后果使得个人账户到2005年底就已经出现了8 000多亿元的"空账"。有学者因此指出,中国当前实行的是一个名义上、账面上的个人账户制,在实质上是一个高标准、高负担的现收现付(pay-as-you-go)模式。如果中国不能把握当前的有利时机,建立以个人账户模式为主导的分层次的社会保障模式,将来会被迫投入更大的成本来解决社会保障问题。

正是认识到个人账户既有管理模式存在的种种缺憾,中国政府于2001年启动了做实个人账户的试点改革。虽然有学者认为,如果个人账户不能占到足够大的比重,人们对其关心的程度会成倍地减弱,原来预期的积极作用也必将大打折扣,因此"我们应当不犹豫地选择完全积累制",但政府采取的措施是让个人账户由做小起步,通过适当方式的财政补贴分担机制,来逐步实现账户的"做实"。从缴费比例看,企业缴费部分不再划入个人账户,全部纳入社会统筹基金。只将职工个人缴费全部计入个人账户。2001年辽宁作为第一个试点省份,个人账户按8%起步做实。2004年试点扩大到吉林、黑龙江两省,个人账户做实比例降为5%。2005年,试点进一步扩大到其他8个省份,个人账户做实比例进一步降为3%。对于地方财政有困难做实个人账户的省份,由中央财政给予补助,与地方财政按照75%:25%的比例分担。尽管做实个人账户的改革试点一再降低做实比例,但随着试点的逐步推广,与社会养老保险覆盖面的不断扩大,个人账户积累形成的资金规模越来越大。以辽宁为例,自2001年试点做实个人账户以来,截至2006年底其积累的资金就已经达到282亿元。

从账户管理运营角度看,由于1997年后混账经营的局面没有丝毫改观,导致大部分省份个人账户出现巨额空账运转,严重影响到广大职工缴费的积极性、养老保险制度的公信力及可持续发展。所以在提出做实个人账户的同时,中国政府一再强调社会统筹基金与做实的个人账户基金要实行分别管理。个人账户基金由省级社会保险经办机构统一管理,按国家规定存入银行,全部用于购买国债,进行投资以实现保值增值。省政府根据国家规定制定基金管理和投资运营办法,劳动保障、财政部门对基金管理和投资运营加强监督。

事实上,面对已经形成的并将越积越多的个人账户积累资金,我们也面临一个现实的问题:如何把现有积累的资金管理好,真正实现其保值增值? 如果能够从技术上寻求一个能有效管理现有积累资金的制度选择,那么不仅对管好现有积累资金有好处,对未来整体养老保险制度的选择也可提供帮助。

第二节　中国养老保险个人账户改革存在的问题

一、个人账户空账问题

为了保障新养老金制度下的福利,中央政府必须直接负担旧制度下的债务。从理论上讲，这部分转制成本是政府欠旧制度下"老人"和"中人"的养老负债，应该由政府进行偿还。但实际做法是期望以统账制度下社会统筹部分的供款来偿付这部分成本，即通过代际转移的办法逐步消化旧制度下债务。然而，这实际上是要求在职职工既要负担上一代人的退休金支出，又要对自己的养老金负债，要求一代人养两代人肯定是不合理的；从可行性上讲，社会统筹账户的基金也远远不足以支付退休金支出。在这种情况下，唯一的办法就是挪用职工个人账户中的养老金来支付老人的退休金，由此导致个人账户出现空账问题。

1997年养老基金制度改革所建立起来的个人账户，结果完全成为空账。事实上，地方政府对于"借用"个人账户里的资金以支付社会统筹部门已经习以为常。中国各省市社会保障局经常将这部分养老金转用清偿现收现付制下的赤字。

由于向统筹和个人账户的缴费存在地方政府的同一银行账户里，没有法律甚至没有一项程序来阻止地方政府使用这部分资金。而且，支付现有退休人员的福利总额，超过了社会统筹缴费和个人账户缴费收入的总和，从而造成了整个制度的赤字，必须由政府补贴来承担。个人账户的缴费仍记入职工的账户，但账户完全是"名义"上的。

2006年除东北三省及试点地区外，其他省份执行的是1997年的有关决定。由于制度设计的欠缺，各地在财务上实行混账管理的办法，允许统筹基金、个人账户基金相互调剂使用，个人账户形成空账，而且以每年1 000多亿元的规模增加，到2005年末达到8 000多亿元。

总之，由于中国养老基金在筹措、运用、管理等各环节上存在着运作不合理、效率低下等问题，同时没有合理地承认和消化新旧制度转轨过程中的"转制成本"，加上目前中国人口老龄化压力越来越严重，这种名义上"统账结合"、实际上"现收现付"的制度导致中国未来养老金支付压力非常大，潜在风险十分突出。

二、个人账户保值增值问题

部分做实的个人账户收益率低下，管理成本较高。从2000年开始，国家相继在辽宁、吉林、黑龙江三省试点养老保险改革，逐步做实个人账户，2006年试点扩大到天津、上海、山西、山东、河南、湖北、湖南、新疆八个省份。试点地区统一要求按3%起步做实个人账户,并要求2006年底做实资金要确保到位。

然而,养老保险个人账户只能存银行或购买国债,利率十分低。作为储存达几十年的个人账户资金,在近几年中国经济保持近10%增长率的环境下,仍然只有2%左右的回报率,这种情况是不利于个人账户资金的保值增值的。

由于中国养老保险实行属地管理,统筹层次低,主要停留在县市级统筹,致使中国形成几千个分散的统筹单位,这不仅加剧了对各地个人账户资金预防和监督机制的困难,而且增加了各地分散管理个人账户的成本。

三、个人账户基金与全国社保基金的关系问题

个人账户基金与全国社保基金都是为应对人口老龄化而建立的基金。2000年中国建立了全国社会保障基金,这是中央政府专门用于社会保障支出的调剂基金,作为国家的战略储备发挥着最后一道防线的重要作用,主要用于弥补今后人口老龄化高峰时期的社会保障需要,是社会保障体系中的最终保障层次。目前,全国社会保障基金已经被允许投资于资本市场。个人账户改革涉及多种人群、经济社会多个方面、当前与长远的问题。个人账户做实以后,也将会被允许投资于资本市场。由于每年流入的资金量巨大,且最长将存在几十年,如何在保证安全性的前提下,使其保值增值,是一个十分重大的问题。

第三节 中国养老保险个人账户改革的迫切性

一、中国养老保险个人账户改革的迫切性

全球养老金制度面临的首要和最重大的挑战是人口老龄化。出生率的下降和寿命的提高所导致的人口老龄化成为21世纪长期的大趋势,无论是发达国家还是发展中国家,都在积极改革与完善养老保险制度,探索新的养老保险模式,以保证未来社会稳定和可持续发展。2001年美国"强化社会保障总统委员会"提出,个人账户是核心因素,有必要引入个人账户。个人账户问题是中国养老保险制度的重大转折问题,它涉及离休、退休、在职等众多人群,涉及社

会和经济尤其是金融市场的众多方面,涉及一代甚至几代人的几十年时间。个人账户是管理现代社会工程的工具,个人资产和账户管理是21世纪社会的现象和亮点,政府的新角色将是全力打造养老金安全运营机制。

然而与OECD国家不同的是,中国是在未富先老的情况下迈入老龄化社会。在从计划经济向市场经济的快速转型过程中,中国养老保险制度出现了一些深层次问题:政府在从传统的现收现付制转向现行的社会统筹和个人账户相结合的新制度过程中形成了高达3万亿元左右的巨额养老金隐性债务;继上海社保案之后,国家审计署在对除上海、西藏之外的29个省份、5个计划单列市的审计中发现约71亿元基本社保资金被违规挪用。为做实个人账户,2006年1月1日起实施的《国务院关于完善企业职工基本养老保险制度的决定》(国发〔2005〕38号)将个人账户的规模统一由本人缴费工资的11%调整为8%,全部由个人缴费形成,单位缴费不再划入个人账户。由于这个制度的变化实际是上做小了个人账户,所以会带来一系列的问题:虽然面临巨大的转轨成本,"做小""做实"个人账户是不得已的选择,但这忽视了个人账户激励问题,造成统筹互济的成分太高,个人账户的相对比例太小甚至空账;个人账户的回报率太低,导致整个制度的激励效应大幅减弱,企业和个人的逃缴动力加强,而且也不利于实行全国统筹,有违于当今国际上养老保险个人账户相对比例的上升趋势。

这些都对中国养老保险个人账户基金的安全问题和保值增值问题提出了重大挑战。如不加以妥善解决,势必加大中国未来的风险,难以抵御未来人口老龄化高峰到来的巨大压力。因此,从制度框架设计、支柱体系、投资规定、监管方面改革中国养老保险个人账户制度,就显得非常必要和迫切。

二、中国养老保险个人账户投资与监管的重要性

中国养老保险个人账户在现实中面临着两个必须解决的问题:一是如何"做实"个人账户的预筹资金;二是个人账户"做实"以后如何保值增值地投资。解决第一个问题的办法是实行统账分离的个人账户基金积累制。解决第二个问题的办法则显然是实行个人账户资金做实之后的资本市场投资,包括股票和债券,而不仅仅是银行存款和国债。中国基本养老保险基金投资于国债和银行存款的实际回报率一直都处于较低水平,在中国经济增长率连续多年保持高增长的情况下,银行存款的实际利率和国债的实际长期收益率一直处于

2%—3%的水平,因此,需要寻找其他途径以提高长期回报率,需要拓宽养老基金的投资范围,利用资本市场来管理养老基金。目前中国急需发展仍然不成熟的金融市场。事实上,中国资本市场的一大问题是缺乏机构投资者。正因为如此,中国政府在2000年成立了一个巨大的机构投资者即全国社保基金,由全国社会保障基金理事会管理,其主要目的是建立一个全国性的、长期的战略储备基金,以便为未来社会保障的支出做准备。2000年以来其投资于资本市场的比例越来越大。不仅如此,中国还一直鼓励职工参加企业年金计划,而企业年金法已于2004年5月正式生效,并允许该基金资产的30%可以投资于股票市场。因此,中国养老保险改革和资本市场的发展紧紧联系在一起,而通过资本市场努力提高第二支柱个人账户的长期投资回报率则是关键所在。

养老保险个人账户的资本化市场管理运营,可以达到提高投资回报率和兼顾防范风险的目的,中国养老保险个人账户基金投资于资本市场将是大势所趋。为了实现养老保险个人账户的保值增值,必须首先推进个人账户基金管理公司的民营化和相互竞争经营,完善基金管理公司的法人治理结构,加强政府对基金运营的监督;其次,对基金管理公司应达到的投资回报率制定最低标准,以保证政策设计替代率的实现;最后,养老保险个人账户基金的投资遵循审慎原则,初期以购买国债为主,随着金融市场的完善和基金管理公司投资管理经验的丰富,可以逐步放宽对投资比例和投资方向的限制。

第十章　以国有资本分红充实养老基金隐性债务

涉及全国庞大数量的在职员工、退休人员及其他人员切身利益的养老基金可持续发展问题,是当前中国经济社会亟待破解的一个重大问题。2013年12月12日中国社科院世界社保研究中心发布的《中国养老金发展报告2013》显示,2012年全国只有12个省份城镇职工基本养老保险基金当期征缴收入大于支出,有19个省份和新疆生产建设兵团、中国农业发展银行"收不抵支",缺口共计1 205.60亿元,这给财政带来了巨大的压力。解决缺口的主要办法除了增加财政补贴外,就是挤用个人账户资金应对当期发放,从而造成个人账户空账。中国社科院发布的《中国养老金发展报告2012》显示,截至2011年12月月底,中国城镇职工基本养老保险个人账户记账金额约为2.5万亿元,但实际上账户里做实的仅有2 703亿元,个人账户空账已超2万亿元。如果今后不采取有效解决措施,"收不抵支"情况将愈演愈烈,一些地方财政很有可能面临崩溃的危机,甚至引发养老基金支付危机,影响社会和谐稳定。未来随着中国人口老龄化的加剧,养老基金支付的压力也随之增大,多渠道充实养老基金已迫在眉睫。

实际上,养老基金缺口在很大程度上是国企"原债"所形成的。因此,用国有资本充实养老基金是一条重要渠道。这包括两个部分,一是将部分国有企业股权划转到养老基金。2008年国务院相关部委先后制定了国有企业在境外、境内上市后转持部分国有股权充实全国养老基金的实施办法,表明要保持养老基金的可持续发展。二是将国有企业盈利的一部分充实养老基金。中共十八届三中全会《中共中央关于全面深化改革若干重大问题的决定》提出,提高国有资本收益上缴公共财政比例,2020年提到30%,更多用于保障和改善民生,这设定了深化改革的目标。在现实可行性方面,国企的快速发展、利润稳步增长也为深化改革、达此目标,提供了基础。2014年1月22日国务院国资委公布的2013年度中央企业经营业绩数据显示,2013年中央企业累计实现营业收入24.2万亿元,同比增长8.4%;上交税费总额2万亿元,同比增长5.2%;实现利润总额1.3万亿元,同比增长3.8%。各地国资委管辖的地方国企的利润也稳步增长,但是在国资收益分配制度的设计中还缺乏偿还养老基金"原债"的安排。

中共十八届三中全会《中共中央关于全面深化改革若干重大问题的决定》在第6条中指出:"划转部分国有资本充实社会保障基金。完善国有资本经营预算制度,提高国有资本收益上缴公共财政比例,2020年提到百分之三十,更多用于保障和改善民生。"习近平总书记在关于《中共中央关于全面深化改革若干重大问题的决定》的说明中指出:"完善国有资产管理体制。划转部分国有资本充实社会保障基金;提高国有资本收益上缴公共财政比例,更多用于保障和改善民生。"这为中国国有资本与养老基金之间关系的深化改革指明了方向。

目前中国已经上升为全球第二大经济体,而且国有资产数额与国有经济占比在世界各主要经济体中排名最大。在新的历史条件下,面对国有企业不断增长的巨额利润,面对养老基金缺口的不断扩大,利用国有资本收益充实养老基金具有必要性和可行性,具有重大的理论意义和现实意义。

第一节 国有资本充实养老基金的必要性分析

一、国有资本的部分积累来源于其对养老基金的历史欠账

(一)中华人民共和国成立初期国家实行低工资高积累的分配政策积累了数额庞大的国有资产

目前已经退休的国企职工,大都是20世纪五六十年代中华人民共和国成立初期参加工作的。当时国家要在一穷二白的基础上展开大规模的工业和国防建设,面临资金严重不足的困难,必须进行建设资金的原始积累,不得不实行低工资、高积累的分配政策。毛泽东说:"工人工资一个月50元,一年600元,还有7400元上缴国家……工人除提供出来的他们的必要劳动之外,剩余劳动所提供的资金,都由国家集中,这是为现在、将来的工人、农民服务的,拿出来为他们服务的"(顾龙生,1993)。这就是说,工人要把相当于自己工资

12.33倍的剩余劳动所提供的资金全部上缴国家。正是国企职工所上缴的这些剩余价值,承担了国家的巨额管理费用,加强了国防建设,为国家的工业化、现代化和改革开放的各项事业提供了巨额资金保证,并且积累了数额庞大的国有资产。

为此,曾担任全国社保理事会会长的项怀诚指出:"国有资产就是企业退休的老人创造的。应该把这个国有资产的股份卖了以后给他们养老。划拨国有资产充实中国养老金……已经退休的老人,就把国有资产变卖了,给他们养起来就是了。为什么呢?因为这些资产就是他们创造的,他们实行低工资,从牙缝里省出来创造这个财富。现在他们老了,不能工作了,新的人实行新的方法,老的人应该把这个国有资产的股份卖了以后给他们养老"[1]。

(二)国有资本的积累与养老基金隐性债务的形成

养老基金隐性债务主要是指养老金的隐性债务。养老金隐性债是指在养老保险制度转轨过程中,政府对养老金权益受到调整的对象偿还在旧制度下(现收现付制)、但新制度下部分积累制没有对应资金来源的尚未实现的养老金权益的所有价值之和。

为了配合国企改革,有利于国企的发展和国有资本的积累,中国于1997年实施了养老保险改革,养老金的筹资模式由现收现付制向现行的社会统筹和个人账户相结合的部分积累制转变。当年国务院颁发了《企业职工基本养老保险制度的决定》,将城镇职工分成了三类:第一类为"老人",即在1997年前退休的职工;第二类人为"中人",即在改革前参加工作而在改革后退休的职工;第三类人为"新人",即在改革后参加工作的职工。该文件规定养老金待遇领取原则为"老人老办法、中人中办法、新人新办法"。新制度以自我储蓄积累保障为特点,在新制度下"老人"无法从后代人处得到补偿,因此他们也无需为前代人的养老保障作出补偿。"中人"则经历了新旧两个制度阶段,在旧制度下他们为前代人养老提供过补偿,参加新制度后在个人账户为自己今后的养老积累了一部分资金,不用从后代人处得到补偿。因此,新旧制度转轨中要偿付的总债务就是"老人"和"中人"在旧制度下积累起来的期望年金的总价值。

在中国养老保险制度转制过程中必须填补的传统制度下的养老金欠账,

---

[1] 央视国际《对话》栏目,2006年11月3日。

虽然不会马上转化为赤字,但随着"老人"和"中人"退休年龄的临近而逐步显性化。如果缺乏大量增量资金介入,养老金的隐性债务即转制成本是难以依靠社会统筹基金解决的。而且,目前对社会统筹和个人资金的管理还没有分账,仍处于混账管理状态,在社会统筹基金不足时,个人账户基金被挪用便成为常态。

吴敬琏早在 2002 年 1 月 21 日就在《财经》杂志上撰文,强调在国家承诺包揽国有企业职工的养老、医疗等保险,实行现收现付的情况下,职工的社会保障缴费在发放工资以前已经作了扣除。这笔钱积累在国家手里,用来兴建国有企业,职工不需要也没有个人账户积累。这样,老职工的养老保障由现收现付制转向个人账户制后势必出现"空账户"问题。

可见,国家对于国企老职工的社会保障历史欠账,是一个重大的历史遗留问题。用国有资本分红充实养老基金,是解决这个问题的重大举措,这不仅关系到中国养老保险的可持续发展,更关系到国家的信用和声誉。

二、养老基金隐性债务与缺口的形成

(一) 养老金隐性债务规模巨大

关于中国养老金隐性债务规模的大小,不同研究机构的研究结果存在较大的差异。

1. 世界银行的测算

1996 年世界银行出版了《老年保障:中国养老金体制改革》一书,认为 1994 年中国养老金支付额大约占当年 GDP 的 2.3%,养老金隐性债务一般是养老金支付额的 20—30 倍。据此推断,中国当年养老金隐性债务占当年 GDP 的 46%—69%。该书测算出中国隐性养老金债务为 19 176 亿元,其中"老人"的债务规模为 6 813 亿元,"中人"债务规模为 12 363 亿元。

2. 何平的测算

2009 年劳动部社会保险研究所何平认为,养老金隐性债务是指现行养老保险制度如果立即停止运行,为了兑现对已经退休的老人和已经参加工作尚未退休的职工承诺的养老金待遇应该积累的资金现值他利用匡算法(假定制度停运时间为 1996 年初)测算出养老金隐性债务规模为 5.72 万亿元;利用精算法(测算隐性债务的时间期限为 1994—2050 年)测算出养老金隐性债务规模为 2.88 万亿元。

3. 王晓军的测算

王晓军博士认为,现收现付制度转制时隐性养老金债务就是旧制度的中止债务,以1996年为旧制度中止的年份,测算出当年年终的总债务水平为3.67万亿元,约占当年GDP的54%。

4. 宋晓梧的测算

2001年国家体改委分配和社会保障体制司宋晓梧通过对人口和就业的总量、结构以及经济发展速度、工资增长幅度、养老保险覆盖面、养老金替代率、企业缴费率、退休年龄、养老保险基金投资回报率等多因素进行综合分析研究,以1997年为评估时点,对中国国有企业和城镇集体企业养老金隐性债务规模进行测算,得到在1.83万亿元和10.83万亿元之间的15种不同债务规模。

5. 马骏的测算

2012年德意志银行大中华区首席经济学家马骏、中银国际控股有限公司首席经济学家曹远征撰写的研究报告《化解国家资产负债中长期风险》预测,到2013年,中国养老金隐性债务(缺口)将达到18.3万亿元。

6. 中国社科院的测算

2014年12月23日,中国社科院"中国国家资产负债表研究"课题组发布了《中国国家资产负债表2013》,测算2010—2050年所有的财政补贴形成的隐性债务折现到2011年总额将达到62.5万亿元,占2011年GDP比例为132%。

由于研究者所确定的测算基点、测算范围、测算方法、假设条件和依据的资料等方面的差异,导致中国养老保险基金的隐性债务规模测算存在较大不同。但综合来看,中国养老金隐性债务规模巨大。

(二) 养老基金隐性债务的显性化导致养老基金缺口

正是由于国家没有采取增量资金的办法来解决社会保障的历史欠账问题,随着"中人"逐渐步入退休年龄,"老人"和"中人"的巨大的养老金隐形债务开始显性化,这表现在当各地出现养老金收不抵支时,不得不挪用个人账户基金,导致个人账户空账,养老基金出现缺口。

更为紧迫的是,"老人"和"中人"的巨大的养老金隐形债务遭遇到中国人口老龄化的加速到来,使得中国养老金支出迅猛增长。全国老龄委在"2012年中国老龄工作会议"上的报告预测到2033年中国60岁以上的老年人口数将突破4亿。如此快速的老龄化,在世界人口史上是空前的。老年赡养比(工作人口与老年人口之比)的迅速上升,必将对中国养老金的支出造成越来越大的压力。

此外,"老人"和"中人"的巨大的养老金隐形债务也遭遇到职工养老金连续十多年上涨。中国养老金支出迅猛增长,但基本养老金只能存入银行或购买国债,投资回报低,甚至还赶不上通胀率。

面临巨额养老金隐性债务的显性化、人口老龄化导致的老年赡养率上升和严峻的通胀压力等诸多挑战,中国养老金缺口将越来越大。

三、养老基金缺口的预测分析

(一) 未来养老金收不抵支的省份将越来越多

2013年12月12日,根据人社部提供的有关数据,中国社科院世界社保研究中心发布的《中国养老金发展报告2013》显示,2012年有19个省份城镇职工基本养老保险基金当期"收不抵支"。

如果只考虑征缴收入(不含财政补贴等),2012年全国城镇职工基本养老保险基金当期结余只有906亿元,比2011年减少286亿元。只有12个省份征缴收入大于支出,19个省份和新疆生产建设兵团当期征缴收入小于支出,缺口共计1205.60亿元,其中辽宁和黑龙江的缺口均超过200亿元,吉林的缺口超过100亿元。

究其原因,在社保碎片化和人口流动矛盾加剧的背景下,广东、江苏、浙江、北京等经济相对发达地区由于外来务工人口多,征缴资金相对充足;老工业基地和人口流出大省因退休职工多、私营企业发展不景气,则负重不堪。以黑龙江为例,2012年全省城镇职工基本养老保险制度赡养率已达65.7%,这个比例为全国最高,尤其是离退休人员的增长率(5.68%)远高于参保职工的增长率(1.73%)。

2012年年底,城镇职工基本养老保险总参保人数为3.04亿,其中参保职工人数为2.3亿,比上年增长6.57%,增速回落了4.58个百分点;离退休人员数量为7445.68万人,比上年增长9.07%,增速提高了0.81个百分点。缴费人员增速下降,领取养老金人数增速增加,这一增一减导致城镇职工基本养老保险的制度赡养率由2011年的31.65%上升到32.4%。随着中国人口老龄化进程的加快,中国将迎来人口老龄化的高峰期,养老保险制度赡养率将越来越大,如不采取有效解决措施,"收不抵支"情况将愈演愈烈,一些地方财政很有可能面临崩溃的危机。

(二) 未来个人账户空账将越来越大

上述报告显示,2012年城镇职工基本养老保险个人账户累计记账额达到29 543亿元,比2012年城镇职工基本养老保险基金累计余额(23 941亿元)超出5 602亿元。

虽然在2012年做实企业养老保险个人账户试点的13个省份中,基金收入共计722亿元,2012年底全国13个试点省份累计做实个人账户基金收入3 499亿元,比2011年底增加了796亿元,但是却远远低于29 543亿元的个人账户累计记账额。以个人账户累计记账额减去做实的个人账户基金,个人账户空账依然超过2.6万亿元。

究其原因,个人账户的巨大缺口源于各省统筹账户不足导致个人账户被挪用。未来养老金收不抵支的省份越多,个人账户空账将越大。

3. 未来养老基金缺口将不断扩大

养老基金缺口主要体现在基本养老保险基金缺口。基本养老保险基金缺口的形成原因是多方面的,有养老保险制度转轨方面形成的巨大历史欠账和个人账户空账方面的历史原因,有养老基金需求不断扩大方面的原因(如人口老龄化速度不断加快、程度不断加重、规模不断加大,导致退休金支付不断扩大;退休年龄低、提前退休现象、期望寿命提高,导致退休金支付不断扩大;养老保险待遇支付水平不断提高也导致退休金支付不断扩大);有养老基金供给严重不足方面的原因(如就业人口增长率低于退休人口增长率,导致供款增长率不断低于领款增长率;覆盖面仍然较窄;征缴率问题、逃缴现象仍然存在);还有养老基金管理的投资回报低方面的原因(如养老基金投资运营方式单一,保值增值困难;养老基金管理监督不善)。随着中国人口老龄化速度不断加快、程度不断加重、规模不断加大,中国基本养老保险基金缺口将不断扩大。

四、解决养老基金缺口的方法

(一) 延迟退休年龄可能遭遇就业压力和社会风险

虽然从理论上讲,延迟退休年龄可以减少养老基金的缺口。但是,中国已经进入老龄化社会,每年离退休人员最少在600万人左右。如果延迟退休,那么每年将吃掉600万适龄就业人口的就业岗位。加上中国经济正在减速下行,据预测GDP每下降1个百分点,就业就减少大约100万人口,经济增速从10%左右下降到7%左右,那么每年将减少就业300万人左右。经济增速下滑和延迟退休因素,每年就将吃掉900万人口的就业岗位。据人社部数据,在2009年经济增速"保八"的情况下,当年仍有就业缺口1200万人。

就业是民生之本,社会稳定之根基。在中国就业形势如此严峻情况下,为了所谓的养老金缺口就贸然延迟退休年龄、牺牲年轻人就业岗位是得不偿失的。此外,考虑到法国推迟退休年龄所导致的社会动荡风波,中国延迟退休年龄也有可能会遭遇社会风险。因此,在当前的经济形势和就业形势下,延迟退休年龄并不是一个好方法。

(二)外汇储备不能用于充实养老基金

2022年5月中国外汇储备余额已经达到3.12万亿美元。外汇储备在央行资产负债表一方作为资产,同时对应的负债是有成本的。外汇储备是国家从企业和个人手中购买的外汇,与外汇储备等价的人民币已经给了企业和个人,进入国内的流通。如果用外汇储备来充实养老基金,将1万亿外汇储备拨给养老基金,养老基金用其兑换成6.2万亿人民币,央行就需要增发6.2万亿人民币。由于之前央行购买这1万亿美元时已经支付了6.2万亿人民币,所以一笔1万亿美元的外汇储备,对应了两笔6.2万亿的人民币,凭空多增加6.2万亿的人民币投放,这必然增加通胀压力,使得养老金缩水,缺口更大。再退一步讲,假如将外汇储备交给养老基金去投资,养老基金投资的收益必须大于成本,但是在目前中国养老保险基金投资制度条件下,这种投资风险极大。

因此,用外汇储备充实养老基金的提议,缺乏对外汇储备的性质及其与本币之间的资金往来关系的正确认识。外汇储备与国家的粮食储备一样,有其特定的功能。外汇储备要足够支撑国民经济发展的进口、投资、偿债的外汇需求;要足够满足支付干预汇率、防止国际投机势力冲击本币。在当今国际金融危机频发的时代,在中国资本账户逐渐开放过程中,中国很可能遭遇类似亚洲金融危机中热钱攻击港币的事情,保持流动性良好的、足够多的外汇储备,是国家金融安全、危机管理机制的重要组成部分。

(三)低投资回报的基本养老金缺乏保值增值手段

目前中国对于基本养老保险基金的投资存在限制性政策,只能存入银行或购买国债。而这种投资的回报较低,甚至低于通胀率,中国低投资回报的基本养老金缺乏保值增值手段。

如果适当拓宽基本养老保险基金的投资渠道,如投资国家重点项目的债券,将会提高投资回报率,增加养老金的收益,这将是解决养老金缺口的一个重要措施。

(四) 提高缴费率已经不现实

目前发达国家的社会保险缴费率一般都较低。如果考虑单位和个人的养老、医疗、失业、工伤、生育保险和住房公积金缴费率,中国总缴费率达到51%,居全球之首列;如果不考虑单位和个人的住房公积金缴费率,仅考虑单位和个人的养老、医疗、失业、工伤、生育保险缴费率,则中国总缴费率达到41%,仅仅排在法国、德国之后的第三位。比较之下,国外社会保险缴费都较低,美国社会保险缴费率只有中国平均水平的近三分之一,中国社会保险缴费率仍高居全球首列。

因此,在目前中国缴费率已经很高的情况下,不可能再提高缴费率。相反,需要降低缴费率,以减少企业和个人的逃缴率,扩大征缴率和覆盖面,从而扩大养老基金的征收总额。

降低社会保险缴费率,从单个缴费个体来看,国家来自社会保险的征缴收入会下降,但是,却可能大幅度地扩大企业的征缴率,扩大非正规就业群体的参保率。从总体来看,国家来自社会保险的征缴收入不仅不会下降,而且还因企业和非正规就业群体的征缴率的大幅提高,以及国家相关社会保险福利待遇的激励制度和措施,而大幅上升。

(五) 解决养老基金缺口的关键在于实现增量

解铃还须系铃人。解决养老基金的缺口问题,必须找出最初导致该缺口的源头(当然,后期的经济因素如实际通胀率的上升,人口因素如人口老龄化加速,政策因素如养老金投资体制僵化导致的保值增值问题等,这些因素又一起加剧了养老基金缺口的扩大)。这个源头是"老人"和"中人"的巨大养老隐形债务,国家需要采取增量资金的办法来解决社会保障的历史欠账问题,从根本源头上解决养老基金的缺口问题。这个增量资金应该是国有资本,也即用国有资本来充实养老基金。

五、用国有资本充实养老基金

(一) 国有企业的收益不断上升

近年来,经过改革,国企通过艰辛的改革走出了低谷,经营效益有了大幅度的提高。根据财政部和国资委的统计数据,国家已经基本上完成了对国有经济布局和结构调整的任务。国有企业基本已从中小规模的企业退出,向大型企业集中,国有资本和国有经济逐步向关系国家经济命脉的关键领域和重要行业集中。国有企业经营效益和盈利能力大幅提升,总体生产经营保持平稳较快增长。国有资产总额大幅提升,国企利润和央企利润总体上呈较快增长趋势。国有企业及国有参股企业已经具备了向国家上缴红利的能力。

(二) 国有企业分红的必要性

首先,国有资产所有者有权享有投资收益。中共十六大明确提出建立中央政府和地方政府分别代表国家履行出资人职责,享有所有者权益。在利税分开的前提下,按照"谁投资、谁受益"的原则,国家作为国有企业的出资人,和其他企业的投资人一样,有权享有国企的经营效益。

其次,资本作为一种重要的生产要素,也应该和其他生产要素一样,按贡献公平地参与国有企业的利润分配。因此,向国企征缴红利是国家实现公有资源收益的必然手段。

最后,从公司治理的角度来看,所有者要求分红,有利于公司管理层确立以股东利益最大化为经营目标,避免因产权不明而引发内部人控制问题。

(三) 国有企业分红向民生倾斜

国有企业的经营目标受到其所有者(国家)行为目标的约束而具有不同于一般企业的特殊性。一方面,国企作为公平参与市场竞争的主体,和其他企业一样,追求利润最大化,具有企业性。另一方面,国企是国家所有,需要向国家缴纳部分经营收益,用于回馈社会,具有公共性。国有企业是"企业目标"和"公共目标"的对立统一体。这意味着国有企业进行利润分配时应兼顾保值增值和全民福祉。

然而,国企红利过多地用于企业自身的发展,国企红利分配仍然还是在国有企业内部循环,仍然走不出"取之国企,用之国企"的制度框架,并没有做到

"取之于民,用之于民"。因此,国企分红应扩大民生分配的比例,还利于民,国企红利的支出结构应该向民生领域倾斜。

(四) 国有企业分红向养老基金倾斜

如上所述,在国有企业红利的分配结构中,今后应扩大民生分配的比例。

进一步地,在其民生分配的结构中(教育、科技、文化、医疗保险、养老保险等),由于国有资本的部分积累来源于养老基金的历史欠账,因此,今后应向养老基金倾斜,逐步提高国企红利充实养老基金的比例,用国有资本不断充实养老基金。

第二节 国有资本充实养老基金的可行性分析

一、重启国有企业利润上缴制度

中国国有企业改革已经走过了 40 多年的历程。一方面,由于试验前无古人,改革始终沿着"摸着石头过河"的方式不断试验;另一方面,随着中国社会主义市场经济体系的逐步完善,改革也在制度的安排下以渐进式路径不断前行。其中存在争议的国有资本收益上缴制度的暂停和重启,既是贯穿中国经济体制改革的主线之一,也是整个经济体制改革的缩影。具有中国特色渐进式改革的国企分红经历了以下几个阶段:一是计划经济时代(1948—1977 年),国企创造的利润全额上缴;二是改革开放(1978—1993 年),从利润留成到利改税到经营承包责任制;三是分税制改革(1994—2007 年),国企暂不向国家上缴利润;四是重启国有企业利润上缴制度(2007 年至今),国企向国家上缴利润。

进入 21 世纪,国企快速发展,特别是在国务院国资委及地方各级国资委成立以后,困扰国企改革多年的政企不分、政资不分问题,被赋予出资人代表地位的国资委一一破解。在集中精力做主业、建立现代企业制度等一系列举措下,国企的发展可谓突飞猛进。随着国企社会职能的逐步剥离及国企利润的大幅攀升,国企利润绝对量从 1994 年的 829 亿元升至 2007 年的 1.62 万亿元,13 年间增长了 18.54 倍,国企不仅走出困境,还巨额盈利,说明国企不分红的制度基础不复存在。并且,国企向国家分红符合市场经济原则及国际惯例,有利于抑制国企内部的过度投资,提升资本配置效率。因此,重构国企利润上缴的制度设计时机已基本成熟。

(一) 2007 年正式建立国有资本经营预算制度

2007 年 9 月 8 日国务院发布《关于试行国有资本经营预算的意见》,标志着中国开始正式建立国有资本经营预算制度。该意见明确提出试行国有资本经营预算,应坚持统筹兼顾、适度集中原则。2007 年 12 月 11 日,财政部会同国资委发布了《中央企业国有资本收益收取管理暂行办法》。该办法规定,央企国有资本收益将按"适度、从低"原则,分三档上缴财政部。其中,第一类为烟草、石油石化、电力、电信、煤炭等具有资源型特征的企业,五个行业的上缴标准为税后利润的 10%;第二类为钢铁、运输、电子、贸易、施工等一般竞争性企业,上交比例为 5%;第三类为军工企业、转制科研院所企业,暂缓三年上缴。2007 年红利新政的实施,结束了 1994 年以来国有企业连续 13 年不向政府分红的历史。

(二) 2011 年国有资本经营预算二度扩容

经过三年试行,经 2010 年国务院常务会议研究决定,从 2011 年起将 5 个中央部门(单位)和两个企业集团所属共 1 631 户企业纳入中央国有资本经营预算实施范围,适当提高中央企业国有资本收益收取比例。从 2011 年起,国家开始逐步扩大国有资本经营预算范围,并分四类逐步提高利润上缴比例:第一类为企业税后利润的 15%;第二类为企业税后利润的 10%;第三类为企业税后利润的 5%;第四类免交国有资本收益,包括中国储备粮管理总公司和中国储备棉管理总公司。与 2007 年相比,国有资本收益收取比例大致上调了 5%。

(三) 2012 年国有资本经营预算三度扩容

2012 年财政部发布《关于扩大中央国有资本经营预算实施范围有关事项的通知》,表示将继续扩大中央国有资本经营预算实施范围,四类企业被新划入红利上缴范围。该通知规定,从 2012 年起,将工信部、体育总局所属企业,中央文化企业国有资产监督管理领导小组办公室履行出资人职责的中央文化企业,卫生部、国资委所属部分企业,民航局直属首都机场集团公司,纳入中央国有资本经营预算实施范围。此次新纳入国有资本经营预算实施范围的中央企业共有301家,分别是工信部所属企业81家、国资办履行出资人职责企业108家、国资委所属企业55家、体育总局所属企业53家,以及3家卫生部所属企业和1家民航局直属企业。新纳入的企业主要集中在服务业、咨询、商贸、出版、电子、科研等领域。对此次新纳入实施范围的国有独资企业将按照中央国有资本收益收取政策第三类企业归类,上缴利润比例为税后净利润的5%。

随着国有企业经营状况进一步改善,尤其是历史包袱基本上化解掉以后,上缴比例会进一步提升。未来应该在保证国有企业顺利改制转型基础上,增大央企红利对公共预算和社会保障的投入,促进央企红利社会共享。

二、国有企业分红状况分析

自2007年国务院发布《关于试行国有资本经营预算的意见》、财政部会同国资委发布的《中央企业国有资本收益收取管理暂行办法》实施以后,从1994年分税制改革以来长达13年国企只纳税不向国家上缴收益的历史宣告终结;至2013年,国企上缴收益政策已实施7年。

(一) 全国国有及国有控股企业经济运行状况

2013年1—12月,全国国有及国有控股企业[①]主要经济效益指标同比保持增长。在营业总收入方面,国有企业实现营业总收入464 749.2亿元,同比增长10.1%;其中,中央企业实现营业收入284 407.1亿元,同比增长8.8%;地方国有企业实现营业收入180 342.1亿元,同比增长12.3%。

在利润方面,国有企业实现利润总额24 050.5亿元,同比增长5.9%;其中,中央企业实现利润总额16 652.8亿元,同比增长7.4%;地方国有企业实现利润总额7 397.7亿元,同比增长2.7%。

到2013年12月末,国有企业资产累计911 038.6亿元,同比增长12.9%;负债累计593 166.5亿元,同比增长14%。所有者权益合计317 872.1亿元,同比增长11.1%。其中,中央企业资产累计483 178亿元,同比增长11.6%;负债累计317 519.4亿元,同比增长12.6%;所有者权益为165 658.6亿元,同

---

① 这里全国国有及国有控股企业,包括中央企业和36个省、自治区、直辖市、计划单列市国有及国有控股企业。中央企业包括中央部门所属的国有及国有控股企业及113户中央管理企业,以上均不含国有金融类企业。

比增长9.8%。地方国有企业资产累计427 860.6亿元,同比增长14.5%;负债累计275 647.1亿元,同比增长15.6%;所有者权益为152 213.5亿元,同比增长12.5%。

2013年1—12月,实现利润同比增幅较大的行业为交通行业、电子行业、汽车行业、施工房地产行业等。实现利润同比降幅较大的行业为有色行业、煤炭行业、化工行业、机械行业等。

(二) 中央国有资本收益上缴

1. 中央国有资本收益收缴模式

国务院和国资委于2007年颁发《中央企业国有资本收益收取管理暂行办法》规定,针对国企不同行业采取不同比例的收缴方式,即将国有企业划分为三类,第一类是资源型国有企业,收缴收益比例为税后净利润的10%;第二类为一般竞争型国企,收缴比例为税后净利润的5%,第三类为国家政策导向性企业或是军企性质的企业,暂缓三年收缴收益或免收缴收益。

财政部于2010年发布的《关于完善中央国有资本经营预算有关事项的通知》规定,自2011年起,对中央企业国有资本收益收缴的比例将适度提高,具体比例分为四类,分别为税后利润的15%、10%、暂缓收缴或免收缴。

该通知规定:中央企业的国有资本收益收缴的对象为中央人民政府国资委和财政部,企业应向国资委和财政部申报,先由国资委审核,然后由国资委将审核结果报于财政部,再由财政部复审,随后由财政部派驻该企业督察专员检查,如通过,再经国资委将财政部复审结果下发国有资本收益收缴通知。对处于国有产权转让和国有企业清算收入,按实际收入全额上缴。

2. 中央企业国有资本收缴执行情况

中央企业税后利润的上交是中央国有资本经营预算收入的主要来源。自2007年国有资本经营预算制度正式启动以来,中央企业的国有资本经营预算试点工作进展顺利,取得了一定成绩(见表10-1)。

表10-1　　　　　　2007—2012年中央国有资本经营收益

年份	央企利润总额(亿元)	收取国有资本收益(亿元)	收缴比例
2007	7 547	116	1.54%
2008	9 800	140	1.43%
2009	7 000	443	6.33%

续表

年份	央企利润总额(亿元)	收取国有资本收益(亿元)	收缴比例
2010	9 556	874	9.15%
2011	11 315	630	5.57%
2012	21 959	970	4.42%

注：2009 年的 9 556 亿元包含 600 亿元电信企业重组资本收益。
资料来源：国资委网站。

从表 10-1 可以看出，虽然国有资本收益上缴额每年递增，但是相比国企利润而言微不足道。2007—2011 年国有资本收益收缴合计仅为 2 316 亿元，占央企总利润的 5.1%。仅 2010 年一年内国家对央企的固定资产投资就高达 2.3 万亿元，相当于 2007—2011 年 5 年收缴央企国有资本收益的 10.76 倍。

2013 年国家财政部向全国两会提交的预算报告显示，2012 年国企累计实现营业总收入 423 769.6 亿元，实现利润总额 21 959.6 亿元，而国有资本收益上缴数为 970.83 亿元，仅占利润总额的 4.42%。当年国有资本收益支出达 929.79 亿元，大部分收益因科技创新、节能减排项目、改革脱困补助、国有经济及产业结构调整等原因重新回到央企内部。真正用于民生、调入公共财政预算用于社保等民生支出仅 50 亿元（其中，中央企业社会保障支出 4.39 亿元，国有股减持收入补充养老基金支出 17.21 亿元），占中央企业国有资本收益上缴数额的 5.1%。

(三) 地方国有资本收益收缴

中央企业国有资本经营预算制度的顺利执行为进一步扩大中央国有资本经营预算试点范围、推动地方国有资本经营预算试点工作奠定了良好的基础。到 2009 年年底，全国 36 个省、自治区、直辖市、计划单列市中，有 20 个地方开始单独编制年度国有资本经营预算实施意见和制度办法。2009 年，地方国有资本经营预算收入达 98 亿元，其中，省本级国有资本经营预算收入 76 亿元，地市级及以下国有资本经营预算收入 22 亿元。可见，无论在总量规模上，还是在推进速度上，地方国有资本经营预算的试点均落后于中央国企。

在中国国有资本经营预算没有正式建立之前，上海、深圳等改革发展的前沿城市早在 1990 年年初就开始了建立国有资本经营预算制度的研究工作。2003 年中国实行国有资产管理体制改革后，以北京、上海、深圳、武汉为第一批试点城市，进行了国有资本经营预算制度的试推行。

在国有资本收益征缴比例上，各地采取不同的比例，有些采取"一刀切"，有些则根据具体情况进行调整。深圳、武汉只规定最低征收比例，具体征缴数额由国资委视情况而定；北京采取统一比例征收；上海先实行统一征收，待条件成熟后，分行业和企业进行。

三、国有企业收益的预测分析

（一）国企利润大幅增加

从1998年开始，国企利润就呈现出快速增长的态势（见表10-2）。

表10-2　　1998—2012年全国国有企业利润总额（单位：亿元）

年份	国有资产总计	国有企业利润总额
1998	74 916.27	525.14
1999	80 471.69	997.86
2000	84 014.94	2 408.33
2001	87 901.54	2 388.56
2002	89 094.60	2 632.94
2003	94 519.79	3 836.20
2004	109 708.25	5 453.10
2005	117 629.61	6 519.75
2006	135 153.35	8 485.46
2007	158 187.87	10 795.19
2008	188 811.37	9 063.59
2009	215 742.01	9 287.03
2010	247 759.86	14 737.65
2011	281 673.87	16 457.57
2012	312 094.37	15 175.99

数据来源：中华人民共和国国家统计局编：《中国统计年鉴2013》，中国统计出版社2013年版。这里全国国有企业包括国有企业（即原全民所有制工业或国营工业）及国有控股企业，不含国有金融类企业。

财政部数据显示，2013年全国国有企业累计实现利润总额24 050.5亿元。其中，中央企业为16 652.8亿元，地方国有企业为7 397.7亿元。可见，国有企业利润增幅很大。可见，国企上缴红利的条件和时机已经成熟，有能力上缴红利。

(二) 国企利润将不断增加

国资国企以市场化为目标,以调整布局结构和转变发展方式为主线,通过更加注重创新增强企业核心竞争力、更加注重上市发展和透明运作、更加注重企业开放性市场化重组联合、更加注重依托法人治理结构优化国资监管、更加注重企业社会责任和公共利益诉求,使国有企业成为市场化程度高、创新能力强的公众公司,从总体上提高国有经济的整体素质,增强国有经济的控制力、影响力和带动力,未来国企利润将不断增加。这为国企分红有效补充养老基金缺口,奠定了坚实的资金基础。

第三节 国有资本充实养老基金的政策建议

国有企业分红问题,主要集中在四个方面:一是"怎么分",即国企分红的原则和标准;二是"分多少",即国企分红比例的问题;三是"分给谁",即国企红利上缴的对象;四是"怎么用",即国企分红上缴红利的使用流向。相应的答案,一是中国国企分红的原则和标准是按照行业划分而确定不同标准;二是尽管不同行业实行不同分红比例,但目前总体而,分红比例过低;三是国企分红上缴给财政部门;四是国企上缴的红利用于公共支出,如教育、医疗、养老保险等。针对中国养老基金的历史欠账及其缺口问题,国企上缴的红利应主要用于补充社会保障。鉴于此,针对国有资本充实养老基金问题,本研究提出如下政策建议。

一、逐步扩大国企分红的覆盖面

由于相当一部分的中央企业仍然游离在国企分红之外,相当大部分的地方国企仍然不实行国企分红,因此提高国有企业分红的覆盖面,还有很大空间。

扩大国企分红的覆盖面,既包括中央国有企业,也包括地方国有企业;既针对集团公司,也针对子公司;既包括国有独资企业,也包括国有控参股企业。只有对这些企业进行彻底全面的摸底工作,本着"成熟一批推一批"的原则,未来才能有更多的央企和地方国企纳入国企分红,纳入到国有资本经营预算。

二、逐步提高国企分红的比例

目前中央国企分红比例最高为15％,为第一类的石化、煤炭等资源性企业;一般竞争性企业上缴10％;军工等企业上缴5％;中储粮等政策性企业免缴国有资本收益。总体来看,这个比例大幅低于国际通行的30％水平,因此,提高中央国有企业分红的比例,还有很大空间。

由于各地经济发展状况和国有企业经营状况不同,各地方试点国企分红所采取的收益上缴标准也各不相同,有的地方国企分红不低于30％(深圳),但这只是极个别的试点城市。从全国各地方国企角度来看,提高地方国有企业分红的比例,存在巨大潜力。

三、逐步提高国企分红用于民生的比例

在国企红利的分配与使用方面,由于先国企、后民生的国企红利分配次序致使国企红利的资本性支出远远高于民生支出,国企红利大部分流向国企内部,用于自身发展,仍然"取之国企,用之国企",而用于民生的比例很低。如2012年在国有资本红利的使用与分配中,用于公共医疗、社会福利、养老基金等民生支出占国有资本红利的7.3％。这个比例远远达不到中共十八届三中全会所提出的要求"提高国有资本收益上缴公共财政比例,更多用于保障和改善民生",因此,提高国企分红用于民生的比例,存在着很大空间。

四、逐步提高国企分红用于养老基金的比例

鉴于中华人民共和国成立初期国有资本对养老基金的历史欠账,因此,在国企红利的民生支出中,国企分红应着重用于充实养老基金。2013年,国有股减持收入补充养老基金支出17.21亿元,占国有资本红利的1.8％。国企红利用于充实养老基金的比例更小,甚至近乎乌有。这就远远达不到"逐步提高国有资本收益上交比例,新增部分主要用于社会保障等民生支出"的要求。因此,提高国企分红用于养老基金的比例,存在着巨大的空间。

五、逐步提高养老基金的投资保值增值能力

近年来国资收益稳步增长,养老基金现有筹资机制和投资运营机制亟待改革突破的重点,在于利用国有资本充实养老基金,中央与地方国企分红主要用于充实养老基金。同时,与推进养老基金投资运营、保值增值相结合,做到基金筹资与投资运营相结合,以贯彻落实中共十八届三中全会《中共中央关于全面深化改革若干重大问题的决定》在第 45 条中提出的"加强社会保险基金投资管理和监督,推进基金市场化、多元化投资运营"。不仅用国企红利充实养老基金,而且更要重视大体量的养老基金的投资保值增值。

六、央企分红充实全国养老基金,地方国企分红充实地方养老基金

利用中央国企分红充实全国养老基金,利用地方国企分红充实地方基本养老保险基金。运用地方国企分红填补地方养老基金缺口将是今后解决地方养老基金缺口问题的一个重要手段。2021 年 2 月 23 日国务院国资委发布数据,中央企业率先完成向社保基金划转国有股权任务,截至 2020 年年底划转国有资本 1.21 万亿元。

第十一章 中国养老保险个人账户的投资原则

第一节 个人账户安全性第一的 SFMM 模型

养老基金的投资行为遵从经济学理性人假说,同时它也是一个风险厌恶者。资本市场中的每一种资产都会带来某种或多种风险,任何投资都要兼顾安全性、收益性、流动性原则,只不过要求不同,三性的优先次序不同。国际著名养老基金投资问题研究专家菲利普·戴维斯(Philip Davis,2002)认为,养老基金的养老保障功能决定其投资原则的顺序为:安全性、收益性、流动性,即在保证基金安全的基础上提高基金的收益率,保证其流动性需要。养老基金以安全性作为第一位的投资原则,是政府对养老基金投资实施监管的依据所在①。既然如此,面临现代资本市场的迅猛发展所带来的各种不确定性和风险,养老基金如何在保证安全性第一的前提下去寻求适当的投资理论模型?

长期以来,马克威茨的均值-方差资产组合最优化模型(Markowitz,1952)一直被理论界和投资界奉为圣经,但是这个理论是在一系列假设前提下建立起来的。利维(Levy,1992)论证其假设包括:(1)投资组合的回报呈正态分布;(2)投资者效用函数是二次的。这些假设前提与今天资本市场的现实情况存在着一定的差异,尤其是在对资产组合的风险(方差、半方差)度量和投资人的风险态度及风险承受度(二次效用函数)方面存在着一定的局限性,偏重对资产组合回报率风险的量度研究。

---

① 2007年1月28日国务院总理温家宝在社保基金理事会呈报的《关于呈报〈全国社保基金理事会2006年工作总结和2007年工作的基本思路〉的报告》上批示,"管好老百姓的保命钱,要始终坚持把安全作为第一目标,戒慎恐惧地工作。"《证券时报》,2007年2月2日。

也是在 1952 年，罗伊在《计量经济学月刊》上发表了文章《安全性第一与资产的持有》(Roy, 1952)①，首次提出安全性第一的资产组合理论思想。罗伊着重关注最坏结果可能出现的风险，并将这种风险最小化，同时他推荐一个具体的组合，即在特定的不合意的收益水平之上、期望收益与标准差比例尽可能高的组合。罗伊的思想后经阿扎克(Arzac, 1977)、詹森(Jansen, 2000)、马赫富祖尔·哈克(Mahfuzul Haque, 2004)等学者的研究，逐步形成一套理论体系。然而，罗伊的安全性第一资产组合最优化理论模型偏重考虑投资者的风险态度与风险承受度(投资者对财富临界值的设定)，由于其概率与极值水平的计算太复杂，而未能在理论界与投资界中加以推广应用。"任何理论最好不过的命运是，指明通往一个更加广包的理论的途径，而它则作为一个极限情形在后一理论中继续存在下去。"(卡尔·波普尔,1997)本研究在前人研究的基础上，试图对上述二大模型加以综合归纳，并提出安全性第一的均值-高阶矩资产组合最优化模型之雏形。

一、安全性第一的资产组合模型

(一) 理论发展

美国著名风险问题研究专家艾伦·威利特(Allan Willett, 1952)认为，"风险是关于人们不愿发生的事件发生的不确定性之客观体现"。风险是一种不确定性的随机现象，它因决定风险的各种因素的存在而客观存在，而且具有突发性(风险的产生往往给人以一种突发的感觉)。资本市场往往突发一些重大事件。如 1987 年 10 月 19 日纽约股市发生大崩盘，S&P 市场指数一夜之间突然从 282.70 点猛跌到 224.84；又如 1997 年亚洲金融危机的突然爆发导致资本市场突发重大损失。因此安全性第一的规避风险的投资者绝对不会忽视资本市场中重大事件导致数据发生的巨大变化，并力图将可能出现的最大损失降低到最小程度。因为如果忽视这类重大事件(尤其是在时间序列数据的分析当中)，就会导致低估市场风险。

就在马克威茨于 1952 年在《金融月刊》上发表《资产选择：投资的有效分

---

① 即使在 47 年之后的 1999 年 12 月，马克威茨也对罗伊的这篇论文给予高度评价："比较罗伊和我在 1952 年的论文，很难理解为什么我因为这篇文章获得了诺贝尔奖而罗伊却没有。"(哈里·马克威茨于 1999 年 12 月在《资产选择：投资的有效分散化(第二版)》中文版所作的序)。

散化》而首创现代资产组合理论的同一年,罗伊在《计量经济学月刊》上发表了《安全性第一和资产的持有》一文。他认为,仅仅发生一次巨大的损失事件,就足以减少投资者的财富,这就使安全性第一原则与资产组合的选择密切相关。他提出,安全性第一的资产组合理论首先将损失风险限制在一定范围内,即将那些回报率低于事先规定的临界回报值的事件概率最小化。

1955年日本学者片冈(Kataoka)修改了罗伊的方法(Elton,1995),他事先规定发生一次损失风险的可接受概率,从而选择在这同一概率条件下临界回报值最高的那个资产组合。同年特尔塞尔(Telser)综合了罗伊与片冈的研究方法,提出在回报率低于事先规定的临界回报率的概率条件下,使安全性第一的资产组合的回报率最大化(Telser,1955)。但是,罗伊、片冈、特尔塞尔都没有将风险资产的回报率进行排序化。为此,1977年阿扎克研究投资者根据安全性第一原则进行资产组合的选择,对此进行了修正,提出对风险资产的回报率进行排序(Arzac,1977)。

贝凯尔(Bekaer,1998)认为,新兴资本市场与发达资本市场之间所存在的一个巨大差异是,新兴资本市场回报率的分布远远地偏离正态分布,存在正向偏度、峰度。这是马克威茨所没有考虑到的(Mahfuzul Haque,2004)。Pownall(1999)的研究表明,股票收益率的分布呈极值分布(Extreme Value Distribution);而且与欧美资本市场相比,亚洲新兴资本市场更是如此。Longin(2001)发现,国际证券市场的相关性极易受到市场回报率的极值趋势的影响,当市场处于熊市时,这种回报率的极值趋势愈大,因此对于资产组合回报率的极值情况,有必要区分熊市和牛市,区别对待这两种资本市场。

考虑到安全性第一原则要求计算回报率出现极值情况的概率、极值理论的复杂性,以及计算回报率出现极值情况的概率的难度要大于马克威茨的均值-方差模型,理论界对安全性第一的资产组合最优化模型没有进行更深入的研究,因而它没有得到普遍使用。但是,詹森(2000)将极值理论分析方法(Extreme Value Theory)引入安全性第一的资产组合选择,成功地解决了安全性第一的资产组合最优化模型的运用问题[①]。

---

① 他们发现,利用极值理论分析方法研究资产组合回报率的厚尾特征,可以大幅提高安全性第一的资产组合最优化模型的应用。

（二）罗伊安全性第一的资产组合模型[①]

1. 对风险规避者的描述

对一个风险规避的投资者,假定其初始财富为 W_0,来自投资组合的最终净期望财富为 w,其所规定的临界财富值为 s,该投资者对最大损失（或一次突发性的灾难损失）的最大可接受概率为 ξ,则令

当 $P = \Pr\{w \leqslant s\} \leqslant \xi$ 时, $\pi = 1$;否则, $\pi = 1 - P$

可以用 (π, w) 对该名投资者的风险规避偏好加以描述。

2. 对金融市场的描述

对一个金融市场,假定存在着一种无风险资产和 i 种风险资产,无风险资产的本金总回报率为 r（即 $1+$ 净无风险资产利率）,风险资产 i 的最初市场价格为 X_i,最终市场价格为 Y_i。

假定该风险规避者可以在金融市场上自由进行借贷,其贷出金额为 b（即当 $b < 0$ 时,表示借入）；在该投资者的资产组合中,风险资产 i 的量为 V_i,则一定有下式成立：

即 $W_0 = \sum_i V_i X_i + b \quad w = \sum_i V_i Y_i + br$

3. 安全性第一的风险规避者的资产组合最优化模型

在给定 π 即 当 $P = \Pr\{(\sum_i V_i Y_i + br) \leqslant s\} \leqslant \xi$ 时, $\pi = 1$;否则, $\pi = 1 - P$（风险承受度前提条件）

MAX(π, w)（期望财富最大化）

S.t. $W_0 = \sum_i V_i X_i + b$（预算约束条件）

4. 安全性第一的前提条件

由于 $P = \Pr\{(\sum_i V_i Y_i + br) \leqslant s\} \leqslant \xi$;因此 $P = \Pr\{\sum_i V_i Y_i \leqslant s - br\} \leqslant \xi$

由于 $W_0 = \sum_i V_i X_i + b$;因此 $\sum_i V_i X_i = W_0 - b$

因而 $\Pr\left(\dfrac{\sum_i V_i Y_i}{\sum_i V_i X_i} \leqslant \dfrac{s - br}{W_0 - b}\right) \leqslant \xi$;令 $R = \dfrac{\sum_i V_i Y_i}{\sum_i V_i X_i}$, $C_\xi(R) = r +$

[①] 这里罗伊安全性第一的资产组合模型并非其 1952 年论文中的原型,而是基于其论文和后来多位学者对其的修正和补充研究,由于这个理论思想是其首创,故而冠其名。

$$\frac{s - W_0 r}{W_0 - b}$$

则必有 $\Pr\{R \leqslant C_\xi(R)\} \leqslant \xi$

其中，R 的经济含义就是风险资产本金总期望回报率（即 1＋净期望回报率）。

一个风险规避、安全性第一的投资者，将购买部分风险资产，其所购风险资产的最大量必须符合上式。式中 $C_\xi(R)$ 取决于 ξ 和资产组合的分布[①]。

$$C_\xi(R) = 1 - |\text{下尾极值水平}|$$

因此，从概念上讲，$C_\xi(R)$ 可以测度与资产分布二阶矩有关的风险。但是在某些情况下，如在资产组合收益率呈标准正态分布时，安全性第一的资产组合最优化原则与均值方差最优化模型是一致的。

5. 违反安全性第一原则的前提条件

$$C_\xi(R) < r + \frac{s - W_0 r}{W_0 - b}$$

如果临界财富值 s 小于投资者可以安全获得的利息本金和 $W_0 r$，那么他将降低风险资产，并愿意以无风险利率全部贷出资产。

6. 在存在有利可图的风险资产的情况下

即当 $C_\xi(R) = r + \dfrac{s - W_0 r}{W_0 - b}$ 时，投资者将使其财富最大化

由于 $C_\xi(R) = r + \dfrac{s - W_0 r}{W_0 - b}$；因此 $W_0 - b = \dfrac{s - W_0 r}{C_\xi(R) - r}$

由于存在有利可图的风险资产，$R = \dfrac{\sum_i V_i Y_i}{\sum_i V_i X_i}$

又由于 $w = \sum_i V_i Y_i + br$；因此 $w = R \sum_i V_i X_i + br$

由于 $W_0 = \sum_i V_i X_i + b$；因此 $w = R(W_0 - b) + br = (W_0 - b)(R - r) + W_0 r$

因而 $w = W_0 r + \dfrac{s - W_0 r}{C_\xi(R) - r}(R - r)$

[①] 这涉及有关极值理论分析方法，详见赖斯（Reiss，2001）。

所以安全性第一的投资者期望财富最大化为

$$\text{Max} \to w = W_0 r + \frac{s - W_0 r}{C_\xi(R) - r}(R - r)$$

因而 $\text{Max} \to w = W_0 r - (s - W_0 r)\frac{R - r}{r - C_\xi(R)}$

$$r_p = \frac{R - r}{r - C_\xi(R)}$$

式中 r_p 为风险溢价水平。

安全性第一的资产组合最优化决策模型表明,投资者在愿意以 ξ 的概率承担可能带来最大机会损失 ($s - W_0 r$) 的前提下,尽可能地使其风险溢价水平 r_p 最大化。

其中,对 ξ 的事先规定,一般为一个资产组合回报率大样本中发生一次或二次或三次的概率,即 $\frac{1}{n}, \frac{1}{2n}, \frac{1}{3n}$。$R$ 为风险资产的本金回报率。r 为无风险资产的本金回报率。$C_\xi(R)$ 取决于 ξ 和资产组合的分布。

这样,投资者也可以决定资产组合的风险资产的最优权重 V_i。这种资产组合的最优化就满足安全性第一的原则,即这些资产组合的最终期望财富大于临界财富值 s 的概率为 $(1 - \xi)$。

此外,投资者也可以决定贷出多少资产(相当于存款、国债等固定性收益的资产),即式中贷出金额 b 的大小(或者说当 $b < 0$ 时,可以利用多少杠杆融资购入风险资产,即借入金额的大小):

由于 $W_0 - b = \dfrac{s - W_0 r}{C_\xi(R) - r}$

因此 $b = -\dfrac{s - W_0 C_\xi(R)}{C_\xi(R) - r}$。当 $b > 0$ 时,表示贷出;当 $b < 0$ 时,表示借入。

(三) 罗伊模型的适用前提与评价

罗伊的安全性第一资产组合最优化模型假设:(1)突发一次巨大的损失事件足以减少投资者的财富,资产组合收益率的分布具有厚尾特征;(2)事先规定投资者在发生一次最大损失的可接受概率下他所能承受的最大损失,或规定其临界财富值。

罗伊认为,均值-方差模型是根据资产组合的整体均值和方差进行投资,同时考虑相关收益的证券,均值-方差本身是基于用简单的方差方法刻划资产组合的风险度量。然而,不同于均值-方差模型所给出的一条风险-收益曲线,罗伊给出一个具体资产组合,目标是在回报率低于事先规定的临界回报率的概率条件下,在安全性第一的原则下,使投资者的期望财富最大化;但是罗伊在投资者的决策模型中却没有提出风险资产组合的夏普比率最大化。

二、马克威茨 M–V 资产组合最优化模型的适用前提分析

(一)假设一:资产组合的不确定性收益的概率分布服从正态分布

如果资产组合的不确定性收益的概率分布服从正态分布,那么仅仅采用均值和方差两个指标值就可以概括整体概率分布。由于投资者计划期较短,短期内股票价格波动有限,而且资产组合中各种不同资产构成的大型组合的收益率的分布会此消彼长,根据中心极限定理,资产组合收益率的分布接近正态分布。然而,事实上,随着现代全球资本市场的迅猛发展,在现实证券投资中,投资者的最大收益率可能大幅高于均值,最大损失甚至是血本无归,因此实际上收益率并不是相对于均值而对称性分布的,更一般的情况是收益率相对于均值存在着一定的偏度。

如果收益率的分布是正偏度的,那么仅仅使用方差就有可能低估组合决策中所包含的客观风险,结果使投资者面临更大损失的可能性。反之,如果收益率分布的偏度为负,那么简单地采用方差就有可能高估资产组合决策所包含的客观风险。虽然采用低于均值的半方差方法相对于方差方法可能在一定程度上贴近客观风险的描述,但是却不可能反映事实上收益率相对于均值的非对称性离散分布。因此,仅仅采用均值-方差两个指标来描述资产组合的风险是远远不够的,我们需要"扩展"该假设的局限性,"广包"到一个更一般、更接近现实的假设。这需要利用描述概率分布的三阶矩(偏度)、四阶矩(峰度)等高阶矩来描述资产组合收益率分布的风险。

偏度描述收益率分布的不对称程度和偏态方向,它的负偏或正偏对整体分布的算术平均数、中位数、众数都有影响。根据统计经验推断,偏度越为正数(即收益分布的峰部偏左,频数分布为正偏或右偏),资产组合的收益率风险(相对于正态分布的情况而言)愈大;偏度为零,即资产组合的收益率量正态分布;偏度越为负数(即收益分布的峰部偏右,频数分布为负偏或左偏),则资产组合的收益率风险(相对于正态分布的情况而言)越小。峰度描述收益率分布

的顶峰的尖锐程度,它是描述分布的四阶矩,其值为正。峰度数值越大,分布"堆积"越高,峰度越尖。根据统计经验推断,当其值为 3 时,分布曲线为常态峰顶;当其值大于 3 时;分布曲线为尖顶峰度;当其值小于 3 时,分布曲线为平顶峰度(当其值为 1.8 时,为一条直线;当小于 1.8 时,分布曲线为 U 形(刁明碧,1998))。因而可以推论,当峰度值与 3 之差越大,分布曲线越尖顶,收益风险越大。

因此,如果将马克威茨均值-方差模型所假设的第一个前提加以扩展到更一般的情况,那么我们可以建立一个替代方差的刻画资产组合风险的高阶矩(Higher Moments)风险函数 $F(\sigma_s, \alpha, \beta)$,其中 σ_s 表示(低于均值)半方差的标准差,α 表示偏度,β 表示峰度。此外,我们可能还需要考虑该证券组合的残方差 σ_e^2 或 σ_e,以刻画所有来自非市场的风险,那么可将上述 F 函数调整为 $F(\sigma_s, \sigma_e, \alpha, \beta)$。

(二) 假设二:投资者的效用函数对资产组合的收益是二次的

投资者的二次效用函数的第一个最大特点是,其风险厌恶程度随着财富的增加而递增,即他所拥有的财富越多,他越趋于风险规避,越不愿承受更大的风险。实际上,在现实证券投资中,有很大一部分的投资者随着其财富的增加,其承受风险的程度也提高了,越是愿意承受比以前更大的风险。第二个特点是,投资者的效用在达到某一水平之后开始下降。事实上,这点对于某一具体实物商品而言是合理的,但对作为通货的货币却是不合理的,人们对货币追求的效用不可能在达到某一水平之后开始下降,也即是说在他拥有一定财富水平之后,再增加财富,他的效用就会下降。因此,这种假设存在着一定的局限性。

事实上,很多投资者随着其财富的增加,不一定都转向资产组合中风险较小的资产。相反,部分投资者随着其拥有财富的增加,提高了资产组合中风险较大的资产比例。阿罗·肯尼思证明了风险递增态度是一种最不具有代表性的风险偏好(Arrow,1971)。姜青舫(2000)证明风险递减特性可作为一种最广泛的效用函数。这使得马克威茨的均值-方差资产组合最优化模型成立的这个假设前提面临着重大危机。因此,如果将该假设"扩展"到更一般的情况,即不限制投资者的具体效用函数类型,我们可以假定投资者在某一给定概率 ζ 下自己最大的风险承受能力,并设定自己的临界财富值水平 s 如下:

$$\Pr\{W < s\} \leqslant \zeta$$
$$s = \gamma W_0$$

其中 γ 值越大,表明投资者在该概率下的风险承受度越大(当然在不突发最大损失的情况下,其期望收益也可能越大);γ 值越小,表明投资者的风险承受度越小。与马克威茨模型的上述假设相比,这个假设更接近描述今天资本市场上规避风险的投资者。

三、SFMM 模型的提出

基于上述对罗伊的 S-F 模型与马克威茨的 M-V 模型的比较分析,可以发现 M-V 模型偏重于资产组合收益率分布的均值-方差研究,而 S-F 模型则偏向于资产组合分布的极值(尤其是下尾负的极值,即最大损失)研究;M-V 模型偏重于资产组合本身的风险研究(夏普比率最大化),而 S-V 模型偏重于投资者本身的风险承受力研究(风险溢价水平最大化)。基于对 M-V 模型、S-F 模型前提假设的更接近资本市场现实的一般性扩展,本部分试图综合归纳并提出安全性第一的均值-高阶矩资产组合最优化模型之雏形,以将客观存在的资产组合的风险与投资者本身的主观风险态度及风险承受力结合起来进行研究。

(一) SFMM 模型的假设前提

为了将马克威茨资产组合最优化模型所依赖的两个假设前提扩展到更一般的接近资本市场的实际情况,并在对资产组合进行风险度量的同时,结合投资者个人对风险的态度及风险承受力[1],笔者作出如下假设:

(1) 无风险资产的确定性回报独立于各风险资产的回报,风险资产的回报之间存在着相关性,资产组合存在着有效边界,即风险与收益存在着正向替代关系;

(2) 风险资产组合的收益率并不呈正态分布,而是呈厚尾分布,尤其是下尾,即资本市场突发一次灾难性损失(最大损失)就足以大幅减少投资者的财富;

(3) 投资者具有主观风险规避态度,他在自己给定灾难性损失发生一次的概率前提下,限定自己的临界财富值水平;

---

[1] 罗斯柴尔德(Rothschild,1971)意识到风险的度量必须涉及个人的偏好,考虑到人的主观因素。

(4) 投资者为实现期望财富最大化,可以在金融市场上自由借贷现金,即可以即时地贷出现金获取无风险收益,也可以便捷地杠杆融入现金购入风险资产获得更高的风险收益。

(二) SFMM 模型目标

1. 投资者风险承受度的前提条件

给定 π, γ:

当 $P = \Pr\{(\sum_i V_i Y_i + br) \leqslant s\} \leqslant \xi$ 时, $\pi = 1$; 否则, $\pi = 1 - P$

$$s = \gamma W_0$$

2. 投资者期望财富最大化

$$\text{MAX}(\pi, w)$$

3. 资产组合的修正夏普比率最大化

$$\text{Max} SP_x = \frac{E(U)}{F(\sigma_S, \sigma_e, \alpha, \beta)}$$

式中,SP_x 为经修正 M-V 模型前提假设后的夏普比率,$E(U)$ 为资产组合的期望回报,$F(\sigma_S, \sigma_e, \alpha, \beta)$ 为资产组合的高阶矩风险函数,$\sigma_S, \sigma_e, \alpha, \beta$ 分别为资产组合回报率分布的半方差的标准差、残方差的标准差、偏度、峰度。

4. 预算约束条件

$$\text{S. t. } W_0 = \sum_i V_i X_i + b$$

马克威茨的均值-方差模型在数学上比较简单,易为理论界、投资者所接受,而罗伊的安全性第一的模型要求计算回报率出现极值情况的概率。由于极值理论的复杂性和计算回报率出现极值情况的概率的难度,理论界对安全性第一的资产组合最优化模型没有进行更深入的研究。幸运的是,随着现代数学抽象思维理论与方法的进一步发展,尤其是近年来发展起来的极值理论和计算技术软件的发展,使我们今天有可能应用安全性第一资产组合模型进行资产组合的决策,尽管罗伊理论本身也需要不断改进。

现代资本市场的迅猛发展所带来的各种不确定性和风险越来越复杂,中国养老基金在保证安全性第一的前提下,积极通过国内甚至国外资本市场寻求保值增值,必然需要一个适合现代资本市场的理论模型。基于对罗伊的安全性第一的资产组合最优化模型与马克威茨的 M-V 资产组合最优化模型的比较分析,本研究扩展其适用前提使其更接近今天资本市场的现实,试图综合归纳并提出了安全性第一的均值-高阶矩资产组合最优化模型之雏形,以期为中国养老保险个人账户提出安全性第一的投资原则。

第二节 个人账户投资原则

任何投资都要兼顾收益性、安全性和流动性的原则,只不过投资要求不同,三者的优先顺序有所不同。进取型的投资者将收益性放在首位,一些点石成金的投资大师如沃伦·巴菲特(Warren Buffett)、彼得·林奇(Peter Lynch)等莫不是以追求收益最大化为目标,在资本市场创造出个人财富的神话。企业在经营过程中暂时闲置的资金为了谋求利润最大化,往往短期投资资本市场,此时的流动性就占据首位。养老金的保障功能决定了其投资原则的排列顺序是安全性、收益性、流动性,即在保证基金安全的基础上提高基金的收益率,同时保证其流动性需要。

一、安全性原则

养老基金投资的安全性原则是指养老基金投资风险较小,并能够确保取得预期的投资收益。养老基金负担着特殊使命,它关系到普通劳动者年老以后的经济保障利益,其安全性原则尤为重要。作为养命钱的养老基金,以安全性作为第一投资原则,意味着其投资行为具有以下的特征:必须强制性投资一定比例的高安全等级的固定收益证券如国债等;对于风险资产应分散投资,以降低风险;在投资组合中,控制风险较高的金融工具投资比例。政府在保证基金安全运营方面责任重大,采取一些切实可行的措施加以检查、监督与监管,就是为了确保养老基金的安全性。

二、收益性原则

养老基金投资的收益性原则是指在符合安全性原则的条件下,基金投资应以取得最大收益为原则。同时,养老基金积累过程中受益人可能面临的替代率和通货膨胀风险，也要求养老基金投资必须考虑收益性的原则。一般而言，任何投资的风险与收益之间存在着替换关系，即高收益率必然伴随着高风险，而较高的安全性（低风险）就要求以较低的收益率为代价。养老基金投资的风险收益状况应在低风险的前提下争取尽可能高的收益。

三、流动性原则

养老基金的流动性原则是指其投资能够迅速的融通、变现和周转，以保证基金支付的需要。完全积累的养老金投资对流动性的要求相对较低，20世纪90年代以来，随着各国退休人口比例的增加，养老基金资产组合中的流动资产的比例也提高了。对于整个基金而言，在保证支付的流动性需要的基础上，也有一个相对稳定的余额可以进行长期投资，因此，在流动要求并不是很高的情况下，可以充分利用流动性与收益率之间的替代关系，获取更高的收益率。

四、分散化原则

即把基金分散于性质不同、期限不同、地区不同的投资，以取得风险与收益的最佳组合。在养老基金投资组合中，既要包括固定收益的金融工具，又要包括权益工具，即包括低风险投资工具，又包括高风险的投资工具；既要有中长期工具，又要有短期工具。为了分散国别风险，养老基金还可以进行国际化投资组合，投资不同国家或地区的金融工具。

五、长期性原则

养老保险个人账户基金的筹集本身就是具有周期非常长的特点，劳动者交纳个人账户基金的期限长达数十年。最初参加工作时交纳的养老保险基金如果投资不当，到几十年后退休时，可能就根本无法兑现当初的承诺。因此，注重投资的长期性，应该成为养老基金投资的重要原则之一。这就要求一方面在养老基金的投资组合中，中长期投资工具应占较大的比重；另一方面，应注重长期的利息、股息收入，不注重证券买卖差价所体现的资本利得收入。

第三节　个人账户投资工具与投资区域

一、银行存款

银行存款相对于其他金融工具而言是最安全的,同时流动性较好,因而风险是最小的,但投资收益是最低的。长期以来,银行存款成为养老基金最主要的投资工具。银行存款的收益主要来自利息,对利率的变动非常的敏感。一般来说,如果银行存款利率是以抵消通货膨胀所造成的货币贬值幅度并且大于零,银行存款可以作为个人账户基金保值增值的手段;反之则不能作为保值增值的手段。

二、国债投资

国债是由政府发行,国家财政担保的利率较同期银行存款利率高、风险小收益高,素有金边债券之称。国债的主要特点:一是体现债权债务的关系;二是固定利息回报和到期偿还本金;三是波动较小,风险较低。中国国债利率一般略高于同期银行存款利率,但政府向养老基金发行的特种国债是定向私募,不给保值补贴率,在通货膨胀不断加剧的情况下,国债也难以有效保值增值。

三、股票投资

股票是一种具有永久性的权益投资,这就意味着投资者一旦投资入股,在公司的存续期内不能抽资退股,只能通过二级市场股票的转让收回投资。股票投资收益是指股东通过投资股票持有股份所获得的各种收入,其具体形式包括股利、优先认股权、售股的纯收入等。在所有的证券中股票是投资风险最高的一种,其风险性主要表现在股利收益不确定和股票价格不确定性风险。

四、基础设施和不动产

理论上个人账户基金可以投资于实物工具,包括房地产和基础设施建设等。实物投资具有投资期长、流动性差的特点,但能在一定程度上防范通货膨胀风险,是养老基金投资可以选择的工具。其中房地产投资受经济周期波动影响,有较大的风险,且投资的管理成本较高。基础设施投资则更多的是采取贷款的形式,通过向大型基础设施贷款,养老基金直接参与实体经济的投资,可以分享经济发展所带来的成果。但是,日本养老基金坏账主要来自基础设施贷款,它的坏账很可能是导致日本经济十多年来萎靡不振的主要原因。

五、开放式基金

开放式基金在发行时不限定基金规模,发行以后投资者可以按照基金净值自由的申购和赎回。由于基金的份额处于开放状态,也就不存在由于供求不平衡而导致基金折价或者溢价现象。近年来中国开放式基金的发展势头很猛,并已成为证券市场投资基金的主要发展方式。从国外来看,养老基金已将开放式基金作为重要的投资工具之一。目前,中国从政策上已明确社会保障基金可以投资证券投资基金。未来开放式基金应成为养老基金投资关注的投资工具之一。

六、投资区域

对于中国养老保险个人账户的投资区域,根据养老基金国际投资中的国内资产偏好原则,在国内较完善的金融制度与资本市场环境下,首先选择中国内地,以使中国千百万个人账户资金将从中享受到中国经济高速增长的成果。

其次选择中国香港。与其他境外股票市场相比,内地机构投资者对香港股票市场上的国企股、红筹股等中资背景公司的基本面更为熟悉了解,中国养老保险个人账户投资香港股票市场满足养老基金国际投资中的国内资产偏好原则。由于香港股票市场运作历史长,行为规范,这更有助于中国养老保险个人账户分散风险、提升回报率。

最后,香港股票市场可供选择的证券种类多,与国际资本市场紧密相连,投资机会多,可供选择的投资组合多,这为中国养老保险个人账户在进一步分散风险的前提下获取最大回报提供了机会。因此,中国养老基金可在投资香港资本市场获得成熟经验后,再逐渐扩展到境外其他成熟的资本市场。

中国养老保险个人账户投资境外资本市场,不仅有利于中国养老保险个人账户降低投资风险、获得最优投资回报;而且有利于确保内地资本市场的规范发展,使投资战略趋于完善;有利于在将来放开资本控制时,为政府提供一个控制储蓄突然外流的手段。

第十二章 中国养老保险个人账户的监管

第一节 个人账户的风险分析

个人账户制度基金的积累是一个长达几十年的过程,其间的保值增值就面临着许多风险,如经济周期波动风险、个人账户空账风险、管理风险、投资风险等。

一、经济周期波动风险

(一) 经济周期波动风险

任何一个国家,任何一项制度都避免不了社会政治经济环境变化带来的风险,政权的更迭、经济政策的变动都会对一国的社会保障制度产生影响。中国政治和社会基础是稳定和可靠的,已经把社会保障体系纳入社会主义市场经济体系,而且使之成为其中重要的保障环节。这个政策的延续性不容怀疑,但养老保险制度却无法避免经济波动等带来的影响。

经济的发展有其周期规律,有时繁荣,有时发展速度减缓,在经济全球化的今天,世界各国的经济相互影响,一旦经济发展速度放慢,个人账户的储蓄额减少,增值收益率降低,无疑会在一定程度上降低职工退休后预期的收入水平。经济周期总是不可避免的,经济衰退时期进入劳动力市场和经济复苏时期进入劳动力市场的不同人群,在其他条件相同的情况下,如相同的终身工资、相同的工作年限,其退休金积累可能有天壤之别。以美国企业退休基金从1970年到1990年的实际投资收益率为例来分析这个问题,设在1970年进入劳动力市场的人在个人账户有100美元的供款,经过10年人们会发现他10年前存进个人账户的100美元只剩84.7美元,不但没有挣到一文的利息,连本钱也蚀去了一部分。在1980年进入劳动力市场的人当年100美元的供款在1990年后则已累积为210.8美元,后者是前者的近2.5倍,再按同一收益率滚动下去,两者之间的绝对差距会越来越大。这无疑与经济周期有着密切的关系。

(二) 宏观调控政策

中国从改革开放以来一直保持着经济的高速增长,为个人账户养老金的保值增值提供有益的保障,但是由于金融市场、资本市场并未完善,通货膨胀的压力、财政政策的不断变化、利息率在低谷徘徊等这些经济增长过程中出现的各种现象,使我们养老保险基金的保值增值未出现令人满意的结果,个人账户也时刻面临着经济周期变化带来的影响。为此,中国需要创造一个稳定发展的环境,并努力将经济周期控制在最小的波动范围内。经济科学已经掌握了如何运用货币和财政政策的知识来控制衰退后不陷入长期的萧条状态。如果说国际市场的一些不确定的因素是一国政府难以控制的话,对于本国的经济周期在某种程度上的控制,一国政府是可以有所作为的。政府可以通过财政政策、货币政策等宏观调控手段,来控制经济周期的波动,这对于个人账户基金的保值增值起着重要的作用。

二、个人账户空账风险

中国在1997年基本确立全国统一的社会统筹和个人账户相结合的基本养老保险制度。在此之前已经退休的职工需要领取养老金,这部分人的养老金构成了隐性债务。由于这部分人的养老金无人承担,所以在财务上采取了通过社会统筹部分和向中人、新人的个人账户积累借钱的办法,来支付新的养老保险计划下老人的养老金,造成中人和新人个人账户的空账运行。可见,养老金的隐性债务和空账问题是紧密联系在一起的,是中国目前养老保险制度面临的最大风险。

(一) 个人账户空账运行的原因

个人账户空账运行的主要原因在于隐性债务的存在。在计划经济时期,中国养老保险与就业连在一起。国有企业和部分集体企业职工享有终身的保障,国家统包统揽,养老金实行现收现付。实行"统账结合"就是要改变现收现付制,通过养老基金中个人转换的预算积累方式,抵御老龄化高峰来临时的支付危机。按照制度的设定运行,"隐性债务"由此而生产,它既是债务也是制度转型的成本。具体来说,新制度实施前已退休的老职工(即"老人")显然没有个人账户的积累,他们所享受的养老保险金待遇便成为历史债务,要么由国家支付,要么采取现收现付的办法,由企业缴纳保险费来承付;新制度实施前参加工作的在职职工(即"中人")进入新制度前,同样没有个人账户的实积累或未曾积累有效年限,当他们退休时也缺了一笔需要支付的退休基金,派生出"视同缴费年限"的养老金债务。这两部分人群的退休金构成政府应承担的债务,或者说是一种承诺。众所周知,退休金是退休人员生活保障的主要经济来源和应享受的基本权利,是退休人员对自己过去劳动价值的延期支付。这些退休人员在实行低工资政策时期所创造的剩余产品,以利润的形式上交财政,支援了国家建设,正是现在社会、经济和政治发展的基础,因此他们有权利分享社会经济发展的成果,国家必须偿还这部分隐性债务。之所以称之为隐性,是因为它不像债务那样写在纸上,没有法律的约束力,却是政府必须通过若干年兑现的一项社会和政治义务。此外,随通货膨胀或工资增长所增发的养老金,为保证退休人员的基本生活或让其分享经济增长的成果而实行的养老金调剂机制,其相应的费用支出也属于"隐性债务"的范畴。概括地说,隐性债务包括支付给已离退休人员的退休金、"中人"视同缴费年限的个人账户补偿金和利息,以及随着工资、物价增长而调整的养老金。

其次,个人账户空账运行的原因还在于转制过程中解决隐性债务的制度缺失。养老保险是一个长期动态系统,涉及以前作出的承诺和未来的兑现问题。事实上,从现收现付的筹资模式向部分积累模式转变的转制过程中,客观上必然有隐性债务的产生,这就是所谓的转制成本。所有从现收现付制转为完全积累或部分积累制的国家,都会遇到转制成本的问题。从理论上讲,政府应该承担现收现付体制下积累起来的养老金承诺,这是顺理成章的。因为在传统的计划体制下,中国一直实行"低工资、低消费、高积累"的政策。但是,政府显然缺乏承担制度转轨成本的计划,而是期望在社会养老保险系统内通过代际转移支付的方式来逐步消解,也就是试图通过一套制度设计,既能实现改革的目标,又能消化旧体制的遗留责任。国发〔1995〕5号文件对于所谓的"老人"和"中人"的养老保障权益做了如下规定:原有离退休人员的养老金、改革时已有一定工龄的职工离退休后的部分养老金以及根据在职职工工资增长调整养老金水平所需资金,按规定从社会统筹基金中支付。据测算,1997年统一制度实施之前已退休的职工约为3000万人,每年为其支付养老金2000亿元。这部分资金全部来源于在职职工缴纳的保险费,甚至动用了在职职工个人账户的积累。国家尚未选择公共债务政策来解决问题,而是继续沿袭现收现付方式来渐进弥补基金缺口或负担转制成本。

(二) 做实个人账户的措施

个人账户的空账运行主要是由于隐性债务造成的,个人账户做实就是对隐性债务的补偿,也就是对新旧体制转换过程中转制成本的分担。同时,个人账户做实过程中存在的问题,也是由于对隐性债务补偿机制的缺失造成的。因此,个人账户做实过程中需要解决的关键问题,就是隐性债务的分担,即成本有多少、成本由谁来分担、采取什么方式分担、如何在不同的年度分担。

隐性债务补偿的纵向分担是指隐性债务在不同的时间年度的分担。这种债务并不是必须在一年,或者几年以内偿还的。因为隐性债务包括1997年以前退休的职工(即"老人")的全部养老金和1997年以前参加工作、1997年以后退休的职工(即"中人")的过渡性养老金。如果将这两部分人全部去世视为体制转轨结束,大约需要50年的时间。如果将总转轨成本分摊到这个时间段内来消化,那么每年的平均转轨成本将大为降低。随着老龄化的加剧和个人账户基金的逐步做实,对财政投入的需求在各年度有着显著的差异,因此,在设计隐性债务的补偿制度时需要考虑各个年度的财政投入需求,建立一种对冲机制,熨平养老保险支付压力对财政运行的冲击。通过对冲机制的建立,未雨绸缪,可以应对老龄化趋势必然带来的远期的养老金支付危机,有效缓解高峰期财政的支付压力,熨平财政运行过程中的波动风险。

隐性债务补偿的横向分担是指隐性债务不同补偿方式的选择,如可以选择划拨国有资产、调整财政支出结构、发行债券、发行养老福利彩票等多种方式筹集资金补偿隐性债务。

此外,做实个人账户,根本还在于增强养老保险基金的筹资能力。这包括如下几方面:一是通过扩大覆盖面,加速城市化进程,控制提前退休,甚至提高退休年龄,改善抚养比,减轻基金的财务压力。二是提高管理水平,从资金征缴、管理至发放,每个环节都严密控制,做到应收尽收,应发足发,资金保管安全。通过提高计算机管理技术,最大限度地做到企业向统计部门、审计部门和社保部门上报的工资总额能即时相互核查,堵塞缴费基数低于职工平均工资的漏洞;改费用差额缴拨为全额缴拨,实行收支两条线管理,有效扼制基金的挤占、挪用现象；在待遇发放方面，改企业或社保机构代发为全面实行社会化发放，大幅减少拖欠现象。三提高统筹层次，加强基金的抗风险能力。从社会保险的基本原理看，一种制度覆盖职工人数越多，基金调剂使用的效率越高，制度抵御风险的能力也越强。根据这个原理，尽快实现全国统筹应当是一种方向。就目前全国养老基金的支付能力十分不平衡、缺口日益增大的实际情况看，实行全国统筹还有利于不同地区间养老金的调剂，有利于中央对养老金的转移支付管理规范化。但鉴于目前基本养老金计发办法和统筹项目等全国还没有完全统一，社会保障信息系统还不完善，相应的管理规范和监管体系也未建立，推进全国统筹势必困难很大，还可能诱发市县依赖于省，省依赖于中央的道德风险。因此，提高统筹层次可考虑先加速实现省级统筹，真正做到基本养老保险的四统一，同时建立中央调剂金制度，作为解决中西部个别省养老金缺口问题的应急手段。待条件成熟，再逐步过渡到全国统筹。

三、个人账户管理风险

(一) 个人账户管理风险

养老基金的管理主要包括保费收缴、财务管理、基金管理和养老金的支付等环节。中国现行个人账户养老金的管理在收、管、支等方面都存在一些问题，面临一定的风险。

首先，中国在个人账户养老金保费的征缴上，由于覆盖面狭窄，进入基本养老保险的门槛高，达到工资的30％左右，引致效益好的企业逃避缴纳，效益差的企业没有能力进入这个制度，基本保费收入面临不足的风险，等到要大规模支付养老金的时候，基金存在缺口。参保人数与缴费人数不符，企业因经济效益等原因拖欠缴费，以及虚报冒领养老金等现象，也造成了基金的流失。这与管理不到位，该收的钱没有收上来，收上来的钱没有管好、用好、基金流失有很大的关系。

其次，财务管理风险按规定，养老保险基金进行收支两条线管理，设立财政专户专款专用，这本来是保障该项资金的重要措施，但是在政府主导的管理下，受政府行为的影响较大。特别是在个人账户资金有积累的地方，当地政府往往认为养老金的支付还是个很长远的事情，于是只要政府发文件借用养老保险基金，这部分资金就被挪用，以支援其他方面的建设。

最后，管理成本高。中国的个人账户基金应该是每个参保人都有个人账户,本意是职工个人自行管理,以提高参保面、提高覆盖率,但是养老金的收、管、投资、支出等所有过程全由各地社保经办机构操作,这项工作的复杂性、专业性使管理成本高,管理效率低,加重了制度的负担,影响制度正常的运转。由于客观的历史的原因,有些单位个人账户管理没有按照《国务院关于建立统一的企业职工基本养老保险制度的决定》执行,暴露出了许多问题。一是没有及时准确地记录参保人员的个人账户;在给调动职工办理基本养老保险个人账户转移手续时,有的对单位划转到职工个人账户部分不转、少转或多转。二是有的要求职工补缴不应缴的费用,导致部分职工调动前后的养老保险关系无法接续,个人账户储存额越转越少,从而使职工的参保利益受到损失。三是个人账户累积结余规模正在成倍增长,如何对个人账户储存额进行管理、监督、运营、增值,各地区没有现成经验。四是实际执行中这些方面做的都不是太好,如存在挪用挤占个人账户储存额的现象;没有真正做到基本养老保险费上缴财政专户;纪委、审计、会计等部门对养老保险基金监管不到位;国家对养老保险基金运营生息工作监管力度不够;社保部门没有按时将养老基金转定期、购债券等。

(二) 个人账户管理风险的控制

为保证个人账户制度的有效和顺利运行,首先必须做到有法可依,有章可循。当前要加快立法进程。《社会保险法》等相关法律应尽快出台,与之配套的各项政策法规亦应陆续颁布,使整个制度在法制的轨道上运行。只有这样,才能从法律和制度上规范个人账户养老保险的管理与运行,从根本上防范基金管理运作过程中的不合理之处,规避基金被挪作他用的风险。

其次,要实行社会保险行政管理与基金管理分开、执行机构与监督机构分设的管理体制。社会保险行政管理部门的主要任务是制定政策和规划,加强监督和指导。社会保险基金的管理一律由社会保险经办机构负责。借鉴新加坡公积金管理的办法,设立社会保障监督委员会,由政府代表、企业代表和离退休人员和第四方即专家学者组成,以加强对社会保险政策、法规执行情况和基金管理工作的监督。

最后,强化社会保险经办机构的服务功能,减轻企业的社会事务负担,即由社会保险机构收缴养老保险费,银行或邮局直接发放养老金,离退休职工与原工作单位分离,转为主要依托社区进行管理。个人账户的管理要求养老保险经办机构根据有关法律、法规,结合内部分工形成的各岗位环节,使之相互制约、相互联系,有效地保障个人账户从收缴、管理到支出的规范操作。社保登记、保险费征缴、保险待遇、审核支付、个人账户登记、对账、基金核算及管理、稽核监督等环节体现于社会保险业务整个经办过程,各环节业务处理必须畅通,信息应当共享。这个过程的完善与否直接关系每个劳动者的切身利益,影响着个人账户功能的正常发挥。

职工基本养老保险个人账户是用于记录参加基本养老保险社会统筹的职工缴纳的基本养老保险费和从企业缴费中划转记入的基本养老保险费,以及上述两部分的利息金额。个人账户是职工在符合国家规定的退休条件并办理了退休手续后领取基本养老金的主要依据,所以,个人账户的管理是养老保险制度存在和发展的重要环节,也是制度运行的主体。个人账户不仅事关养老保险事业的大局,而且还牵动着亿万参保人员的心,涉及亿万个家庭的安定和社会稳定,这更要求做好账户的管理和风险防范工作,真正实现个人账户的作用。

四、个人账户投资风险

养老保险基金特别是个人账户资金作为长期积累基金,在做实个人账户以后,为了实现保值增值,最终必然进入资本市场。其进入方式是否安全有效,基金结构体系、基金市场体系和基金监管体系是否健全完备,养老保险基金的投资组合能否实现安全性、流动性和收益性的统一,养老保险基金投资需要的专业人才能否实现投资过程的科学化,关系到个人账户养老保险制度的成效。

(一) 委托代理风险

作为养老保险个人账户,其存在的目的和意义是强调个人权益,激励个人多缴费,并使账户资金保值增值,通过职工个人一生收入的再分配更好地保障老年生活。因为目前中国个人账户大部分都是空账,暂时还不存在投资运营风险,但进行基金的投资是做实的个人账户、保障养老金支付达到一定水平的必然选择。

养老保险基金投资运营过程中,存在多种委托代理关系。养老金基金会需要委托专业的代理投资机构进行投资,这样的代理投资机构就成为养老金基金的托管人。托管人是由养老金基金会授权代为进行基金投资管理的金融机构。这样，养老金基金的所有权与经营权实际上就发生了分离。当作为委托人的养老金基金会和作为代理人的托管人之间出现目标不一致的情况时，委托代理问题也就无可避免。因此，基金投资的委托代理中的道德风险较高。道德风险存在的一个很重要的条件是信息不对称和不确定性。信息不对称是指行为参与者对特定信息的拥有是不相等的，有些参与人比另一些参与人拥有更多的信息。各种主体之间的关系越复杂，信息不对称的程度就会越大，道德风险的问题就越严重。特别是在基金的投资领域，由于基金管理者对投资专业知识的缺乏必然需要专业商业性的投资公司承担投资责任，基金的受托者通过利用自己所掌握的信息优势，会设法获取自己不应得的利益，或是逃避自己应承担的责任，从而使制度在运行过程中会产生种种不公，导致个人账户所有者丧失利益，也因此对制度丧失信心。

社会养老保险的委托-代理机制与市场中的一般委托-代理机制最不同的地方，在于这种机制的形成是在来自政府的外力强制作用下形成的。政府在奠定与市场机制配套的委托-代理机制后，还必须充当监督者的角色，以保证这种机制的顺利运行。其主要监督内容应包括，一是监督委托人和雇主的缴费，特别是雇主的缴费；二是监督代理人对养老金的管理，养老金资产是否与代理人的其他资产相分离，对委托人的养老金是否实行了个人账户管理；三是监督代理人的投资。为确保养老金的安全性，政府应根据金融市场的发达程度，对养老金基金的资产组合进行管制，如对投资比率和投资收益率的监督。这里的监督还包括社会的监督。要赋予基金资信评估公司以评估基金业绩与信用等级的权利，赋予审计部门进行审计的权利，赋予缴费者充分的咨询投资基金经营与查询财务状况的权利。还应鼓励社会舆论进行监督，由投资者和社会各方监督力量的合力来推动养老基金主办人、养老基金管理人等尽心尽力为受益人服务的宗旨得以实现。

(二) 偿付能力风险

在商业保险中，偿付能力是指保险公司偿付债务的能力，表现为一定时期内公司的总资产与未决负债之间的差距，是一种资产与负债的关系。针对基本养老保险而言，也有一个偿付能力的问题。不同于商业保险的是，基本养老保险是一种覆盖全社会的由国家强制实施的社会保障制度。当养老基金的当期收入和历年的滚存收入之和，不足以支付当期的支出时，就会出现偿付能力风险，拖欠作为年老劳动者基本社会保障的养老保险金，从而影响基本养老保险制度的可持续性。形成偿付能力风险的因素是多方面,主要是来自人口老龄化的冲击。伴随人口老龄化的发展,人口预期寿命将逐步延长,养老保险负担系数即退休年数与工作年数之比上升,被保险人领取养老金时期延长导致养老金支出的增加。在交费保持不变的情况下,这部分净增加支出在庞大的老龄人口基数的作用下,对养老基金偿付能力的压力是空前的。此外,由于养老保险制度实行不久,以前年度的滚存不多,多数中西部地区甚至收不抵支,靠中央和地方财政补助,因而支付的压力也非常大。

(三) 坏债风险

坏债风险是指由于投资者金融实力的变化而给投资者带来的一部分风险,因此又可称为金融风险或破产风险。坏债风险可能是由于经济环境的恶化而引起的,如经济衰退削弱了公司的金融实力,这样它就是一个系统性风险,因而是不可分散的;也可能是由于公司自身的原因所带来的,这样它就是一个非系统性风险,是可以分散的。

(四) 利率风险

利率风险是由于市场利率的波动而带来投资回报现值的变动。年金、债券、股票以及其他各种资产都会遇到利率风险。利率风险也包括了不可分散的系统风险和可分散的非系统风险两部分。在同一个资本市场中,不同资产的市场利率是正相关的,它们的变化规律相同,这种系统性的利率变动所引起的利率风险是不可分散的。有时某项资产市场利率的变化也许仅仅是由于它自身原因造成的,由此产生的利率风险是可以分散的非系统性风险。

(五) 流动性风险

流动性风险是指某项资产的持有者由于某种原因急于抛售手中的资产,会采用价格打折、代理销售等方式,从而引起那部分投资回报的变化。完全可流动的资产当然可以在不降低价格的情况下出售。相反,非流动性资产就不太容易进行市场交易,因此需要降低价格或向代理商支付一笔代销费用。显然,流动性风险一般来说是一种个别行为,因此这种风险是可以分散的非系统性风险。

(六) 市场风险

市场风险是指投资回报变化中由于牛市和熊市的交替而引起的风险,也就是说，是商业周期带来的一种风险。市场风险也有不可分散的系统风险和可分散的非系统风险之分。一般来说，商业循环是由于多种系统性因素的作用而发生的，大多数证券的价格会因此而共同运动，这部分市场风险是不可分散的。但有时某种单独的证券也会仅仅因为其自身的某种原因而造成价格波动，与商业波动没有关系，这时它的市场风险就是可以分散的。

养老保险个人账户基金和全国社会保障基金一样，是老百姓的养命钱，安全性是第一位的，因此首先要求审慎投资；其次要求分散投资，将资金分散投向不同的区域、不同产业和不同种类的资产，实行投资组合，因为不同资产之间的投资组合可以抵消非系统风险，降低投资的总体风险水平。同时，在进行投资组合的过程中，还必须根据市场条件的变化及时调整投资组合，如根据利率的变动调整债券的投资结构，这样不仅能够确保资金的流动性，还能提高资金的收益率。

第二节　个人账户的风险转移

一、从政府到养老保险缴款人

个人账户制度是个人在不同年龄时期的收入再分配制度，是通过货币的时间效应来实现未来养老预期供给，养老金的多少取决于个人账户已有的积累和投资回报，所以政府的风险被转移出去。再者，个人账户制度使得个人养老金受益与缴费紧紧联系在一起，养老保险制度运行更有效率。最后，从制度外部效应来看，它可以提高国民储蓄率，促进资本市场的健康发展，从而促进经济增长。

尽管实行基金积累制的个人账户在社会再分配即社会互济方面存在不足，但由于个人账户具有自我保障功能，具有明晰的个人产权，而个人产权与投资决策权是对称的，个人账户是基金投资的通道，风险的承担者与收益的拥有者是统一的，资产管理者仅是服务的提供者，因而个人账户具备对资本市场进行投资的资格。它的最大优点是卸下了政府的财政包袱，有利于个人账户资金做实之后的保值增值。

个人账户基金可以由政府管理，也可以由公司管理。然而，政府管理的基金容易受到政府行为影响，新加坡实行的政府管理的退休基金由于没有竞争，低投资回报率实际上让居民交纳了无形税(奈斯比特,1996),这是新加坡模式不能流行的主要原因。因此个人账户基金的管理制度一般采取公司管理模式。然而,在个人选择投资公司的情况下,个人面临投资选择失误的风险,个人账户基金在保值增值过程中不可避免国家政治、经济不稳定的风险,经济周期的风险,以及不确定性因素造成金融资产价值巨大波动的风险。

因此,如何转移个人账户的投资风险,对个人账户基金保值增值就显得尤为重要。

二、从养老保险缴款人到养老基金经理

(一) 个人账户投资的趋势分析

中国养老保险个人账户在现实中面临着两个必须解决的问题:一是如何"做实"个人账户的预筹资金问题;二是个人账户"做实"以后如何保值增值的投资问题。解决第一个问题的办法是实行统账分离的个人账户基金积累制。解决第二个问题的办法是实行个人账户资金做实之后的资本市场投资,包括股票和债券,而不仅仅是银行存款和国债。

长期以来,养老保险个人账户资金由地方社保经办机构进行管理,在以往的相关政策规定中,个人账户资金只能存银行和购买国债。但地方社保经办机构并非专业的投资机构,而且银行存款和国债无法提供较好的收益率,使得个人账户资金的投资回报率极低。

在这方面,一些发达国家已经发展到相当完善的程度:个人账户投资回报率每提高1个百分点,职工个人账户养老金支付可换算的替代率将提高8个百分点。采取积极的投资政策最终可以较低的成本给职工带来较高的福利,这是个人账户养老保险制度的精髓。

因此,养老保险个人账户的资本化市场管理运营可以达到提高投资回报率和兼顾防范风险的目的。中国养老保险个人账户基金投资于资本市场是大势所趋。

(二) 个人账户投资的委托代理关系

根据中国目前状况,对基本养老保险个人账户基金的投资管理,以采取全部委托方式为宜,即建立受托人、投资管理人和托管人分工负责、互相制约的管理体制:由省级以上的社会保险经办机构充当受托人;从中国现有专业基金

管理公司或资产管理公司中选择投资管理人;从四大国有独资银行和股份制商业银行中选择托管人。因此,基本养老保险个人账户资本化投资存在着多层委托代理关系。首先,计划的参加者和受益人是初始委托人,是委托代理链的起点;具体执行基金运营的机构是委托代理链的末端点;在这两点之间,还存在政府、养老保险经办机构或者全国社保基金理事会等中间环节。因而其委托代理链包含两个层次:所有权的委托代理和经营权的委托代理。

由于处于委托代理关系链前端的养老基金缴款人与处于后端的养老基金经理之间存在着复杂的利益冲突,为了保护利益相关者的利益,养老基金个人账户的治理应当特别注意两点:一是防止腐败及对基金的滥用,避免不恰当的政府干预,增加透明性,建立问责机制,从制度上预防损害社保基金案件的发生,同时提高管理机构效率;二是建立投资管理人、托管人等的筛选、监督约束机制和完善的信息披露制度,尤其要严格审查养老基金资产管理人的资质,包括其目标标准、指数化投资能力、管理成本高低、受托责任的历史纪录等。这样,那些根本没有任何投资经历和经验的基本养老保险计划参加者个人就可以根据自己的风险容忍度进行简单的选择,转移金融市场对他的风险。

(三) 个人账户的投资风险转移

随着世界性老龄化浪潮的到来,以现收现付制为主的养老保险制度正面临着空前的财政危机,全球养老保险制度走向了完全积累制方向的改革道路。虽然养老保险个人账户制正越来越为人们所接受,它能应付人口老龄化的压力,却将风险转移给缴款人,缴款者个人承担养老保险基金的投资风险。

一个简单的降低缴款者个人风险的方法是,引入养老基金投资经理对其养老金未来给付的最低担保。在这个方面,Boulier(2001)与 Deelstra(2003)研究过完全积累制计划的最优管理,认为养老基金担保值取决于某一确定退休日的利率水平。但是这种担保是非常复杂的,问题是如何使其最优化,使缴款人的效用最大化。

假设在一个完全有效的金融市场里,养老基金盈余(养老基金经理资产组合的最终价值与该养老基金担保之差)由养老基金缴款人与养老基金经理分享,而且养老基金经理的投资行为是依据其份额的期望效用最大化,讨论确定缴款人的最优化模型,从而求出养老基金担保的最优解,进而对该分享参数进行敏感性分析。由于养老基金担保的最优解与分享系数密切相关,因此分享原则的选择是对养老基金缴款人的担保与养老基金经理回报之间的一种平衡,是将风险从养老基金缴款人转移到养老基金经理的一种方式。

1. 养老基金个人账户的建立

在养老保险社会统筹与个人账户相结合的部分积累制下,处于工作期的劳动者按规定缴纳养老保险费,养老保险费分为两部分:一部分用于支付当期老年人的养老金,另一部分用于个人账户积累。劳动者退休之后,可以领取养老保险金,养老金由两部分组成:一部分是社会统筹养老金,来源于同期处于工作期限劳动者缴纳的养老保险费;另一部分是个人账户养老金,来源于个人账户的缴费累积[①]。

依据迭代模型,人生分成两个时期:时期 1 为工作期,时期 2 为退休期。在时期 t,一个典型劳动者提供一单位劳动力,并获得 w_t 的工资收入。在时期 t,养老保险缴费率为 θ_t,向社会保障系统支付的养老保险缴费为 $\theta_t w_t$。所缴费用分成两部分,一部分进入统筹账户,另一部分进入个人账户。以 σ 表示进入统筹账户的比率(简称统筹比率)。$\sigma=1$,即为完全的现收现付制。$\sigma=0$,即为完全的基金制。因此,σ 表示养老金体制的性质,而 θ_t 表示养老金的规模,$\theta_t \sigma$ 表示再分配程度[②]。

t 期养老保险缴费为:$T_t = \theta_t w_t$

其中 $\sigma \theta_t w_t$ 进入统筹账户,$(1-\sigma)\theta_t w_t$ 进入个人账户。

在部分积累制下,实际上存在着一个强制的个人储蓄 $(1-\sigma)\theta_t w_t$;而在现收现付制下,当期工作的一代人所缴纳的养老保险费用于支付当期退休一代的养老金。

2. 养老基金个人账户的盈余过程

在养老基金缴款人的个人账户委托养老基金经理管理的情况下,缴款人支付养老保险个人账户的现金流由两部分组成:一部分是在 0 时刻的养老基金总额 X_0,一部分是缴款人不断支付的养老保险个人账户现金流。

因此,在 T 时刻,养老基金缴款人向养老基金经理所支付的现金价值为

$$X_T = X_0 + \int_0^T (1-\sigma)\theta_t w_t dt$$

---

① 在个人账户委托养老基金经理管理的情况下,这部分应来源于养老基金经理的最低担保和分享盈余。

② 根据 2006 年中国养老保险个人账户制度改革办法,单位养老保险缴费率为 20%,个人为 8%,单位缴费全部进入社会统筹部分,个人缴费部分全部进入个人账户,这样统筹比率为 20/(20+8)=71%

假设每期的工资增长率、人口增长率、利率(投资回报率)分别为 g、n、r。这里 g、n、r 为每期的增长率而非每年的增长率。而且在任一时期 t，存在 L_t 的工作人数与 L_{t-1} 的退休人数，$L_t = L_{t-1}(1+n_t)$。

在 T 时刻，养老基金经理向缴款人所提供的个人账户给付包括两部分：一部分是他所担保的 G_T 部分，即养老基金经理的给付绝对不能低于 G_T[①]。另一部分是盈余 $Y_T(G_T)$ 的一个固定比例 β 部分[②]，其中盈余 $Y_T(G_T)$[③] 为

$$Y_T(G_T) = V_T - G_T$$

其中 V_T 是养老基金经理管理养老基金个人账户资产组合的终值。

$$V_T = (1+r)X_T$$

因此，缴款人在 T 时刻所获得的个人账户给付为

$$I_T = G_T + \beta(V_T - G_T)$$

当 $\beta=1$ 时，养老基金经理没有从管理盈余中获得任何利益，这对养老基金缴款人来讲，养老基金经理对其作出的养老基金担保额 G_T 与其说是担保，倒不如说是一项障碍，因为那些风险偏好的经理可能给缴款人招来巨大损失。

当 $\beta=0$ 时，缴款人将只获得其养老基金最低担保额 G_T，而没有享受最终盈余。因此，为防止这两种情况发生，假设 $\beta \in (0,1)$。

3. 养老基金经理的最优化模型

为描述养老基金经理所面临的资产组合问题，假设以一个幂效用函数[④]来描述养老基金经理的风险回避行为，即 $U(y) = y^\gamma/\gamma, \gamma \in (-\infty, 1)\backslash\{0\}$。同时假设养老基金经理将其最终财富(即他所享有的盈余部分)的期望效用最大化。以 $V(t)$ 表示养老基金经理在 t 时刻投资到风险资产和无风险资产的资产组合的财富($t \in [0,T]$)，于是，养老基金经理的最优化模型就为

---

① 这里，养老基金经理的最低担保是一个正的随机变量，其值在 T 时刻是已知的。
② 假设养老基金经理获得该盈余的一个固定比例 $(1-\beta)$ 部分，这是符合激励理论的。Holstron、Milgrom 的研究发现：对于一个风险回避的经理人来讲，最优激励与回报之间存在着线性关系。
③ 养老基金个人账户盈余过程考虑了缴款人未来的缴款，以及养老基金经理的未来义务，即确保在最后 T 时刻进行给付。因而，该盈余过程可以进行自我管理，是最优担保 G 的函数。
④ 选择幂函数，是出于以下两点：一是因为养老基金经理一般是大公司，他们制定有管理大量资金的战略，而幂函数正好描述了这个特点；二是因为养老基金的管理不能出现负值，而幂函数正好适合描述这种情况，因为其无限边际效用为零。

$$\text{Max} \quad E((1-\beta)(V_t-G_t))^{\gamma}/\gamma$$
$$\text{s.t.} \quad V_t-G_t>0$$

4. 养老基金缴款人的最优化模型

养老基金缴款人的问题就是在确定缴款人支付的现金价值 X_T、养老基金经理所获得的 $(1-\beta)$ 部分盈余、养老基金经理为风险回避的情况下,如何选择最优合同即最优担保 G_T。从缴款人的角度来看,这个问题是静态的,因为他必须在 0 时刻作出决定,以求他在 T 时刻获得给付。

假设养老基金缴款人的效用函数为一个渐增的、凹向的、风险规避的效用函数,则养老基金缴款人获得最大给付的最优化模型为

$$\text{Max} \quad E[u(G_t+\beta(V_t-G_t)+\theta_t\sigma(1+n)(1+g)\overline{w}_t]$$
$$\text{s.t.} \quad G_t>0$$

为了求解该模型有关养老基金缴款人最优化模型的解,必须观察养老基金经理管理资产组合的方式,即以养老基金经理最优化模型为限制条件,得出养老基金缴款人最优化模型的解。在求出养老基金缴款人最优化模型的解后,再将其对养老基金缴款人与经理之间的分享参数即 β 系数进行敏感性分析。假设 $\beta_1<\beta_2$,而且 $G_T^{\beta_1}$ 与 $G_T^{\beta_2}$ 分别是满足养老基金缴款人最优化模型的解,则可以证明 $G_T^{\beta_1}>G_T^{\beta_2}$。

该结论可以解释为:该分享参数原则是将风险从养老基金缴款人转移到养老基金经理的一种方式。在 β 较高的情况下,养老基金的担保值较低,这意味着缴款人承担着较高的风险。在 β 较小的情况下,养老基金的担保值较高,对缴款人的保护程度就较高,这样养老基金经理就起到一个连接金融市场与养老基金缴款人的中介作用。

第三节 个人账户的管理

一、个人账户基金的产权界定

中国养老保险个人账户基金要选择合适的投资管理模式就需要对中国养老保险个人账户基金的产权进行界定,这也是其区别于其他社会保障基金投

资的不同之处。

(一) 个人账户基金私有产权的界定

产权是经济所有制关系的法律表现形式,它包括财产的所有权、占有权、支配权、使用权、收益权和处置权。养老保险个人账户基金的产权是人们围绕或通养老保险个人账户基金而建立和形成的经济权利关系,主要包括以下五权:养老保险个人账户基金所有权、占有权、支配权、使用权和收益权。从产权的角度和养老保险个人账户基金的性质来说,中国养老保险个人账户基金具有私有产权性质,应该由缴费者个人对这部分资金负责,但实际情况是个人账户是国家依法强制性积累,到退休才能使用,在积累期间个人实际上不能掌握自己账户上的资金。因此,作为个人账户基金的所有者很少去关心这部分自身本该拥有投资权利的资金,政府则承担起对养老保险个人账户基金的管理、投资运作。结果,这样的产权不清晰导致了资金使用的不规范与投资的低效率。因此,必须明确界定养老保险个人账户基金的所有权、使用权、转让权以及收入的享用权,在此基础上,实现养老保险个人账户基金的投资。

(二) 产权的让渡——明确所有权、使用权、支配权

从理论上来说,个人账户属于私有产权模式,具有私人产品属性,个人对账户基金拥有终极所有权,个人账户的所有者都可以而且应当被赋予经营管理人的自由选择权,自由选择投资方式和渠道等权利,而国家和政府通过国家信用、立法、资格审查、风险警示、政策制定与咨询等途径给所有权人以相宜的制度支持和信息引导。但事实上由于存在外部投资体系的不健全,市场信息不对称等风险因素,这样自由的运作方式在实践上风险巨大。因此,就目前来说,也只能是所有权人将个人账户上基金的事实支配权让渡给政府及其委托人,自己仅保有单个终极所有权及法律上的支配权,从而实现事实上所有权与支配权的暂时合一。而委托人作为账户基金所有人有实现基金有效管理、保证基金安全、实现基金保值增值的需求,代理方则有提供投资服务的供给,那么双方可以依靠市场力量,签订委托代理契约,实现供求均衡,满足双方各自的利益需求。此时,个人有足够的动力和积极性对代理人实施有效监督,以维护自身利益。

(三) 个人账户基金投资收益权的分配

养老保险个人账户基金的收益权，是指养老保险个人账户基金的单个所有者都有享受基金投资收益及获得利息的权利。由于个人账户是根据个人月工资的比例上缴，每个人的工资水平不一致，每个缴费者个人账户资金积累不一致，这会导致在整个养老保险个人账户基金中每个缴费者的投资额的不同，相应的投资收益也就不同。但是对于每个个人账户的投资收益，我们可以采取中国证券市场的基金收益分配原则，即投资收益分配采取每一投资者的每一份额享有同等分配权。

二、个人账户管理的主要问题

当前对个人账户的投资与管理，采用的是一种"个人缴费、地方管理、中央负责"的模式。这种模式显然存在激励扭曲、利益冲突的问题：个人缴费却无法参与对其账户保值增值所必需的监督管理，地方管理却无持续保持个人账户资产完整性的硬约束责任，中央负责却不能有效控制地方借混账经营而致扩大的资金缺口及积累资金投资所蕴含的种种风险，以及由此衍生出的其他一些制度外矛盾。

首先，"个人缴费却无参与"无法增强参保人对制度的长期可信度。个人账户事实上是政府为了参保人员未来养老而与参保人员签订的一份强制性的长期合同。强制性体现在政策规定城镇企业职工必须按比例缴费，其征缴扣除方式也显示其强制性。长期性体现在政策规定个人账户储存额只用于职工养老，不得提前支取。为了使这份长期合同得以真正执行，除了需要政府必要的强制措施保证，还需要参保人对制度的长期信心。虽然现有政策要求社会保险经办机构定期公布个人账户存储额；参保人员跨省流动时，个人账户及其储存额随同转移；参保人员死亡，个人账户储存额中个人缴费部分的本息余额可以继承等，但一些实践证明，参保人员对个人账户的知情权、转移权、处置权、继承权、收益权等尚未得到切实保障。不仅如此，个人账户"空账"规模不断膨胀，社保资金挪用案件频发，投资收益持续低迷。在这种情况下，政府仅仅让参保人知道自己的账户有多少钱，这些钱让什么机构来监督、管理，显然是远远不够的。这些信息无法使参保人建立对合同的有效信任，逃避缴费责任的行为自然会普遍存在。更值得担心的是，参保人对政府社会保障制度的不信赖并不会减少其对未来养老保障的担忧。参保人逃避缴费，不仅使社会安全网无法实现普遍覆盖,而且还导致个人储蓄率的持续攀升,从而对整体经济运行带来诸多负面影响。

其次,"地方管理而无责任"无法形成对资金使用的有效监督。由个人缴费形成的个人账户积累资金由地方政府管理,地方政府作为资金的管理方理应承担相应的责任。这个责任主要体现在两方面,一方面是对资金的安全运营的责任。地方政府管理个人账户积累资金,如果出现挪用或投资损失,以致无法收回本金,由谁来弥补这个窟窿?就现有的制度设计看,这一点并不明确。另一方面是对基于通货膨胀的考虑而对资金运营收益承担的相应责任。由地方政府来管理参保人的养命钱,应该实现怎样的收益,参保人只能基于其"社会契约"而存有相应的期待,现有制度并未作出相应的规定。如果对挪用或投资管理失败,地方政府无须承担责任,那么个人账户资金就可能成为各路魔怪眼中的唐僧肉。如果对投资收益,地方没有现实的压力,那么积累资金就可能成为埋在地下钱罐里生锈的守岁银。不仅如此,以往经验及现实情况均告诉我们,无责任压力的管理模式往往形成冗员安排的温床、设阻寻租的竞逐场,并进一步腐蚀整个监管制度。

再次,"中央负责而无控制"会加重中央政府潜在的财政负担,进一步向现收现付制倒退,增加养老保障改革的困难,这也有悖于中央政府已经确立的改革思路。既然"地方管理而无责任"这种模式存在问题,那么是否可以建立一种"负责任的地方管理机制"?事实上,在中国现有中央集权政治体制下,如果个人账户资金由政府管理,很难切断社保责任由地方向中央集中的传导链条。因为地方政府清楚,在现有中央和地方财权、事权分配体制下,他们无须承担因地方社保可能在将来破产而产生的损失,因此如果没有来自中央政府的强制性投资规则约束和在微观层面的管制,积累资金往往很快成为各路人马的盘中餐。中央政府可能正是基于对这种负向激励机制的认识,从维护资金安全角度出发,出台了非常严厉的投资约束政策。如现有政策对各省自己集中管理的积累资金投资运营做了严格的限制,仅仅允许存银行,购买国债。近年来国债收益率一直低迷,协议存款利率也在低位徘徊。如果考虑日益上涨的CPI,积累资金事实上已经出现负收益率。如果积累资金无法实现市场化的投资,无从实现保值增值,就会产生更大的潜在养老保障负担,这最终都会转化成为中央政府潜在的财政负担。

可见,"个人缴费、地方管理、中央负责"的个人账户管理模式,既无法保证资金安全运营,也无法实现资金获得有效收益,更不能确立参保人对制度的长期信赖。事实上,这种管理模式不仅产生了安全性、收益性、持续性等体制内问题,还造成了劳动市场分割、扭曲劳动力配置等其他体制外问题。

首先是覆盖面的分割。现有"统账结合"的企业职工养老保险仅仅覆盖了城镇企业职工,还有三个群体没有合理覆盖。一是人口比重最高的农村人口。二是相当比例在城镇工作的农民工。三是国家机关与事业单位工作人员。

其次是缴费标准的分割。就个人账户而言,有些地区进行了做实试点,有些没有试点。做实地区的做实比例也有差异。虽然现有政策都明确参保人员跨省流动时,个人账户及其储存额随同转移。但一旦参保人员真正出现跨地区、跨行业就业流动,如何转移个人账户积累资金就成为一个问题。一些地区都出现因社会统筹无法享受、个人账户无法转出而导致的群体性退保。据深圳市统计,从1999年到2003年,5年全市累计转退保人数为68万,占累计新增参保人数的近一半,其中2003年转退保人数还超过了参保人数。广东部分地区农民工退保率甚至高达95%。

随着经济发展与城镇化进程加快,中国劳动力流动日益频繁。如果这部分劳动力不能享受合理的养老保障,不仅会形成劳动力市场的人为分割,阻碍劳动力有效流动,而且也影响到人力资本的长期积累,降低劳动力的竞争优势。东南沿海部分地区出现的民工荒、相当时期以来日益严重的技工荒,很大程度上就是由于现有养老保障制度缺憾所造成的。

不可否认,现有养老保险体制的过度分割,不仅阻碍了劳动力跨地区流动,而且因制度分割而造成的分配不公严重影响了养老保险改革的推进。

综上所述,对"个人缴费、地方管理、中央负责"的个人账户资金管理体制,必须加以变革。改革的方向应该是建立统一、安全、高效、可信、透明的"个人积极参与,政府有效监督"的体制。

三、个人账户管理体制的改革

个人账户管理体制的改革主要集中在以下六个方面:一是集中管理;二是税收政策;三是缴费单独存储;四是账户分开管理;五是基金竞标营运;六是个人选择权问题。

建立一个统一、安全、高效、可信、透明的个人账户管理体制,应该做到以下几点:第一,个人账户必须要形成实实在在、真金白银的积累,以提高制度的可信度;第二,必须实现积累资金安全前提下最大限度的保值增值;第三,必须通过建立集中透明、竞争的管理机制,降低交易成本,提高监督效率,增强运营收益;第四,必须发挥各方优势,调动多方积极性,形成合理的激励和风险分担机制。应鼓励参保人个人对其缴费资金进行一定程度的监督和管理并承担相应风险,政府制定规则、程序,实施宏观监管,提供必要服务,降低系统风险。

参与个人账户管理的各方,如政府、参保人、资产管理机构与其他中介机构之间,应该进行合理的分工。起步之初,政府的作用至关重要,应该着力做好三项公共服务工作:一是建立个人账户的集中收付系统,二是搭建个人账户资金与投资产品集中交易的全国性中介平台,三是制定相应的监督管理规范。

其中,集中支付系统与集中交易系统应保持相对独立。社保机构在集中支付系统中负责个人账户资金的征缴、发放环节的合规性管理。交易平台在集中交易系统中监督交易行为,为交易提供便利服务。社保机构与交易平台一同制定规范约束投资行为,不参与具体投资交易。特别需要指出的是,无论是支付系统,还是交易平台,抑或交易规则都应该是全国统一的,不应带有任何地方色彩。个人账户资金应该在每个参保人账户与其选择的相应投资产品之间流动,因此不存在跨地区、跨行业流动的问题。

第四节 个人账户的监管

中国需要在严格限量监管模式下,加强养老保险个人账户基金投资的监管,建立以行政监管和社会监管相辅相成、基金管理机构内控自律为基础、外部监管为补充的养老保险个人账户基金的监管体系。

一、限量监管

养老保险个人账户基金投资过程中,不可避免地会有各类风险。出于社会安定的考虑,政府部门对养老保险个人账户基金投资的风险持非常谨慎的态度。目前中国资本市场和各类中介机构还不够成熟,相关的法律和制度环境还不充分,养老保险基金作为老百姓的活命钱,事关中国的社会稳定和经济发展,基于这样的重要性,中国还不能对之采用审慎监管模式。审慎监管是指基金的投资管理人有义务像对待自己的资产一样,审慎地为基金选择一个最能分散风险的资产组合。在这种监管模式下,监管机构放松对有关合同条款、市场准入条件、投资组合等约束。

为了维护养老保险个人账户基金的投资安全,中国应采取严格的限量监管原则。限量监管是指政府对基金投资实行较为硬性的管制,作出较为明确的限制和规定,包括对市场准入资格,对合同条款的管理,对投资组合等都制定一些指导性原则。同时,赋予监管机构人较大的权力和较强的独立性,对基金的结构、运作方式和投资绩效都要有限制性规定。

只有当中国资本市场和中介市场发展到比较成熟、法制比较完善、基金管理水平比较高的情况下,才可放松限量的规定性要求,逐步转变为审慎监管。

二、行政监管

为防范风险、完善监管,依据各司其职、专业监管和权利制衡的思想,建议在国务院下设一个与银监会、证监会、保监会并列的专门机构——国家社会保障基金监督管理委员会,再在国家社会保障基金监督管理委员会下设三个并列的机构:

一是全国社保统筹基金监督管理委员会。该委员会在全国各地的社会养老统筹基金实行全国统筹的条件下,监督管理全国社会养老统筹基金;

二是全国个人账户基金监督管理委员会。由该委员会集中监督管理全国养老保险个人账户基金。

三是全国社会保障基金理事会。由该理事会监督管理全国社会保障基金。全国社会保障基金不同于社会统筹基金,也不同于个人账户基金,它是这些社会统筹基金、个人账户基金的最后准备,也是一个全国性的、长期的战略储备基金,以为未来社会保障的支出做准备。

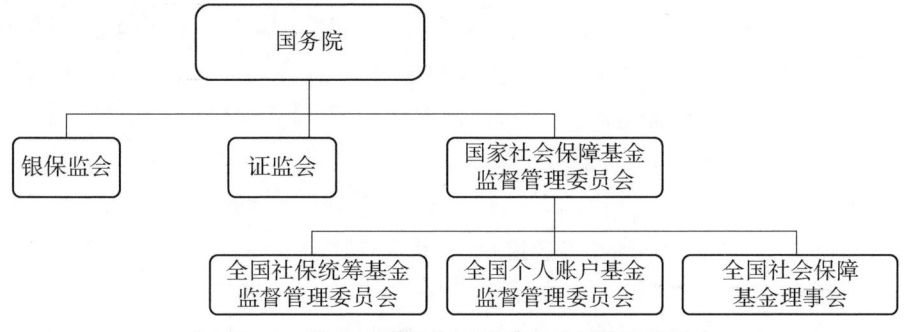

图 12-1 设立国家社会保障基金监督管理委员会

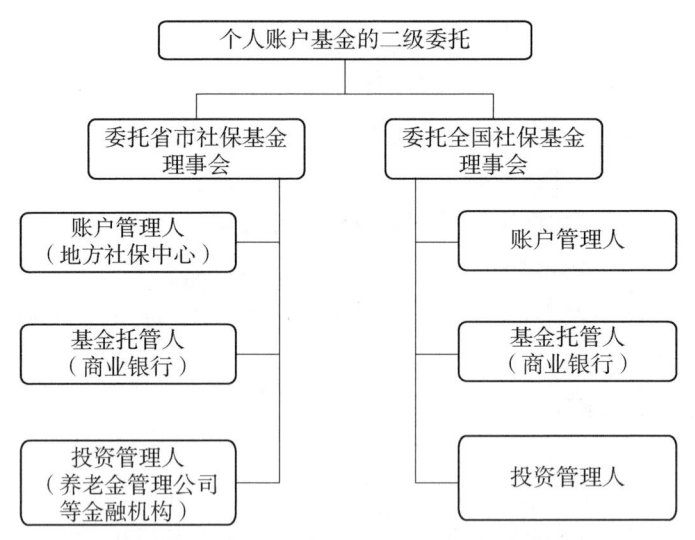

```
                    个人账户基金的二级委托
                    ┌──────────┴──────────┐
              委托省市社保基金         委托全国社保基金
                  理事会                   理事会
                    │                       │
              ┌─────┤                 ┌─────┤
              │ 账户管理人 │           │ 账户管理人 │
              │(地方社保中心)│          └─────┤
              └─────┤                       │
                    │                 ┌─────┤
              ┌─────┤                 │ 基金托管人 │
              │ 基金托管人 │           │ (商业银行) │
              │ (商业银行) │           └─────┤
              └─────┤                       │
                    │                 ┌─────┘
              ┌─────┘                 │ 投资管理人 │
              │ 投资管理人          │           │
              │(养老金管理公司
              │  等金融机构)│
              └──────────┘
```

图 12-2　全国个人账户基金的二级委托与三级分权制衡式竞争

　　国家社会保障基金监督管理委员会由人力资源和社会保障部、财政部、金融监管机构以及审计部门共同组成，各部门在监管委员会内部相互协调、互为补充又相互制约，各司其责，对外统一对养老保险个人账户基金的投资运营进行监督管理。同时，明确内部各部门的职责，并要求他们对各自的行为负法律效果。劳动和社会保障部主要负责基金的日常行政监督管理工作，建立严格的基金投资管理公司的资格认定、市场准入和退出机制，依法确定资金投向及投资规模和比例等具体的投资运营规则；对个人账户基金的受托人、托管人、管理人进行资格监管，决定其市场准入和退出；对统筹账户养老基金的管理机构实行最高层次的监管；对违规单位和个人作出处罚决定，委托养老保险基金理事会对基金投资进行专职监管和日常管理等。财政部门负责财政监督，主要是对养老保险基金投资管理部门遵守财政法规和财务会计制度情况的监督，同时养老保险管理机构的经费预算也要通过财务部门来控制。金融部门主要是从整个金融市场角度监督养老保险基金管理公司的投资活动，使其遵守国家相关的金融政策和法律法规，保证基金的投资运营遵循安全性原则。审计部门的监督是对养老保险基金的财政收支、基金运营的效益和违反财经法纪的行为所进行的经济监督。国家审计机构对养老保险基金审计的主要形式应是经常审计。

　　国家社会保障基金监督管理委员会的行政监管为养老保险个人账户基金

的投资提供一个保护机制。

三、社会监管

对养老保险个人账户基金投资的所有风险进行有效管理,有赖于一个完善的投资监管体系,有赖于各个主体之间相互监督、相互制约的权利关系和职责安排。

由于养老保险个人账户基金的最终所有者是实际缴费的劳动者个人,因此对于养老保险个人账户基金投资的监管需要社会的参与监管,使基金的投资能够更好、更安全地运作。

四、内部监管

养老基金个人账户管理运营,由于采取两级受托模式,因此涉及养老基金的受托人、账户管理人和基金托管人及投资管理人这些不同的责任主体。各基金管理机构内部需要完善管理机制、各司其职,同时机构之间也需相互制约、相互监督。

内部监管是指同一行业的从业组织或人员组织起来,共同制定规则,以此约束自己的行为,实现行业内部的自我监管,保护自己的利益。许多国家的实践证明,市场愈发育成熟,行业协会的作用就愈大。基金市场亦然。基金行业协会不仅可以比较全面、系统地反映基金公司的状况和意见,而且在基金产品定价和反对不正当竞争等企业自律方面发挥重要作用,成为监管机构与基金公司之间的桥梁。因此,应鼓励基金业成立同业协会,并制定相应的政策、法规扶持其发展。

五、外部监管

应该充分利用外部监督机制,建立严格的信息披露制度,定期公布个人账户基金投资信息,提高其透明度。所谓信息披露,是指社会养老保险的经办机构应当将个人账户基金的投资管理机构的选择,投资组合的比例、成本、效益等重要事项,定期向人民代表大会、财务监督部门和参保人及受益人进行公布。当然个人账户的投资管理机构还要定期发布关于投资工具、投资比例、投资收益等信息。严格的信息披露制度将使社保基金管理者、投资者等各方获得充分的信息，增强投资的透明度，减少因不完全甚至虚假信息导致的风险和损失。

应该加快建立和完善养老保险个人账户基金运营机构的外部监管体系，包括精算师事务所、会计师事务所、审计师事务所、资产评估公司、风险评级公司等中介机构，为监管机构、基金投资人、管理人提供客观、公正的信息，从而加强对基金管理的外部监督。

第十三章　中国养老保险个人账户改革的政策选择

在中国未富先老的背景下，中国提前迈入了老龄化社会，而且在今后一个很长的时期内都保持着很高的老龄化递增速度。在中国从计划经济向市场经济的快速转型过程中，中国养老保险制度出现了一些深层次问题：政府在从传统的现收现付制转向现行的社会统筹和个人账户相结合的新制度过程中形成了巨额养老金隐性债务；绝大部分地区由于社会统筹基金入不敷出而不得不挪用和挤占个人账户基金造成巨额个人账户空账。

中国养老保险个人账户在现实中面临着两个必须解决的问题：一是如何"做实"个人账户的预筹资金问题；二是个人账户"做实"以后如何保值增值的投资与监管问题。解决第一个问题的办法是进行个人账户制度改革，解决第二个问题的办法则是强化个人账户的投资与监管。

第一节　中国养老保险个人账户的改革

一、个人账户的结构改革

建议将个人账户从第一支柱转至第二支柱，在制度上保证统账分离。中国基本养老保险制度包括社会统筹与个人账户这两个相互独立运行的板块。前者具有社会再分配的互助共济功能，体现社会公平因素；后者实行个人积累制，体现应对人口老龄化冲击采取防范措施的效率因素。目前统账结合模式导致的个人账户空账缺陷是很明显的，为防止统筹账户挪用个人账户造成个人账户空账进一步恶化，且由于个人账户不具有社会再分配功能，实行积累制的投资收益较大，可弥补其空账，因而有必要将现有养老保险统账结合第一支柱的个人账户转移至第二支柱。

第一支柱为提供低水平保障的非缴费型的社会统筹账户,其制度改革目标是以较低的基本养老保险的社会缴费比例,提高第一支柱社会统筹的覆盖率,提高区域统筹层次,提高城乡统筹层次,提高社会人群统筹层次,尽快实施全国统筹。社会统筹养老金实行较低水平的补给制,体现向贫困地区倾斜、富裕地区补贴贫困地区的再分配效应。

第二支柱包括个人账户与企业年金这两项:一是与个人收入水平挂钩的强制缴费型个人账户。其制度改革目标是将个人账户由政府运作和管理变为由经过政府授权的专业化基金管理公司来运作和管理。二是雇主发起的自愿性补充养老保险即企业年金。企业年金委托给专业化基金管理公司来运作和管理;但享受税收优惠的企业年金需要封顶,防止向企业高管进行利益输送以逃避高收入征税。

解决中国养老保险制度的效率性和公平性问题,就需要对中国养老保险制度进行结构改革,主要思想是"小统筹(易于实行全国统筹),大账户(扩大个人账户的投资回报率)",主要思路是"建立国民基础养老金""将个人账户从第一支柱转至第二支柱""对个人养老储蓄给予免税鼓励"。具体方案设计如表13-1所示。

表 13-1　　中国养老保险制度个人账户的结构改革

	改革前	改革后
第一支柱:基本养老保险	基础养老金＋个人账户	国民基础养老金
覆盖面	(覆盖城保)	(覆盖城保、镇保、综保)
账户	(社会统筹＋个人账户)	(社会统筹)
养老保险模式	(待遇确定型)	(待遇确定型)
缴费主体	(企业和个人缴费)	(企业和个人缴费)
企业缴费率	(企业缴费率22%)	(企业缴费率10%)
个人缴费率	(个人缴费率8%)	(个人缴费率5%)
替代率	(预先承诺)	(预先承诺)
强制性	(强制缴费)	(强制缴费)
管理运营	公共机构管理)	(公共机构管理)
第二支柱:企业补充保险	企业年金	个人账户(含企业年金)
养老保险模式	(缴费确定型)	(缴费确定型)
缴费主体	(企业和个人缴费)	(企业和个人缴费)
缴费率	(缴费率自愿协商)	(弹性缴费制0—10%)

续表

	改革前	改革后
替代率	（基金积累决定）	（基金积累决定）
强制性	（自愿缴费）	（弹性缴费）
管理运营	（私人公司管理）	（私人公司管理）
第三支柱:个人储蓄保险	养老储蓄	养老储蓄
养老保险模式	（缴费确定型）	（缴费确定型）
缴费主体	（个人缴费）	（个人缴费）
强制性	（自愿缴费）	（自愿缴费）
管理运营	（金融机构保险公司管理）	（金融机构保险公司管理）
税收优惠	（无税收优惠）	（免税鼓励）

二、个人账户采用 FDC 而非 NDC

2016 年有专家组提出在中国建立名义账户制度（NDC）。在少数公共治理良好国家得以采用的名义个人账户，建立在两个前提之下。一是养老保险制度的硬约束。其中既包括对养老金缴费与支取的硬约束，也包括对期间可能积累的养老金管理的硬约束。二是参保人对制度持续运行的长期信赖。在这两个前提短期无法实现的情况下，由参保人缴费形成可积累的个人账户，并由参保人在一定程度上参与其监督、管理，从而承担部分养老责任，可能是一个更加符合权利义务对应、责任风险匹配、有利于调动多方积极性并可为各方所接受的选择。

但是，名义账户制的融资方式仍沿用了原制度下的现收现付制，在融资模式没有发生根本性变化的前提下，中国的养老保险制度无法避免严重的收支赤字问题，这有悖于改革初衷。名义账户制使投保人失去对个人账户的信任，本应成为促进投保人参加养老保险制度的个人账户制度，由于设立的是名义个人账户，反而成为人们进入养老保险制度的障碍，从而使得改革所确立的统账结合制成为一种表面上的制度，阻碍了养老保险旧制度向新制度的转型。而且，名义个人账户制在财务上不具有可持续性。因此，解决养老金隐性债务问题，不能期望于名义账户制。

个人账户从空账到实账，是中国养老保险制度改革成功的关键。中国养老保险制度从传统的现收现付制向社会统筹与个人账户相结合制度的改革，导致巨大转轨成本，也即养老隐性债务。如果不解决转轨成本问题，个人账户就很难从空账到实账。因此处理转轨成本则是个人账户从空账到实账的关键。政府可以采取出售国有资产来补充社会保障基金，也可以采取发行特种国债、发行福利彩票、使用政府经常性收入的方式，来承担转轨成本。做实个人账户，必须将社会统筹账户基金与个人账户基金实行分账管理，单独核算。只有个人账户真正有积累，才有可能进行投资。提高养老保险个人账户投资回报率则是做实个人账户、实现个人账户保值增值的重要手段。进一步地，提高养老保险个人账户投资回报率，就必须要求拓展个人账户的投资渠道，而不是仅仅限于银行存款与国债，应该充分利用国内外资本市场，在安全性第一的前提下，进行多渠道的投资。

因此，基于中国的具体国情，养老保险个人账户实行FDC制将更优于NDC，目前应该坚持国家已经确立的养老保险制度改革方向，继续采取措施逐步做实个人账户（FDC）。

三、做大个人账户

中国基本养老保险制度包括社会统筹与个人账户这两个相互独立运行的板块。前者具有社会再分配的互助共济功能，体现社会公平因素；后者实行个人积累制，体现应对人口老龄化冲击采取防范措施的效率因素。为了反映个人账户与社会统筹账户的相对比例变化情况，定义个人账户相对比例为个人账户占社会统筹与个人账户之和的比例。

（一）养老保险改革政策缩小了个人账户相对比例

为与"做实"个人账户相衔接，2005年12月15日国务院发布了《关于完善企业职工基本养老保险制度的决定》，指出：从2006年1月1日起，个人账户的规模统一由本人缴费工资的11%调整为8%，全部由个人缴费形成；单位缴费不再划入个人账户，单位缴费全部进入社会统筹基金；社会统筹基金和个人账户基金实行分账管理。显然，这种做法实际上相对地缩小了个人账户相对比例，相对地扩大了社会统筹的相对比例。虽然这主要是从加强该制度的公平性出发而相对扩大社会统筹部分的比重，但是这种做法有可能加大了基本养老保险全国统筹对富裕地区的影响，从而可能伤及富裕地区实施全国统筹的积极性，反而不利于实行全国统筹。

(二)"做大"个人账户相对比例的国际经验

目前国际上主要有三种养老保险模式。一是完全基金制(智利、新加坡)。不设统筹账户,只设个人账户,职工和企业共同缴纳,缴费全部进入个人账户。这种办法的抗风险能力较弱。二是现收现付制(美国、德国等发达国家)。职工和企业缴费全部进入统筹账户,养老金由社会统筹基金统一支付,不足部分由财政拨付。这种办法简便、好管理,但容易使财政不堪重负。三是现收现付制+基金制(瑞典、意大利)。企业和职工的缴费放入二个相互独立的账户,一个是实行现收现付制的由政府代表个人管理的记账式个人账户(NDC,Notional Defined Contribution),一个是实行积累制的个人账户(FDC,Financial Defined Contribution),付养老金时从两个账户中按比例分配。这种办法会让每个人的养老金给付水平有差异。从这三种主要养老保险模式中,取智利、美国、瑞典与中国作比较,如表13-2所示。

表 13-2 基本养老保险制度的比较

	智利	美国	瑞典	中国	
制度体系	强制储蓄制度	收入比例养老金	收入比例养老金	社会统筹+个人账户	
财务方式	完全积累制	现收现付制	现收现付制+积累制	部分积累制	
职工缴费率	13%(1995)	7.65%(2001)	9.25%(1999)	8%	
雇主缴费率	0(1995)	7.65%(2001)	9.25%(1999)	20%	
个人账户(A)	13%	0	2.5%(FDC强制性个人账户) 16%(NDC记账式个人账户)	11%(改革前)	8%(改革后)
社会统筹账户(B)	0	15.3%	/[①]	17%	20%
C[②]=A/(A+B)	100%	0	/	39%	29%

① 瑞典记账式个人账户既保留了积累制个人账户的优点:每个人拥有自己的个人账户记录缴费历史,通过名义回报率来确定年老时的领取额;每个人缴纳的保费直接支付给同一时点的老年人,又具有现有现付制的特征,其再分配功能弱于现收现付制。它从个人层面上强化了养老保险缴费与未来给付之间的联系。虽然难以确定两个账户之间的分配比例,但从瑞典改革历史进程来看,个人账户相对比例上升的趋势是显而易见的。

② 最后一栏的C值是指个人账户占个人账户与社会统筹账户之和的相对比率,其值愈大,表示个人账户所占相对比例愈大,反之亦然。

从表 13-2 可以看出：在 2005 年养老保险个人账户改革之后，中国个人账户所占相对比例由 39% 降低至 29%。美国基本养老保险实行现收现付制，基本养老保险不设个人账户，其 C 值为零。然而，由于老龄社会化加剧、人口出生率降低，美国社会保障基金短缺问题日益严重。2001 年美国"强化社会保障总统委员会"提出个人账户是核心因素，有必要引入个人账户。美国麻省理工学院的莫迪格里尼等人提出"MIT 方案"，其主要特征是每一位养老基金参加者都将拥有一个个人账户。刘遵义（2003）认为，国际国内的经验都证明，现收现付制缺乏可持续性，迟早要过渡到个人账户制。可见，美国基本养老保险 C 值将逐步提高。

因此，从国际经验来看，基本养老保险的 C 值趋势是上升的，而同样面临人口老龄化和人口出生率降低（尤其由于实行"一胎化"的计划生育政策）问题的中国，2005 年改革后的 C 值却是下降了。这可能加大基本养老保险全国统筹对富裕地区的影响，从而可能伤及富裕地区实施全国统筹的积极性，不利于实行全国统筹。

适当增加个人账户相对统筹账户的比例，将延缓劳动力退出市场的时间，从而缓解人口老龄化对经济和社会发展带来的压力。同时有利于形成个人账户的激励机制，提高个人缴费的积极性，扩大整个制度的激励效应，从而提高整个社会保障基金的来源。

（三）"做大"个人账户相对比例的必要性

在这方面，田永坡、和川（2005）作出了实证分析。他们通过建立一个简化的生命周期模型分析了"统账结合"模式中统筹账户和个人账户比例变动对居民退休和人力资本投资的影响，认为中国社会保障制度应适当增加"统账结合"模式中个人账户的比例，这将延缓劳动力退出市场的时间，从而缓解人口老龄化对经济和社会发展带来的压力。

中国城镇养老保险体制虽然历经数次改革，但是一直忽视了一个重要问题即个人账户的激励机制问题。面临巨大的转轨成本，养老隐性债务的显性化，财政能力不足以做实个人账户，做小做实个人账户是不得已的选择。但是这造成了统账结合制度设计中，统筹互济的成分太高，缴费的大部分用于再分配，个人账户的相对比例太小并且是"空账"，更不用说个人账户的回报率太低，以致体系内资金缺口不断扩大，扩面、催缴工作举步维艰，整个制度的激励效应大幅减弱，企业和个人的逃缴动力加强，职工和企业缺乏参与积极性。因此,扩大个人账户相对比例,有利于提高个人缴费的积极性,从而提高整个社会保障基金的来源。

此外,地方政府管理的个人账户专户储存,盘子小,管理水平低,地方社保投资渠道只有银行存款和购买国债二个渠道,回报率低;由中央政府管理的个人账户则会克服这些问题。作为最大的机构投资者,全国社会保障基金理事会已成功地实现了跨市场投资的战略布局,无论是实业投资、资本市场均能畅通无阻,拥有多个投资品种。2020年7月21日,人力资源和社会保障部在第二季度新闻发布会表示,截至2020年6月,全国已有22个省份签署基本养老保险委托投资合同,累计到账资金9482亿元。根据全国社会保障基金理事会《基本养老保险基金受托运营年度报告(2020年度)》,做实个人账户中央补助资金,个人账户基金纳入全国社保基金统一运营,作为基金权益核算。

鉴于上述理由,笔者建议"做大"基本养老保险个人账户相对比例。具体措施可以是企业再增加对职工基本养老保险个人账户的缴费,或职工个人再增加对自己基本养老保险个人账户的缴费,或者将一定比例的企业向统筹账户的缴费划入职工基本养老保险个人账户,或者是这几种方案的组合。一旦建立全国统筹的社会保障制度,同时个人账户交由专业机构管理,根据国际经验,专业机构管理人可提高个人账户的回报率(当然经过严格挑选专业机构管理人,尤其防止道德风险),甚至大幅提高个人账户的回报率。这样,中国就再也不会担忧"未富先老"。

中国经济增长方式发生变化,经济增长主要转向国内消费,而扩大消费在于增强个人对社会保障的信心。个人账户做实做大有利于扩大其投资收益,增强消费信心,同时刺激经济增长,两者形成良性互动关系。

四、放开个人账户的市场投资

从某种意义上讲,设立个人账户的目的之一是使其能够进入市场投资渠道,所有发达国家社保制度引入个人账户的目的几乎概莫能外。这要求个人账户基金不应采取与社会统筹基金一样的投资策略。否则,其投资收益率低于通货膨胀率,个人账户就失去了其设立的目的和意义。

从理论上讲,基金积累制度必然要求资金的进入资本市场进行市场化运作,个人账户基金积累制度有效性的测量指标是基金的收益率。在人口老龄化的情况下,工作人口赡养退休人口的现收现付制的压力越来越大,减轻这种压力的办法之一是由现收现付制度改为基金积累制度或部分积累制度。中国选择的是部分积累制度即社会统筹和个人账户相结合的制度。个人账户基金积累制度是否比现收现付制度更有效取决于基金的收益率。我们探讨基金收益率时主要考虑三个比率：通货膨胀率、社会平均工资增长率、经济增长率。

只有当基金收益率高于通货膨胀且高于社会平均工资增长率时，基金积累制度的选择才是正确的。否则基金积累制度则是无效的，也达不到保障老年收入的目标。基金收益率与通货膨胀的关系被普遍认识。人们知道当基金收益率低于通货膨胀率时，基金是贬值的。但基金收益率与社会平均工资增长率的关系还没有被广泛认识。实际上，当收益率低于社会平均工资增长率时，个人账户的积累额相对于社会平均工资水平而言，其养老金对工资的替代水平越来越低。另外，基金的收益率只有达到经济增长率时，基金收益才能较好的分享经济发展成果。因此提高个人账户基金制度有效性的唯一手段是基金进入资本市场进行市场化运营。因为基金市场化运营是追求社会资本平均收益率的前提条件，也是基金收益盯住社会平均工资增长率的前提条件。

2008年末，辽宁、吉林、黑龙江、天津、山西、上海、江苏、浙江、山东、河南、湖北、湖南、新疆等13个做实企业职工基本养老保险个人账户试点省份共积累基本养老保险个人账户资金1100多亿元。笔者建议已经做实资金的个人账户扩大投资渠道，提高个人账户的运作效率和回报率。

为了消化养老保险基金的负债，除了养老保险缴费的收入、多渠道筹集资金之外，提高个人账户投资回报率可形成一种重要收入来源。养老保险基金存储时间长，只有保值增值才能兑现几年、十几年甚至几十年后的保险待遇。因此，社会养老基金不但要有积累，而且这些积累应该取得较高的回报率。回报率的高低在长期内会对养老保险的可持续性产生重大影响。鉴于目前企业缴费负担已经很重，今后通过增加企业缴费来改善社会保障基金收支平衡的做法已经没有多大余地。所以提高养老基金的投资回报率，是提高社保资金可持续性的关键之一。

然而，中国规定基本养老保险基金只限存银行和买国债。由于养老保险存储期限长，不可避免地受到物价波动的影响，尤其是通货膨胀的情况下，难以避免贬值，难以做到保值增值，因此基金的收益率低，最终导致养老保险基金的长、短期收支失衡。

为此，笔者建议改革个人账户养老金的运作机制，探索扩大已经做实的个人账户资金的投资渠道（如基础设施项目、资本市场等）。如按照目前有关企业年金的运作规定来运作地方的个人账户养老金。

尽管全国已经做实的个人账户规模还很小,2008年底已经做实的个人账户累计达到1100多亿元,但是它是今后一项长达十几年甚至几十年的"储蓄"资金。随着做实账户资金的规模不断扩大,如果将这批"滚雪球式"的巨额资金在今后长达几十年的时间里,通过扩大个人账户投资渠道,提高其抗风险能力,提高保值增值能力,提高投资回报率,这将形成今后除养老保险缴费收入之外的社保基金收入的一项重要来源,对保持中国养老保险基金的可持续非常重要。2008年1月劳动和社会保障部新闻发言人尹成基表示:"根据国务院的要求,我部正会同有关部门研究制定个人账户基金投资管理办法,现在正在研究论证和听取意见阶段。"因此,可以预期,今后中国个人账户在做实、省级统筹、继续加大基金监管力度、进一步建立和完善社会保障监督机构和社会保险基金监督管理制度的基础上,有望拓宽投资渠道,投资国内外资本市场。

第二节 中国养老保险个人账户的监管

一、构建养老保险个人账户基金投资风险的转移模型

中国养老保险个人账户基金投资风险的转移包括两个层次:一是实施做实个人账户制度后,政府的风险被转移到养老保险缴款人;二是个人账户做实并引入养老基金经理以后,养老保险缴款人的风险被转到养老基金经理。研究发现,在个人账户制度下,养老金的多少取决于个人账户已有的积累和投资回报,政府的风险被转移出去了。其次,个人账户投资资本市场使养老基金个人账户的治理成为重点。最后,在个人账户委托代理关系链下,养老基金缴款人与养老基金经理之间的分享参数原则有利于缴款人转移金融市场对他的风险,而无须耗费大量的精力介入和学习市场投资的实务。

该分享参数原则是将风险从养老基金缴款人转移到养老基金经理的一种方式。在分享参数即β系数较高的情况下,养老基金的担保值较低,这意味着缴款人承担着较高的风险。在β较小的情况下,养老基金的担保值较高,对缴款人的保护程度就较高,这样养老基金经理就起到一个连接金融市场与养老基金缴款人的中介作用。

从这个意义上讲，引入养老基金经理的最低担保和分享参数原则，可以减少金融市场对缴款人的风险，将基本养老保险个人账户的投资风险从养老基金缴款人转移到养老基金经理。养老基金缴款人与经理之间的分享参数就起到了保护非专业人士的缴款人的投资行为和利益的作用，中国养老保险个人账户进一步改革的方向将是"以资产为本"与"以人为本"相结合。

二、建议成立国家社会保障基金监督管理委员会

目前养老保险基金的管理和运作更多地集中在地方政府的手里，如果制约和监管不力，可能就会在客观上为一些挪用和违规案件提供了潜在的可能。为防范风险、完善监管，依据各司其职、专业监管和权利制衡的思想，建议在国务院下设一个独立的有权威的、与银监会、证监会、保监会并列的专门机构——国家社会保障基金监督管理委员会，再在国家社会保障基金监督管理委员会下设全国个人账户基金监督管理委员会，集中监督管理全国养老保险个人账户基金；由中央政府建立集中支付、集中交易的全国性社保金产品交易平台，同时把个人账户资金投资管理的决策权交还给参保人，以履行为投保人监管个人账户基金的重任，加强对全国各统筹单位养老保险个人账户基金的监管，提高其管理的透明度，从而既加强养老保险个人账户基金的安全性，又使其保值增值。

参考文献

1. Aaron H., The social insurance paradox, *The Canadian Journal of Economics and Political Science*, Vol. 32, No. 3, 1966.
2. Arrow, K. J., *Essays in the Theory of Risk Bearing*, Amsterdam: north − Holland, 1971.
3. Arzac, E. R., Bawa, V. S., Portfolio choice and equilibrium in capital markets with safety−first investors, *Journal of Financial Economics*, No. 4, 1977.
4. Barr, N., Diamond, P., *Pension Reform: A Short Guide*, Oxford University Press, 2010.
5. Battocchio, P., Menoncin, F., Optimal pension management in a stochastic framework, *Insurance: Mathematics and Economics*, 2004.
6. Bekaert, G., Erb C. B., Harvey, C. R., Viskanta, T. E., Distribution characteristics of emerging market returns and asset allocation, *Journal of Portfolio Management*, No. 24, 1998.
7. Bertocchi, M., Schwartz, S. L., Ziemba, W. T., *Optimizing the Aging, Retirement, and Pensions Dilemma*, John Wiley & Sons, New Jersey, 2010.
8. Boulier, J. F., Huang, S. J., Taillard, G., Optimal management under stochastic interest rates: the case of a protected pension fund, *Insurance: Mathematics and Economics*, Vol. 28, 2001.
9. Cardinal, H. J., Welfare, individualistic ethics and interpersonal comparisons of utility, *Journal of Political Economy*, 1955.
10. Chen, V. Y., A *Macro Analysis of China Pension Pooling System: Incentive Issues and Financial Problem*, International Conference on Pensions in Asia: Incentives, Compliance and Their Role in Retirement, Hitotsubashi Collaboration Center, Tokyo, Japan, 23 - 24 February, 2004.
11. Chetty, R., A general formula for the optimal level of social insurance, *Journal of Public Economics*, Vol. 90, No. 14, 2006.
12. Clements, B., Coady, D., Eich, F., Gupta, S., Kangur, A., Shang, B., Soto, M., *The Challenge of Public Pension Reform in Advanced and Emerging Market Economies*, International Monetary Fund, 2014.
13. CSIS, The Global Retirement Crisis, Citigroup, Washington, DC, 2002.

14. Davis, E. Philip, Pension fund management and international investment-A global perspective, Paper to be presented at the Senior Level Policy Seminar, Caribbean Centre for Monetary Studies, 2002.
15. Deelstra, G., Grasselli, M., Koehl, P.-F., Optimal investment strategies in the presence of a minimum guarantee, *Insurance: Mathematics and Economics*, 2003.
16. Diamond, P., Social security reform in China: issues and options, USA: China Economic Research and Advisory Programme, 2005.
17. Elton, E. J., Gruber, M. J., *Modern Portfolio Theory and Investment Analysis*, Wiley, New York, 1995.
18. Fehr, H., Halder, G., Jokisch, S., A simulation model for the demographic transition in germany: data requirements, model structure and calibration. Würzburg Economic Papers No. 46, 2004.
19. Feldstein, M., Liebman, J., Realizing the potential of China security pension system, *China Economic Times*, February 24, 2006.
20. Feldstein, M., *Rethinking Social Insurance*, NBER Working Paper 11250, March 2005.
21. Feldstein, M., Structural reform of social security, *The Journal of Economic Perspectives*, Spring, 2005.
22. Fischer, G., Trends in *European Pension Reforms*, *Updated for the 9th Annual Joint Conference of the Retirement Research Consortium Challenges and Solutions for Retirement Security*, Washington, D. C., August 9-10, 2007.
23. Frazier, M. W., China's pension reform and its discontents, *The China Journal*, Jan., 2004.
24. Gillion, C., Turner, J., Bailey, C., Latulippe, D., *Social Security Pensions: Development and Reform. Geneva*, International Labor Office, 2000.
25. Haque, M., Hassan, M. K., Varela, O., Safety-first portfolio optimization for US investors in emerging global, Asian and Latin American markets, *Pacific-Basin Finance Journal*, No. 12, 2004.
26. Hinz, R., Holzmann, R., Tuesta, D., Takayama, N., *Matching Contributions for Pensions: A Review of International Experience*, The World Bank, 2013.
27. Holzmann, R., Palmer, E., *Pension Reform: Issues and Prospects for Non-Financial Defined Contribution (NDC) Schemes*, The World Bank, 2003.
28. Jansen, D. W., Koedijk, K. G., de Vries, C. G., Portfolio selection with limited downside risk, *Journal of Empirical Finance*, No. 7, 2000.
29. Levy, H., Stochastic dominance and expected utility: survey and analysis, *Management Science*, Vol. 38, 1992.
30. Marin, R. A., *Global Pension Crisis-Unfunded Liabilities and How We Can Fill the Gap*, John Wiley & Sons, New Jersey, 2013.
31. Markowitz, H., Portfolio selection, *The Journal of Finance*, Vol. 7, No. 1, 1952.
32. Miller, D., *Principles of Social Justice*, Harvard University Press, 1999.
33. Musgrave, R. A., *The theory of public finance*, McGraw-Hill, 1959.

34. Nielsen, R. S., Who bears the burden of employer compliance with social security contributions? Evidence from Chinese firm level data, *China Economic Review*, Vol. 19, No. 2, 2008.
35. Noriyuki, T., Pension Reform of PRC: Incentives, Governance and Policy Options, a paper presented at the ADB Institute 5th Anniversary Conference on challenges and New Agenda for PRC, 5 December 2002.
36. Nyland, C., Smyth, R., Zhu, C. J., What determines the extent to which employers will comply with their social security obligations? evidence from chinese firm-level data, *Social Policy and Administration*, Vol. 40, No. 2, 2006.
37. Nyland, T., Zhu, C. J., Employer attitudes towards social insurance compliance in Shanghai, China, *International Social Security Review*, Vol. 64, No. 4, 2011.
38. Ormaetxe, I., Salience of social security contributions and employment, *International Tax and Public Finance*, Vol. 22, No. 5, 2015.
39. Popper K. R., *Conjectures and refutations: the Growth of Scientific Knowledge*, London: Routledge & K. Paul, 1989.
40. Roemer, J., *A General Theory of Exploitation and Class*, Harvard University Press, 1982.
41. Rolf-Dieter, R., Statistical analysis of extreme values: from insurance, finance, hydrology, and other fields, Basel, Boston: Birkhauser Verlag, Edition 2nd, 2001.
42. Rothschild, M., Stiglitz, J. E., Increasing risk: a definition, *Journal of Economic Theory*, Vol. 2, 1970.
43. Roy, A. D., Safety first and the holding of assets, *Econometrica*, No. 20, 1952.
44. Stigliz, J., Financial system requirements for successful pension reform, Pensions vol. 9, Issue 1, 2003.
45. Takayama, N., *Taste of Pie: Searching for Better Pension Provision in Developed Countries*, Maruzen Co. Ltd, Tokyo, Japan, 2003.
46. Takayama, Noriyuki, Pension reform of prc: incentives, governance and policy options, a paper presented at the ADB Institute 5th Anniversary Conference on Challenges and New Agenda for PRC, 5 December 2002.
47. Takayama, Noriyuki, *Pensions in Asia: Incentives, Compliance and Their Role in Retirement*, Maruzen Co. Ltd, Tokyo, Japan, 2005.
48. Telser, L. G., Safety first and hedging, *Review of Economics Studies*, No. 23, 1955.
49. The World Bank Report, China Pension Liabilities and Reform Option for Old Age, *Insurance*, May 2005.
50. Trinh, T., China's pension system Caught between mounting legacies and unfavorable demographics, Deutsche Bank Research, February 17, 2006.
51. United Nations, World Population Aging 1950 – 2050, World NGO Forum on Aging, 2002.
52. Wang, S, Toward shared prosperity: China's new leap forward in social protection, *Economic and Political Studies*, Vol. 2, No. 1, 2014.

53. Willett A. H., The economic theory of risk and insurance, *The Journal of Finance*, Vol. 7, No. 4, 1952.
54. Yin, J. Z., Lin, S., Gates, D. F., Xin, G., Social security reform: options for china, *The China Journal*, Jul., 2002.
55. 埃斯特勒·詹姆斯:《国有企业、金融市场改革与养老保险制度改革的互动效应》,《经济社会体制比较》2003 第 3 期。
56. 艾慧、张阳、杨长昱、吴延东:《中国养老保险统筹账户的财务可持续性研究》,《财经研究》2012 年第 2 期。
57. 白彦峰、王秀园:《全国养老保险中央调剂制度中激励相容问题研究》,《山东财经大学学报》2018 年第 4 期。
58. 白重恩:《中国社保缴费比例全球第一占工资四成》,《新世纪周刊》2010 年第 10 期。
59. 白重恩、吴斌珍、金烨:《中国养老保险缴费对消费和储蓄的影响》,《中国社会科学》2012 年第 8 期。
60. 柏培文:《中国劳动要素配置扭曲程度的测量》,《中国工业经济》2012 年第 10 期。
61. 蔡昉、王德文:《作为市场化的人口流动——第五次全国人口普查数据分析》,《中国人口科学》2003 年第 5 期。
62. 陈纯谨、李实:《城镇劳动力市场结构变迁与收入不平等:1989—2009》,《管理世界》2013 年第 1 期。
63. 陈曦:《养老保险降费率、基金收入与长期收支平衡》,《中国人口科学》2017 年第 3 期。
64. 陈元刚、李雪、李万斌:《基本养老保险实现全国统筹的理论支撑与实践操作》,《重庆社会科学》2012 年第 7 期。
65. 褚福灵:《做实基本养老保险个人账户的理论与实践》,《新视野》2010 年第 5 期。
66. 邓大松、吴汉华、刘昌平:《论中国社会保障基金治理结构与管理模式》,《经济评论》2005 年 05 期。
67. 刁明碧主编:《理论统计学》,中国科学技术出版社 1998 年版。
68. 豆书龙、王小航、刘林:《国际比较视角下中国企业社会保险负担研究》,《社会福利(理论版)》2017 年第 1 期。
69. 杜莉:《我国养老保险个人账户基金投资问题研究》,吉林大学硕士学位论文,2008 年。
70. 杜庆新:《我国企业社会保险缴费负担及对企业竞争力的影响》,《企业改革与管理》2016 年第 24 期。
71. 段成荣、袁艳、郭静:《我国流动人口的最新状况》,《西北人口》2013 年第 6 期。
72. 封进:《中国城镇职工社会保险制度的参与激励》,《经济研究》2013 年第 7 期。
73. 封进、张素蓉:《社会保险缴费率对企业参保行为的影响——基于上海社保政策的研究》,《上海经济研究》2012 年第 3 期。
74. 冯兰瑞:《社会保障社会化与养老基金省级统筹》,《中国社会保障》2002 年第 10 期。
75. 高李:《我国基本养老保险个人账户风险及其控制》,东北财经大学硕士学位论文,2006 年。
76. 高西庆、徐菁:《社保个人账户管理体制改革建议》,《财经》2008 年第 01 期。
77. 高扬:《中央调剂金机制的影响研究》,上海社会科学院硕士学位论文,2019 年。
78. 龚上华、孙保胜:《论浙江省职工基本养老保险的可持续发展》,《湖州师范学院学报》2005 年第 12 期。

79. 顾龙生编著:《毛泽东经济年谱》,中央党校出版社 1993 年版。
80. 顾龙生编著:《毛泽东经济年谱》,中央党校出版社 1993 年版。
81. 郭士征:《社会保险基金管理》,上海财经大学出版社 2006 年版。
82. 郭秀云、邵明波:《养老保险基金中央调剂制度的省际再分配效应研究》,《江西财经大学学报》2019 年第 3 期。
83. 哈继铭、徐剑:《新劳动合同法对不同类型企业工资成本影响》,《第一财经日报》2008 年 2 月 18 日。
84. 哈里·马克威茨:《资产选择:投资的有效分散化(第二版)》,刘军霞、张一驰译,首都经济贸易大学出版社 2000 年版。
85. 何平:《关于个人账户功能实现问题》,《中国劳动保障》2005 年 03 期。
86. 何文炯:《中央调剂制度需要坚实的基础信息》,《中国社会保障》2018 年第 7 期。
87. 侯斌:《企业职工基本养老保险个人账户做实研究》,重庆大学硕士学位论文,2007 年 4 月。
88. 季盼盼:《企业社会保险费负担能力适度水平研究》,南京财经大学硕士学位论文,2010 年。
89. 贾康、杨良初:《可持续养老保险体制的财政条件》,《管理世界》2001 年第 3 期。
90. 姜青舫:《风险度量原理》,同济大学出版社 2000 年版。
91. 姜向群:《推迟退休年龄对养老金总量以及个人养老金获取量的影响》,《人口研究》2012 年第 6 期。
92. 卡尔·波普尔:《猜想与反驳——科学知识的增长》,上海译文出版社 1997 年版。
93. 康传坤、楚天舒:《人口老龄化与最优养老金缴费率》,《世界经济》2014 年第 4 期。
94. 劳动和社会保障部社会保险研究所组织翻译:《贝弗里奇报告——社会保险和相关服务》,中国劳动社会保障出版社 2004 年版。
95. 雷晓康、李志良:《权益记账"铺平"养老保险全国统筹路》,《中国社会保障》2011 年第 8 期。
96. 李丹、刘钻石、章娅玲:《中国养老金隐性债务规模估算》,《财经科学》2009 年第 5 期。
97. 李建民:《中国劳动力市场多重分隔及其对劳动力供求的影响》,《中国人口科学》2002 年第 2 期。
98. 李剑阁:《中国养老保险体制改革》,上海远东出版社 2006 年版。
99. 李雪、陈元刚:《我国基本养老保险实现全国统筹的方案设计》,《中共宁波市委党校学报》2011 年第 1 期。
100. 李运华:《中国社会保险制度之公平性缺失问题研究》,《江淮论坛》2006 年第 1 期。
101. 李珍、孙永勇、张韶华:《中国社会养老保险基金管理体制选择》,北京人民出版社 2005 年版。
102. 李珍、孙勇:《养老社会保险基金管理的合理选择》,《经济评论》2001 年第 6 期。
103. 李珍、王向红:《减轻企业社会保险负担与提高企业竞争力》,《经济论坛》2010 年第 3 期。
104. 李珍、杨帆、杨老金:《基本养老保险个人账户基金管理体制研究》,中国劳动社会保障出版社 2008 年版。
105. 联合国经济及社会理事会:《第二次老龄问题世界大会以来老龄问题领域的重大发展》,2007 年 2 月 7 日。

106. 联合国经济及社会理事会:《第二次老龄问题世界大会以来老龄问题领域的重大发展》,2007年2月7日。
107. 梁琦、陈强远、王如玉:《户籍改革、劳动力流动与城市层级体系优化》,《中国社会科学》2013年第12期。
108. 林宝:《基础养老金全国统筹的待遇确定方法研究》,《中国人口科学》2016年第2期。
109. 刘昌平:《养老个人账户基金资本化运营势在必行》,《上海证券报》2006年3月10日。
110. 刘昌平、殷宝明:《中国基本养老保险制度财务平衡与可持续性研究》,《财经理论与实践》2011年第1期。
111. 刘长庚、张松彪:《我国企业职工基本养老保险制度中企业缴费率应降低》,《经济纵横》2014年第12期。
112. 刘钧:《社会保险缴费水平的确定:理论与实证分析》,《财经研究》2004年第2期。
113. 刘苓玲、慕欣芸:《企业社会保险缴费的劳动力就业挤出效应研究——基于中国制造业上市公司数据的实证分析》,《保险研究》2015年第10期。
114. 刘洋:《证券交易印花税拉弗曲线形式的实证分析》,首都经济贸易大学硕士学位论文,2013年。
115. 刘遵义:《关于中国社会养老保障体系的基本构想》,《比较》2003年第6期。
116. 柳清瑞、王虎邦、苗红军:《城镇企业基本养老保险缴费率优化路径分析》,《辽宁大学学报(哲学社会科学版)》2013年第6期。
117. 龙朝阳:《中国城镇养老保险制度改革方向:基金积累制抑或名义账户制》,《学术月刊》2011年第6期。
118. 路和平、杜志农:《基本养老保险基金收支平衡预测》,《经济理论与经济管理》2000年第2期。
119. 路锦非:《合理降低我国城镇职工基本养老保险缴费率的研究——基于制度赡养率的测算》,《公共管理学报》2016年第1期。
120. 罗伯特·霍尔茨曼:《世界银行报告:养老金改革——名义账户制的问题与前景》,郑秉文等译,中国劳动社会保障出版社2006年版。
121. 罗楚亮、李实:《人力资本、行业特征与收入差距》,《管理世界》2007年第10期。
122. 马丁·费尔德斯坦:《中国的社会养老保障制度改革》,《经济社会体制比较》1999年第2期。
123. 马丁·费尔德斯坦、杰弗里·利伯曼:《实现中国养老保险体制的潜力》,《中国经济时报》2006年3月6日。
124. 马丁·费尔德斯坦、利伯曼:《实现中国养老保险体制的潜力》,《中国经济时报》2006年3月6日。
125. 马红旗、陈仲常:《我国省际流动人口的特征——基于全国第六次人口普查数据》,《人口研究》2012年第11期。
126. 马骏、肖明智:《城镇职工养老金体系改革迫在眉睫》,《上海国资》2013年第3期。
127. 马骏、张晓蓉、李治国:《中国国家资产负债表研究》,社会科学文献出版社2012版。
128. 马双、孟宪芮、甘犁:《养老保险企业缴费对员工工资、就业的影响分析》,《经济学(季刊)》2014年第3期。
129. 穆怀中:《对我国养老金名义个人账户制及其财务可持续性的分析》,《经济与管理研究》2005年第5期。

130. 穆怀中、刘海宁:《辽宁省养老保障地方财政支持能力研究》,《辽宁大学学报(哲社版)》2003年第6期。
131. 穆怀中、柳清瑞:《中国养老保险制度改革关键问题研究》,中国劳动养老保障出版社2006年版。
132. 穆怀中、闫琳琳:《基础养老金全国统筹收入再分配给付水平及适度性检验》,《人口与发展》2012年第6期。
133. 彭希哲、胡湛:《公共政策视角下的中国人口老龄化》,《中国社会科学》2011年第3期。
134. 齐明珠:《中国农村劳动力转移对经济增长贡献的量化研究》,《中国人口资源与环境》2014年第4期。
135. 全国社会保障基金理事会:《全国社会保障基金理事会基金年度报告》,2011—2017各期。
136. 冉晓燕:《我国养老保险个人账户基金的有效投资分析》,贵州大学硕士学位论文,2008年。
137. 饶晶:《减小我国基本养老保险区域差异的模式设想》,《经济与社会发展》2012年第1期。
138. 任若恩、徐楠楠、林黎:《中国代际核算体系的建立和对养老保险制度改革的研究》,《经济研究》2004年第9期。
139. 申曙光、龙朝阳:《养老金制度融资方式转轨的理论思辨》,《经济学家》2013年第2期。
140. 沈丽、于华阳:《中国自然垄断性行业收入问题现状与合理性分析》,《宏观经济研究》2009年第8期。
141. 石晨曦、曾益:《破解养老金支付困境:中央调剂制度的效应分析》,《财贸经济》2019年第2期。
142. 世界银行:《2006年世界发展报告:公平与发展》,清华大学出版社2006年版。
143. 宋晓梧:《企业社会保险缴费成本与政策调整取向》,《社会保障评论》2017年第1期。
144. 苏中兴:《基本养老保险费率:国际比较、现实困境与改革方向》,《中国人民大学学报》2016年第1期。
145. 孙建勇主编,郑秉文等译:《OECD养老金规范与监管》,《OECD养老金治理与投资》,《OECD养老金制度与体系》,《OECD养老金发展与改革》,《OECD养老金趋势与挑战》,中国发展出版社2007年版。
146. 孙祁祥:《"空账"与转轨成本——中国养老保险体制改革的效应分析》,《经济研究》2001年第5期。
147. 孙三百、黄薇、洪俊杰:《劳动力自由迁移为何如此重要——基于代际收入流动的视角》,《经济研究》2012年第5期。
148. 谭湘渝:《中国养老保险制度转轨隐形债务的精算测评》,《统计与决策》2003年第7期。
149. 唐钧:《社保缴费世界之最舍我其谁》,http://opinion.hexun.com/2012-09-13/145793339.html,2012年9月13日。
150. 田永坡、和川:《劳动力市场分割、社会保障制度与人力资本投资研究——以"统账结合"模式为例》,《北京师范大学经管学刊》2005年第6期。
151. 佟新华、孙丽环:《中国省际劳动力流动的主要影响因素分析》,《吉林大学社会科学学报》2014 年第 9 期。
152. 汪孝宗、王群:《中西部"民工荒"调查》,《中国经济周刊》2011 年第 5 期。
153. 王弟海:《劳动力市场对地区经济发展和地区收入差距的影响》,《浙江社会科学》2014 年第 11 期。
154. 王国辉、李荣彬:《中国企业养老保险缴费压力及其影响因素研究——基于不同类型企业的比较分析》,《社会保障研究》2016 年第 2 期。
155. 王菊:《中央调剂金制度建设中各地上解资金规模研究》,华中师范大学硕士学位论文,2018 年。
156. 王平:《财政补助基本养老保险:成因、风险和机制建设》,《广西大学学报(哲学社会科学版)》2012 年第 2 期。
157. 王雯、黄万丁:《基本养老保险全国统筹的再认识》,《中州学刊》2016 第 2 期。
158. 王小龙、唐龙:《养老双轨制、家庭异质性与城镇居民消费不足》,《金融研究》2013 年第 8 期。
159. 王晓军:《对城镇职工养老保险制度长精算平衡状况的分析》,《人口与经济》2001 年第 10 期。
160. 王晓军:《对我国养老保险制度财务可持续性的分析》,《市场与人口分析》2002 年第 3 期。
161. 王晓军:《中国基本养老保险的地区差异分析》,《社会保障制度》2006 年第 4 期。
162. 王晓军:《中国养老金制度及其精算评价》,经济科学出版社 2000 年版。
163. 王亚柯、王宾、韩冰洁、高云:《我国养老保障水平差异研究——基于替代率与相对水平的比较分析》,《管理世界》2013 年第 8 期。
164. 王燕、王直:《中国养老金隐性债务、转轨成本、改革方案及其影响——可计算一般均衡分析》,《经济研究》2001 年第 5 期。
165. 王增文、邓大松:《基金缺口、缴费比率与财政负担能力:基于对社会保障主体的缴费能力研究》,《中国软科学》2009 年第 10 期。
166. 威廉姆森·约翰、孙策:《中国养老保险制度改革:从 FDC 层次向 NDC 层次转换》,《经济社会体制比较》2004 年第 3 期。
167. 威廉姆斯、帕姆佩尔:《养老保险比较分析》,法律出版社 2001 年版。
168. 魏升民、向景、马光荣:《基本养老保险中央调剂金的测算及其潜在影响》,《税收经济研究》2018 年第 6 期。
169. 吴成良、裴广江:《我国社保缴费率并非全球最高》,《人民日报》2012 年 9 月 11 日。
170. 吴美芳:《我国企业社会保险缴费负担承受能力分析》,浙江财经大学硕士学位论文,2013 年。
171. 吴天菡:《我国社会保险缴费率水平分析》,北京交通大学硕士学位论文,2014 年。
172. 吴晓刚、张卓妮:《户口、职业隔离与中国城镇的收入不平等》,《中国社会科学》2014 年第 6 期。
173. 吴要武:《产业转移的潜在收益估算——一个劳动力成本视角》,《经济学(季刊)》2013 年第 10 期。
174. 吴云慈:《我国养老保险基金缺口问题及其应对》,吉林大学硕士学位论文,2007 年。
175. 席恒:《基本养老保险全国统筹的思路与支持条件》,《行政管理改革》2011 年第 3 期。

176. 肖严华:《21世纪中国人口老龄化与养老保险个人账户改革——兼谈"十二五"实现基础养老金全国统筹的政策选择》,《上海经济研究》2011年第12期。
177. 肖严华:《"后危机时期"中国社会保障制度的完善》,《学术月刊》2009年第11期。
178. 肖严华:《安全性第一与M-V资产组合最优化模型的比较:SFMM模型的提出》,《上海经济研究》2007年第7期。
179. 肖严华:《加快完善上海城乡社会养老保险制度》,上海社会发展报告(2011),社会科学文献出版社2011年版。
180. 肖严华:《劳动力市场、社会保障制度的多重分割与中国的人口流动》,《学术月刊》2016年第11期。
181. 肖严华:《企业职工基本养老保险基金中央调剂制度的政策效应》,《上海经济研究》2019年第9期。
182. 肖严华:《全国统筹的国民基础养老金的基本原则与框架设计》,中国老年学学会2014年年会论文集,光明日报出版社2014年版。
183. 肖严华:《人口老龄化冲击下最优社会保障基金的确定模型》,《数量经济技术经济研究》2004年第12期。
184. 肖严华:《上海养老保险制度的结构改革与制度整合》,《上海经济研究》2010年第6期。
185. 肖严华:《上海养老保险制度改革的路径分析与政策选择》,《上海经济研究》2009年第5期。
186. 肖严华:《深化社会保障制度改革 促进中小企业转型发展》,《上海社会发展报告(2013)》,社会科学文献出版社2014年版。
187. 肖严华:《十三五时期我国养老保险制度改革的关键问题》,《上海城市管理》2016年第5期。
188. 肖严华:《外国学者关于中国养老保险制度改革的述评》,《国外社会科学前沿》2008年第12期。
189. 肖严华:《中国社会保障制度的多重分割及对人口流动的影响》,《江淮论坛》2007年第5期。
190. 肖严华:《中国养老保险个人账户制度的改革及其风险转移》,《学术月刊》2008年第12期。
191. 肖严华:《中国养老保险个人账户制度改革的回顾与展望》,《上海市经济学会学术年刊》2009年1月。
192. 肖严华:《中国养老保险制度公平问题研究》,《上海经济研究》2008年第8期。
193. 肖严华、张晓娣、余海燕:《降低社会保险费率与社保基金收入的关系研究》,《上海经济研究》2017年第12期。
194. 肖严华、左学金:《全国统筹的国民基础养老金框架构建》,《学术月刊》2015年第5期。
195. 许志涛、丁少群:《各地区不同所有制企业社会保险缴费能力比较研究》,《保险研究》2014年第4期。
196. 杨兰品、郑飞:《中国垄断性行业收入分配问题研究述评》,《江汉论坛》2011年第7期。
197. 杨燕绥:《做实个人账户是积极选择》,《中国劳动保障》2005年第3期。
198. 杨燕绥、黄成凤:《从中央调剂到全国统筹的质变与路径》,《中国人力资源》2018年第3期。

199. 易纲、李凯:《转型名义账户制——探索中国养老保障体制改革的新思路》,《比较》2007年第2期。
200. 于翰淼、周欢、顾佳丽:《基本养老保险全国统筹问题研究》,《劳动保障世界》2011第12期。
201. 余向华、陈雪娟:《中国劳动力市场的户籍分割效应及其变迁——工资差异与机会差异双重视角下的实证研究》,《经济研究》2012年第12期。
202. 约翰·奈斯比特:《亚洲大趋势》,蔚文译,外文出版社、经济日报出版社、上海远东出版社1996年版。
203. 岳卉苓:《中国养老保险改革过程中个人账户问题研究》,陕西师范大学硕士学位论文,2008年。
204. 曾湘泉、陈力闻、杨玉梅:《城镇化、产业结构与农村劳动力转移吸纳效率》,《中国人民大学学报》2013年第4期。
205. 张建红,J. Paul Elhorst, Arjen van Witteloostuijn:《中国地区工资水平差异的影响因素分析》,《经济研究》2006年第10期。
206. 张健:《关于做实养老保险个人账户的研究》,《上海经济研究》2007年第6期。
207. 张士斌:《劳动力市场变化与中国的社会养老保障制度改革——基于对养老保障制度的历史考察》,《经济社会体制比较》2010年第2期。
208. 张松彪:《养老保险基金中央调剂的省际再分配效应》,《企业经济》2019年第7期。
209. 张威超:《养老金中央调剂制度的构建原因及施行影响分析》,《呼伦贝尔学院学报》2019年第4期。
210. 张新梅:《国际上养老保险个人账户制度改革的启示》,《宏观经济管理》2005年第8期。
211. 张勇:《基本养老保险基金的调剂效果研究》,《统计研究》2019年第6期。
212. 章帆:《我国企业社会保险缴费的适度水平研究》,西南政法大学硕士学位论文,2012年。
213. 赵长保、武志刚:《农民工工资收入问题分析》,蔡昉主编《2007中国人口与劳动问题报告》,社会科学文献出版社2007年版。
214. 赵静、毛捷、张磊:《社会保险缴费率、参保概率与缴费水平——对职工和企业逃避费行为的经验研究》,《经济学(季刊)》2016年第1期。
215. 赵立航:《基本养老保险省级统筹问题及对策——以广东省为例》,《广东社会科学》2009年第4期。
216. 赵绍阳、杨豪:《我国企业社会保险逃费现象的实证检验》,《统计研究》2016年第1期。
217. 郑秉文:《DC型积累制社保基金的优势与投资策略——美国"TSP模式"的启示与我国社保基金入市路径选择》,《中国社会科学院研究生院学报》2004年第2期。
218. 郑秉文:《供给侧:降费对社会保险结构性改革的意义》,《中国人口科学》2016年第3期。
219. 郑秉文:《职工基本养老保险全国统筹的实现路径与制度目标》,《中国人口科学》2022年第2期。
220. 郑秉文:《中国养老金发展报告2014》,经济管理出版社2014年版。
221. 郑秉文:《中国养老金发展报告2015》,经济管理出版社2015年版。
222. 郑秉文:《中国养老金发展报告2016》,经济管理出版社2016年版。

223. 郑功成:《个人账户做实与否攸关制度创新成败》,《中国劳动保障》2005 年第 3 期。
224. 郑功成:《健全的社保体系是社会经济转型基础》,《中国金融》2009 年第 6 期。
225. 郑功成:《尽快推进城镇职工基本养老保险全国统筹》,《经济纵横》2010 年第 9 期。
226. 郑功成:《中国社会保障改革与发展战略(养老保险卷)》,人民出版社 2011 年版。
227. 郑功成:《中国社会保障改革与发展战略》,人民出版社 2008 年版。
228. 郑功成:《中国养老保障制度变迁与评估》,中国人民大学出版社 2002 年版。
229. 中华人民共和国国家统计局:《中国劳动统计年鉴》2011—2017 各期。
230. 中华人民共和国国家统计局:《中国统计年鉴》2011—2017 各期。
231. 周小川:《社会保障与企业盈利能力》,《经济社会体制比较》2000 年第 6 期。
232. 朱玲:《中国社会保障体系的公平性与可持续性研究》,《中国人口科学》2010 年第 5 期。
233. 朱文娟、汪小勤、吕志明:《中国社会保险缴费对就业的挤出效应》,《中国人口资源与环境》2013 年第 1 期。
234. 左学金:《21 世纪中国人口再展望》,《北京大学学报(哲学社会科学版)》2012 年第 9 期。
235. 左学金:《发展和完善五支柱养老保险体制》,《比较》2015 年第 5 期。
236. 左学金:《面临人口老龄化的中国养老保障:挑战与政策选择》,《中国人口科学》2001 年第 3 期。
237. 左学金:《社保制度改革的中庸之道》,《中国改革》2012 年第 9 期。
238. 左学金、肖严华:《基本养老保险全国统筹的路径分析与政策选择》,中国社会保障论坛主题征文,2013 年 7 月。
239. 左学金、肖严华:《建立全国统筹的国民基础养老金的构想》,《改革内参》2013 年 10 月。

后　　记

日月如梭,光阴荏苒。书稿付梓之际,感激之情油然而生。

本书是在本人已经结项的国家社科基金一般项目"基本养老保险基金全国统筹的路径与对策研究"的基础上撰写的,并得到了恩师左学金研究员的学术指导和欣然作序,在此表示由衷的感谢!他渊博的学识、开阔的眼界、前瞻的思维、敏锐的判断,都将成为我学术道路上的航标灯;他谆谆的长者风范、非凡的敬业精神、严谨的治学态度、诚恳的待人作风深深地影响着我,使我受益良多,将终身受益。

本书的出版获得沈开艳首席专家领衔的上海社会科学院社会主义政治经济学创新学科的慷慨资助,上海社会科学院经济研究所领导的关心与支持保障了学术研究的顺利进行,在此表示由衷的感谢!

在本书的撰写与修改过程中,我也得到了众多专家和同事们的指点和帮助,在此一并表示由衷的感谢!

感谢在本书写作过程中,我参阅的大量国内外研究成果的作者所提供的宝贵智力支持和思想源泉。

感谢家人对我的工作给予了大力支持,让我腾出时间和精力潜心研究。

由于作者的学术水平和研究能力有限,书中当有疏漏、欠缺、不妥和错误之处,真诚欢迎读者给予批评指正。今后我将在这个领域继续深入研究,不断努力,争取做出更多更好的成果。

肖严华
2022年6月

图书在版编目(CIP)数据

基本养老保险基金全国统筹研究 / 肖严华著 .— 上海：上海社会科学院出版社，2022
 ISBN 978 - 7 - 5520 - 2095 - 3

Ⅰ.①基… Ⅱ.①肖… Ⅲ.①养老保险基金—基金管理—研究—中国 Ⅳ.①F842.612

中国版本图书馆 CIP 数据核字(2022)第 137221 号

基本养老保险基金全国统筹研究

著　　者：肖严华
责任编辑：应韶荃
封面设计：右序设计
出版发行：上海社会科学院出版社
　　　　　上海顺昌路 622 号　邮编 200025
　　　　　电话总机 021 - 63315947　销售热线 021 - 53063735
　　　　　http://www.sassp.cn　E-mail：sassp@sassp.cn
照　　排：南京前锦排版服务有限公司
印　　刷：上海颛辉印刷厂有限公司
开　　本：720 毫米×1000 毫米　1/16
印　　张：15.25
字　　数：258 千
版　　次：2022 年 9 月第 1 版　2022 年 9 月第 1 次印刷

ISBN 978 - 7 - 5520 - 2095 - 3/F・709　　　　定价：75.00 元

版权所有　翻印必究